HUBEI SHENG
DUOCHIDU SHEHUI JINGJI KONGJIAN WANGLUO
GOUJIAN YU FENXI

湖北省多尺度社会经济空间网络构建与分析

侯贺平　荆 莹　蒋 鹤　刘卫星　姚晓军／著

中国农业出版社
北　京

前言

FOREWORD

在经济全球化和生产专业化分工等发展大趋势的带动下，生产组织结构、公司组织方式等发生了深刻变化，不同区域的人员、物资、信息技术等交流与合作日益频繁与深入，地理空间形态已经不再是静态的区位空间，而是逐渐从“地方空间”向承载各地之间能量传输的“流动空间”的形态转换。城镇体系在“流动空间”的基础上形成了城镇空间网络，城镇之间的交流与合作的内容增多、程度加深，同时联系方式进一步多样化和低成本化，城镇体系逐步从等级组织形式向网络组织形式转变，促使了“社会经济空间网络”的形成。因此，从网络的角度揭示地区之间的联系、城镇体系的整体结构特征以及各个城镇在网络体系中的功能和作用，对于区域规划和空间重构具有现实指导意义。

本书内容主要包括六个部分。

第 1 章是绪论，包括综述及相关基础理论研究。首先，介绍了社会经济空间网络的研究背景和研究意义。其次，对空间可达性、空间联系、空间相互作用等概念进行了辨析，在此基础上对城镇体系、城镇空间网络和空间联系等相关研究主题进行了国内外文献的梳理与综述。第三，在对现有研究现状进行评述的基础上提出了本书的研究内容、研究框架，以此形成本书研究的技术路线。

第 2 章是多尺度社会经济空间网络研究基础，主要介绍本书的研究方法和研究区域概况。基于本书的研究内容和主要创新点，对城镇体系、城镇空间网络中相关指数、模型的基本原理和算法进行了研究。首先，围绕城镇社会经济空间网络中的城镇节点，阐述了分析其规模和空间分布特征所运用的位序—规模法则、标准差椭圆（SDE）、空间自相关等方法。其次，研究了城镇社会经济空间网络中城镇节点的连接程度，即空间可达性及其 2 大类（距离可达性、机会可达性）8 小类（欧式、路网、时间、心理、加权平均旅行时间、日可达性、潜力可达性指数、数据包络分析）度量方法。第三，对社会经济网络构建的重力模型、辐射模型进行了系统研究。第四，全面阐述了社会网络分析方法中的节点统计特征、社团划分到节点角色识别等内容。同时，以湖北省为研究区域进行实例分析，对湖北省的城镇体系和交通发展以及相关数据来源和数据处理等进行了概述。

第 3 章是湖北省社会经济空间网络的点、线要素及分布特征。从多尺度的视角分别将湖北省 17 个地级市、85 个县及县级市和 1 035 个主城区和乡镇分别作为空间网络的节点，利用 1990 年、2000 年、2010 年的社会经济数据对上述节点的空间联系能力进行综合测度与分析。将三个年份的道路网数据作为空间网络的线要素，对多尺度节点进行了距离可达性和机会可达性分析，以实现点要素以线要素为基础的空间移动能力的多层面测度。本章最后借助 SDE 对点、线要素的空间格局演化及其差异特征进行了深入探讨。

第 4 章是湖北省社会经济空间网络构建。网络构建是网络分析的基础，空间联系强度的度量是空间网络构建的重要内容。在空间联系强度模拟层面，本章提出了改进的辐射模型，并与传统模型进行比较和验证；在空间联系分析层面，主要从空间联系格局和节点的空间联系强度两个方面分析；在空间网络的构建层面，主要包含全联系矩阵的简化处理以及同规模随机网络和规则网络的构建等主要步骤。

第 5 章是湖北省社会经济空间网络分析。本章分别从整体、局部和个体的角度对空间网络的连接特征、社团特征和节点角色进行多尺度的系统分析；在纵向时间尺度上，通过不同年份的比较揭示各个尺度网络的演化特征；在横向层面，对比了各个空间网络的拓扑与加权形式，同时将实体网络与匹配随机网络和规则网络进行比较，开展同一指标在不同网络类型中的对比分析。最后将社会经济空间网络分析结果运用于城镇体系规划的具体实践中。

第 6 章是结论与展望，对主要研究成果进行了总结，并在此基础上对下一步从城镇空间网络视角进行城镇体系规划分析研究进行了展望。

本书由河南农业大学侯贺平（11 万字）、蒋鹤（5 万字）以及浙江大学宁波理工学院荆莹（5 万字）和河南省科研平台服务中心刘卫星（5万字）共同编写，全书内容由侯贺平统稿。本书在撰写过程中得到了武汉大学刘艳芳教授及其团队成员的指导，并提出了宝贵的修改意见，在此深表感谢。同时，感谢河南农业大学姚晓军在本书统稿和撰写过程中提出的改进意见。本书从网络的角度对湖北省城镇体系的空间结构进行研究，从地市级、县级和乡镇级不同尺度展开，研究结果有助于正确认识和理解湖北省城镇体系的整体格局和演化特征，明确各个城镇在系统中的地位和作用，从而实现各个地区之间的优势互补，实现生产要素的有效整合，促进区域整体有效、快速发展。但城镇空间网络系统具有复杂性和动态性等特征，一些理论尚待验证，一些方法还需进一步实战，下一步需要继续深入研究。限于作者能力水平，书中难免有不足之处，敬请广大读者朋友批评指正。

目录

CONTENTS

1 绪 论

1.1 研究背景

在经济全球化的大背景下，空间形态逐渐从“地方空间”向“流动空间”转换。1970 年以后，随着不断加速的全球化进程，世界经济经历了全面的结构性调整，一方面，产业分工不断深入和专业化，各地的文化、生活、生产方式等发生了巨大变化，这使得地区之间的空间差异不断加深；另一方面，随着信息革命的到来，计算机技术和通信技术飞速发展，互联网将地球连接成“地球村”，时空距离被有效“压缩”（马学广等，2012）。新型交通工具使得各种社会经济要素的流动成本大大下降，地区间交流与合作的空间范围不断扩大且流动的方式多样化，同时通信技术的发展使得地区间的部分联系摆脱了地域的限制，信息可以实现瞬时全球范围内的有效流动，一定区域内的城市之间可以同时进行各种有形与无形的、物质与非物质的交流与联系（艾少伟等，2010）。“流动空间”的出现是产业分工发展趋势的必然结果，新技术革命带来的各种联系成本的降低和联系方式的多样化则为“流动空间”的形成提供了技术支撑和发展基础（孙中伟等，2005a）。可以说，全球化的发展，带来了生产组织结构的改变，也引起公司组织方式的变化，不同区域之间人员、物资、信息技术等的交流与合作日益频繁与深入，地理空间形态已经不再是静态的区位空间，而是承载各地之间能量传输的“流动空间”（孙中伟，2013）。

城镇体系在“流动空间”的基础上形成了城镇空间网络（黄璜，2010）。在“流动空间”中城镇之间的交流与合作的内容增多、程度加深，同时联系方式进一步多样化和低成本化，城镇体系逐步从等级组织形式向网络组织形式转变，促使“社会经济空间网络”的形成（沈丽珍等，2009）。“社会经济空间网络”是一种规模相当、地理邻近的区域所形成的空间组织，具体指大小不一、各具特色的不同区域，在社会经济等领域具有潜在的互补特征，主要通过交通、通信等基础设施进行产业合作、经济往来、人员流动等。在社会经济空间网络中各个城镇的地位和功能发生了从中心性到节点性的转变。地区的重要性不再仅仅取决于其内在的社会经济属性，而是由各种生产要素在城市节点之间的传输效率、频繁程度和密集程度决定的，一个地区的发展机遇与重要作用更多地取决于在产业分工的基础上，节点之间通过密切协作产生的相互补充与协调关系（马学广等，2011）。在当前研究中对全国或者区域尺度内地市级或者县级单元之间的空间网络的研究较多，对乡镇级网络的研究较少，且缺乏对地市级、县级、乡镇级等多尺度网络的比较研究。乡镇是城镇体系中不可忽视的重要组成部分，特别是在我国统筹城乡规划和进行新农村建设的大背景下，乡镇作为城市与农村的结合点，对于区域整体发展具有重要意义（Shen et al.，2005）；同时从多尺度视角对地市级、县级和乡镇级不同等级的网络层层展开剖析，有利于全面把握城镇体系的整体结构和不同空间尺度网络的具体差异。

随着网络分析方法在人文地理学领域兴起（Dempwolf et al.，2012），“流动空间”和“社会经济网络”等区域发展新模式的出现，地理学和城市规划学领域的学者从不同角度进行了研究：研究区域之间的空间可达性（Zhenbo et al.，2011），探讨区域的社会经济要素进行空间位移的流动能力大小（Caschili et al.，2015；Song，2013；Lopez et al.，2008）；研究区域之间的空间相互作用或者空间联系，揭示不同区域之间进行相互交流与合作的强度（Esch et al.，2014）。随着网络科学的发展，学者开始借助网络、图论等分析方法将“社会经济空间网络”中的不同区域抽象为节点，各种要素流抽象为连接边，对网络从不同层次展开分析，例如，网络的整体结构特征（Illenberger et al.，2013；Derudder et al.，2005；Lee，2009）、网络局部的连接边格局以及网络内各个节点和连接边的地位和作用（Austwick et al.，2013a；Chang et al.，2011）等。

随着社会经济的发展，专业分工与相互合作渗透到生产、生活的各个领域，在信息技术和交通设施的支撑下，区域发展进入了网络化的新范式。本书从地市级、县级和乡镇级的多尺度视角出发，对湖北省的社会经济空间网络进行构建，并从网络的整体、局部和节点三个层次对各个尺度的网络进行深入分析，以此为基础提出湖北省城镇体系的规划措施，以期为未来的发展规划提供理论和决策支撑。

1.2　研究意义

在经济全球化和生产专业化分工等发展大趋势的带动下，地区之间的联系日益密切，城镇之间由原来的规模和位序等级关系逐渐演化为注重交流与合作的互补关系，城镇空间网络化的发展格局逐步形成，从网络的角度揭示地区之间的联系、城镇体系的整体结构特征以及各个城镇在网络体系中的功能和作用，对于城镇体系规划工作具有现实指导意义。

本书从网络的角度对湖北省城镇体系的空间结构进行研究，

从地市级、县级和乡镇级不同尺度展开研究，研究结果有助于正确认识和理解湖北省城镇体系的整体格局和演化特征，明确各个城镇在系统中的地位和作用，从而实现各个地区之间的优势互补，实现生产要素的有效整合，促进区域整体、有效、快速发展。

（1）对社会经济空间网络的点、线要素进行分析，有助于深入理解和整体把握各个尺度的点要素和道路里程、道路等级等线要素在城镇体系中的具体特征。首先，通过对地市级、县级和乡镇级等不同节点空间联系能力的综合测度和表征，可以定量化地反映各个节点在空间联系方面的综合实力大小及其绝对和相对变化程度。其次，基于道路网对各个节点的距离可达性和机会可达性进行分析，有助于揭示各个节点的空间区位状况、在空间联系中克服空间阻隔的能力大小、在克服空间阻隔之后可获得的目的地辐射带动作用的大小。最后，通过标准差椭圆对点、线要素空间演化特征的分析可以具体识别不同尺度区域空间联系能力、道路里程和道路等级等地理要素的空间集聚范围、分布重心变化轨迹、扩展和收缩的方向等；通过比较点、线要素的空间分布差异，有助于理解和把握不同要素分布特征和演化规律的区别与联系。

（2）对不同尺度单元间的社会经济联系强度进行空间模拟，有助于对不同地域间的人流、物流、信息流等要素流进行预测。首先，根据现有辐射模型忽视空间异质性的特征提出了基于空间可达性的辐射模型，然后利用重力模型、辐射模型、改进的辐射模型分别对地市级、县级和乡镇级等之间的空间联系强度进行模拟，并在此基础上从整体特征与联系方向两个方面进行对比分析。其次，利用实地调研数据进行了乡镇尺度的模型验证，证明了改进辐射模型的优越性，为城镇空间联系模拟提供了技术支持和经验指导。最后，基于空间联系强度选择构建了空间联系网络以及同其匹配的随机网络和空间规则网络，为后续网络分析奠定基础。

(3) 对社会经济空间网络进行分析有助于揭示城镇社会经济空间网络在不同尺度（地市级、县级、乡镇级）和不同层次（整体、局部和个体）上的结构特征和演化规律。本书分别从网络的连接特征、聚集特征、社团特征和节点角色等方面揭示城镇网络特征；通过分析连接边和要素流在城镇体系中的分布状况，揭示不同性质的外部干扰对城市体系稳定性的影响，通过社团识别有助于揭示错综复杂的联系掩盖之下的各个局部聚集集团，可为地方性的区域规划和发展方向提供参考。链接特征的节点角色识别有别于传统的规模等级定位方法，有助于发现部分节点和地区在城镇体系中的“门户”“踏脚石”等作用，以及一些地区之间中转节点的缺失，从而为城镇体系中各个城镇的准确定位和发展规划提供理论支撑。

1.3 概念剖析

1.3.1 空间可达性、空间联系、空间相互作用

空间可达性的概念最早起源于古典区位论，主要是对空间上某一要素实体（点、线或区域）的位置优劣程度或者达某一地点的难易程度进行度量（顾鸣东等，2010；彭菁等，2012；宋正娜等，2010）。一个地方的空间可达性状况主要受到交通基础设施、土地利用状况、时间和个体差异等因素的影响（李平华，陆玉麒，2005a；刘贤腾，2007）。根据研究对象和研究目的不同，不同的可达性度量方法涉及的影响因素类型及其制约程度也各不相同。根据空间可达性方法所考虑的主要因素，可将研究方法分为三类（李平华等，2005b；宋正娜等，2010）：①只涉及交通因素是最为基础的研究方法，如距离法，具体包括欧式距离、路网

距离（秦昆等，2002；杨育军等，2004）、时间距离（赵元正等，2006）等，该层次主要涉及地区的区位特征、交通状况等，考虑的因素较为简单。②同时考虑交通和土地利用的方法在现有研究中最为常见，如潜力模型（宋正娜，陈雯，2009）、累积机会法（尹海伟等，2008）等。以上模型主要以一定时间或距离内能到达的兴趣点数量的多少，或者终点对始点的吸引力大小等作为可达性指标。③综合考虑交通、土地利用、时间以及个体差异的可达性度量方法有时空法和效用法（柴彦威等，2012；胡继华等，2012；赵莹等，2009）。时空法研究时空约束下个体出行的交通方式、吸引点的位置分布、出行时间安排、参与活动的偏好与能力等。效用法以个人所获得的最大效益为可达性度量指标，能反映出人们实际的满意程度。本书主要从可达性的“可达”与“可得”两个特性分别从距离可达性和机会可达性两方面对湖北省的地市级、县级和乡镇级三个尺度的区域进行可达性研究。

空间联系指事物之间的有机关联、联络、接洽等关系。联系同时属于哲学的范畴，指事物内部矛盾双方和事物之间所发生的关系，事物的联系是普遍存在的、多种多样的。不同地区之间的空间联系是区域空间格局的重要组成部分，地理学上关于空间联系的研究起源于当时社会经济发展的需要，主要关注与不均衡分布于地表的各种现象之间的功能联系。近年来，国外学术界通过不同的研究方法从多个尺度和层次以及多个视角对区域空间联系的特征、影响因素、表现形式和发展趋势进行了分析（Boccaletti et al.，2006；Daraganova et al.，2012；Refsnider et al.，2010）。

空间相互作用，是指不同地理区域之间通过区域间的人口、物质、资金、信息等的流动而产生的相互联系、相互促进或者相互制约的关系。正是这种相互作用，才把空间上彼此分离的不同等级和规模的城镇结合为具有一定结构和功能的有机整体。区域空间相互作用理论是研究区域经济和社会发展规划、交通网络规划、城镇布局规划的重要理论基础。

空间可达性、空间联系、空间相互作用三者之间既有区别又有联系，三者都强调空间个体的非独立性和流动性。同时，空间可达性是空间联系和空间相互作用的基础，其强调的是空间个体对距离等空间阻隔的克服，空间联系则强调个体在克服空间阻隔之后取得的一种关联或者关系，空间相互作用则是在克服阻隔、建立联系之后所产生的一系列活动，即两地之间各种社会经济要素流的传输与交换，以此使两地之间相互促进或者相互制约。从学科发展看，空间相互作用理论是在空间联系理论的基础上发展而来的；从理论内涵看，空间相互作用是空间联系的表现形式或者结果，且独立个体只有在建立空间联系之后才能进一步开展空间相互作用活动。在现有研究中空间联系和空间相互作用并没有严格的区分，本书用空间联系的概念代表不同区域之间人员、物资、信息技术等的相互交流、相互作用的社会经济现象。

1.3.2　空间联系与空间网络

网络是包含一定的节点和节点之间联系的有机整体，而空间网络中各个节点和连接边具有一定的地理空间属性。城镇体系中的空间网络是对城镇节点以及城镇之间的人员、物资、信息技术等相互关联、相互合作关系的一种简单抽象与表达，根据节点和连接点的属性不同，例如节点和连接边权重的大小、边的连接方式（如是否择优连接）等网络具有不同的结构特征，这一特征又反作用于网络内部各个节点和连接边的地位和功能，因此网络是一个有机整体，网络内部各个部分（点与点、点与线、线与线、点线与网络）之间相互影响、相互制约。具体到城镇空间联系和城镇空间网络，城镇空间联系注重城镇间联系的有无、大小以及变化特征。城镇空间网络则是城镇空间联系组成的复杂系统，关注的不是联系本身，而是节点和联系共同组成的有机整体，在宏观上关注网络的整体结构与性能，中观方面研究网络的局部聚集与分散特征，在微观上则基于节点的空间连接特征研究节点的结构和功能。

从以上内容可以辨析，空间联系强调的是两地或者多个区域中的两两之间的相互作用关系，包括：点即起点和终点，线即起点与终点之间有无关系、关系的紧密程度等。空间网络是在联系中的点、线要素的基础上侧重多个联系所组成的具有一定结构和功能的有机整体。空间联系强调的是区域间关联的组成要素及其流动性特征，后者则强调空间联系通过网络表现的状态和特征（孙中伟等，2005b）。同时，网络不是联系的简单拼接与累加，在网络中，关注的不仅是联系的有无、大小等属性，其更侧重于在系统中网络的整体连接格局，即均衡与均衡连接，网络的局部聚集与分散，基于不同连接特征的不同节点和连接边的结构、功能和意义等。本书在第四章重点分析了区域之间的联系，即不同区域之间联系的大小和空间分布，以此完成网络的构建；在第五章则侧重分析湖北省多尺度空间网络的具体特征。

1.4 国内外研究现状及不足

1.4.1 城镇体系研究

城镇体系是指在一定地域内，由不同等级、不同规模、不同职能的城镇组成的有机系统，各个城镇之间具有相互联系、相互依存、相互制约的关系（周一星，2003）。城镇体系规划直接影响一定区域内的土地利用政策（Chen et al.，2011）和产业结构布局（Stam et al.，2008；Chen et al.，2010），是区域内各个城镇确定发展方向的主要依据。城镇体系研究最早开始于第二次世界大战以后，工业的发展与进步促进了不同地域之间的分工与协作关系，越来越多的学者开始从城镇群体的角度关注城市和区域研究。R. Vining 在 1945—1955 年期间，从经济学理论的角度出发论证了城镇体系的合理性以及城镇体系对城市发展的重要意义。“城镇体系”（Urban System）由 O. Duncan 在 1950 年发表的《大都市和区域》中首次提出，B. Berry、J. Fridmann 和 J. Mille 在改进城镇体系研究方法和拓宽研究领域方面做出了重要贡献；A. Hisehnlan、W W. Rostow、Frideman、F. Perroux 等诸多社会经济学家则主要关注于城镇体系的演化发展机制。城镇体系研究是地理学和区域规划中的传统问题，具有丰富的理论研究基础。区位论（Beckman，1968）、空间结构理论（Garrison，1959）、中心地理论（Christaller，1933）以及其他经济地理和城市地理中的经典理论（Wilson，1969）揭示了城镇体系的组织机制和演化规律。20 世纪 70 年代以后，在城镇体系实证研究方面取得了重要成果。我国的城镇体系研究根据经济制度发展的背景，以改革开放为节点可以划分为计划时期城镇体系研究和转型时期城镇体系研究（冷炳荣等，2011a）。计划时期城镇体系研究主要分析城市体系的结构变动、城市发展的政策建议等，由于统计数据的确认和统计口径不统一，研究方法主要停留在定性描述阶段（许学强等，2005）。随着计划经济向市场经济的制度转型，我国的大、中、小城市都有了长足发展，城镇体系研究进入了新的研究阶段，在这一阶段主要关注城镇体系的发展模式（Luo et al.，2008；Xue et al.，2014）和结构特征（Xie et al.，2007）等。

近年来国内外关于城镇体系的研究主要分为四种类型：①第一类研究主要关注区域中城镇的规模分布规律，研究方法主要集中于位序—规模分布（Jiang et al.，2011；Luckstead et al.，2014；Xu et al.，2014）、概率分布函数（Córdoba，2008）、帕累托分布（Ioannides et al.，2013）等，例如，Bosker 和 Brakman 基于人口数据研究了德国 1925—1999 年的城市等级体系演化特征（Bosker et al.，2008）；Anderson 和 Ge 借助齐普夫定律（Zipf's Law）和吉尔伯特法则（Gibrat's Law）分析了我国 1949—1999 年城市的相对增长特征和城市规模等级体系的发展变化过程（Anderson et al.，2005）。Carroll（1982）、Cheshire（1999）、Gabaix 和 Ioannides（2004）等学者对这一领域做了系统性的阐述和总结。②第二类研究主要关注城镇体系的空间特征，例如，城市扩张的驱动因素和优化布局（Kane et al.，2014）、城镇的空间结构（Kabisch et al.，2011）、城市群的形成机制与演化特征以及这些研究对象在不同区域中的对比研究。Angel 和 Parent 等学者研究并预测了全球 30 个国家 3 634 个城市圈扩展特征（Angel et al.，2011）；Guerois 和 Bretagnolle 等采用空间分析技术对比研究了丹麦、法国和瑞士三个国家的城市圈形态（Guerois et al.，2012）；吴宇哲等通过对我国广东省城镇发展的驱动力分析来指导区域规划（Lu et al.，2013）。③第三类研究关注城镇之间的空间相互作用特征。在区域尺度上，越来越多的学者尝试利用空间相互作用模型（李国平等，2001；王海江等，2012；Martin et al.，2007）、Voronoi 图（Okabe et al.，2008；王远飞，2006）以及其他与地理、社会、经济等要素结合的空间分析方法（Hagen-Zanker et al.，2012；范强等，2014；危小建等，2014），以实现对区域空间的划分（陈联等，2005；王丽等，2011）或者城镇结构机制的诠释。梅志雄和徐颂军等分析了珠三角城市群 1991—2010 年城市空间相互作用的时空演变过程（梅志雄等，2012）；吴康等研究了以郑州为中心的中原城市群的核心-圈层结构（Wu et al.，2012）；钟业喜等通过重力模型对江苏省的城市影响腹地进行划分（钟业喜等，2012）。在全球尺度上，最为代表性的是GaWC小组在世界城市体系研究中提出的“连锁网络模型”（Interlocking Model）（Taylor，2001），其基于100家高级生产性服务跨国公司（金融、会计、咨询、保险等行业）的总部、区域级分部等的规模及其联系强度等数据研究全球城市体系的组织结构。④第四类研究主要运用网络分析方法。近年来网络科学理论，特别是空间网络的发展为定量化研究空间复杂系统提供了新的方法和技术（Barthélemy，2011）。对于日益兴起的大数据，网络分析方法可将其结构分解为简单的单元和彼此之间的连接，以实现不同尺度上具体的统计特征研究和结构分析。网络分析方法在城镇体系中的运用是下文具体要展开的内容。

综上所述，城镇体系是一个复杂的有机系统，其不仅包含不同等级和规模的城镇，即点要素，而且包含不同城镇之间基于交通流、信息流的物质循环、能量流动、人员往来与信息传递等相互交流与互补关系，即线要素。通过对上述研究的进一步梳理发现：第一、二类研究属于点要素研究，第三类研究属于线要素研究。以上方法主要存在以下不足之处：①第一类研究主要是把城镇、城镇与城镇之间的关系视为相对孤立的研究对象，侧重于竞争与等级关系，没有考虑城镇体系中各个个体之间的相互关联、共同合作的互补关系。②第二类研究开始关注城市之间的结合与关联，但是多为宏观的定性分析与政策指导，缺乏对城镇体系规划的具体指导意义。③在第三类研究中城镇体系实现了从孤立个体到个体联系的转变，但是研究主要关注的对象是区域之间联系强度的大小，一般局限于等级式的分城市汇总及对比分析，缺乏对区域间联系组成的复杂体系结构的研究。在全球化与地方化交织的背景下，伴随城镇化的快速发展，城市间及内部的经济联系更为密切及复杂，城市间等级体系逐渐走向网络体系，城镇在一定区域中的发展优势已经不再是简单地由规模决定，而是由其在区域城镇竞争与分工中的地位决定。由此可见，城镇空间网络研究正逐渐成为城市体系研究新范式。城镇体系不是简单的“点”与“线”的加和，而是在“点、线”的基础上形成的网络结构。因此本书针对以上不足，在网络视角下通过定量化的研究方法，以湖北省为例分析城镇体系中各个节点间的社会经济联系以及基于社会经济联系组成的城镇结构特征，以期为湖北省城镇空间结构优化提供有益的研究参考。

1.4.2 城镇空间网络研究

网络一般由节点和连线构成，任何相互联系的客观事物，特别是复杂交织、彼此连接的相互作用现象，都可通过网络进行简单化和一般化处理，将其抽象化为由节点和连接节点之间的边构成的“网络图”或者“网络矩阵”（刘军，2009）。网络科学得益于图论和拓扑学等应用数学的发展，1736 年数学家欧拉在“哥尼斯堡七桥问题”中首次将现实中的相互联系的问题抽象成点和线的结合体，研究创立了图论和拓扑学（方锦清等，2007）。20 世纪 50 年代末至 60 年代，数学家 Eds 和 Renyi 用相对简单的随机图来描述网络，建立了著名的随机图理论，为图论和网络科学理论作出里程碑式的贡献（郭雷等，2006）。1998 年 Strogatz 和 Watts 在 *Nature* 杂志上发表了题为《“小世界”网络的群体动力行为》的论文，提出了融合一般网络优点的小世界网络模型，其既具有规则网络的高聚集性，又有类似随机网络的较小平均路径距离，能够更好地反映真实网络系统（Watts et al.，1998）。1999 年 Barabási 和 Albert 在 *Science* 杂志上发表了题为《随机网络中标度的涌现》一文，发现了一种具有择优选择特征和增长性的无标度网络（Barabási et al.，1999）。以上两篇文章对于复杂网络理论具有开创性，标志着网络科学进入了新的研究时代。越来越多的实证研究表明，真实网络具有与规则网络和随机网络完全不同的复杂网络统计特性，即小世界和无标度特性。

由城镇节点和城镇之间物质循环、能量流动、人员往来与信息传递等社会经济联系构成的城镇空间网络发展模式已经成为现代城镇体系的基本特征（吴康等，2015）。根据现有研究，本书将城镇区域空间网络的复杂性总结为以下四点（方锦清等，2007；冷炳荣，2011；冷炳荣等，2014；王娟，2013）：①节点和连接边的数量庞大、类型多样。随着计算机、互联网络等信息科学技术的发展，越来越多的网络被人们所发现和熟知，网络的节点和连接边不仅在不同类型网络之间具有差异性，而且在同一类型网络的不同等级之间也具有不同的性质，例如不同区域之间有由城镇节点和道路网组成的有型联系，基于交通、通信等所形成的社会经济交流等无形联系，以高校和科研机构等组成的科技创新合作联系等不同类型；同时，在城镇的社会经济联系网络中，城镇节点有地市级、县级、乡镇级等不同的类型和等级，这不仅产生了相同和不同等级之间的联系，而且联系又有社会、经济、人文、科学等多种类型。②网络结构的多样性。由于网络节点的属性特征和连接特征不同，网络具有不同的结构特征。例如，在交通网络中，考虑到节点的承受能力，网络的增长特性不能一直持续，在空间网络中，由于连接成本的存在等，网络则存在连接无法在全局实现等问题。③网络结构的不同尺度。网络在整体上可从世界、洲际、国家、地区、省级、地市等不同空间尺度进行研究；同一网络的内部既有整体特征、局部的组团现象，也有各个节点和连接边之间的差异性等不同层次的特征。研究复杂网络不同层次的规律将有助于人类更深刻地认识城镇体系的形成和发展规律。④网络具有时空演化特征。网络是动态演化的过程，其节点和连接边在不同的演化阶段具有新增、生成、消亡等过程，使网络的规模、结构和运行机制发生变化。网络的空间特征越来越受到广大学者的关注，特别是在人文地理和区域规划领域，不同地区、不同尺度的网络由于网络的驱动力因素不同而具有不同的结构属性。

网络在城镇体系和区域规划中的具体运用主要体现在以下几个主要领域：①道路网络。现有研究主要借助于航空（Jia et al.，2012；Zanin et al.，2013）、航海（Ducruet et al.，2012；Kölzsch et al.，2011）、铁路（Cao et al.，2013；Erath et al.，2009；Monzon et al.，2013）、公路（Novak et al.，2012）等交通基础设施研究中全球、国家或者一定区域内的城市结构特征，其中由于航空、航海和铁路的客货流量数据有配套的数据统计平台，所以这三种网络在网络的拓扑结构和连接边权重两方面均有涉及；公路上的客货流量由于统计口径不一且变动性较大而不好获取，主要侧重于路网的空间句法和拓扑结构。②互联网（Fabian et al.，2015）。汪明峰等从互联网骨干网络拓扑结构入手，对基于信息基础设施架构的中国城市体系格局和城市可达性进行了分析（汪明峰等，2004，2006）；Tranos 等基于信息通信和互联网数据研究全球主要城市的地位和作用（Tranos et al.，2013）。③企业、产业生产网络（Kajikawa et al.，2010）。一类是物流网络角度，李文博等通过构建轴辐式现代物流网络研究浙江的城镇结构体系（李文博等，2011）；修春亮等基于洲际物流的视角论述哈尔滨在优化中美物流网络中的作用（修春亮等，2010）。另一类是通过企业生成活动的空间分布讨论城镇体系格局，例如，路旭等基于国际高级生产者服务业布局的特征分析珠三角城市网络的空间格局（路旭等，2012）；武前波等从电子信息企业生产网络的视角解释中国城市空间网络结构的特征（武前波等，2012)；冷炳荣等从城市外部服务能力的角度探讨我国城市体系格局在 2003—2007 年之间的演化过程（冷炳荣等，2011b)。④科技创新网络。通过专利、文献等从文献计量学的角度分析基于知识创新与合作的城镇体系结构（Ji et al.，2014；Peng et al.，2015；王贤文，2009)；汪涛等通过生物技术知识构建了我国各个城市在知识扩散中的地位和作用（汪涛等，2011)；李丹丹等分析了中国城市尺度科学知识网络与技术知识网络结构的时空复杂性。⑤旅游流和通勤流（Goetzke et al.，2015；González-Díaz et al.，2015；Patuelli et al.，2007)。诸多学者通过入境旅游、跨省旅游等对全国范围内的城市体系进行研究（刘法建等，2010；马耀峰等，2014；王永明等，2013，2012)，在中观尺度上则通过旅游流探讨了珠三角（陈浩等，2011)、湖北（付琼鸽等，2015)、云南（戢晓峰等，2012)、四川（周蓓，2008）等地的城镇体系结构；在国际上，De Montis 借助通勤数据对意大利主要岛屿的城镇体系进行分析（De Montis et al.，2013，2011，2010，2007)。⑥基于网络社交平台的研究。在大数据时代的影响下，越来越多的学者开始通过手机的短信、通话等数据（Gao et al.，2013；Ratti et al.，2010；董超等，2014)，以及社交平台的好友关系、内容互动、签到等数据（Noulas et al.，2012；Wu et al.，2014；甄峰等，2012；Liu et al.，2014；Austwick et al.，2013b）对不同地域的城镇体系进行探讨。但是这类数据具有一定的片面性，特别是容易夸大旅游休闲城市的作用。

综上所述，以上研究的主要贡献在于：①体现了城镇区域的开放性。传统研究方法强调城镇的等级、规模、位序，网络分析方法则侧重基于节点的城镇关系，实现了从关注城镇自身规模走向城镇与城镇之间关系的探讨，有利于各个城镇正确标定自己的位置，合理确定发展方向。②对区域城镇体系中重要的点、线要素的重新识别。城镇网络中节点的重要性已经不仅仅取决于规模和等级，更重要的是在社会经济、产业分工等链条中的功能。③基于联系的城镇区域划分。根据网络可以识别网络中存在的内部联系紧密、外部联系松散的社团特征，从而改进现有的城镇经济区聚类方法。但是仍然存在需要继续补充的部分：第一，在揭示网络的动态过程中，对网络内部节点和边增长的不均衡性研究较少。城镇体系内部各个节点和连接边不仅在某一时间点具有差异性，而且在某一时间段的发展过程中，各个节点和连接边的增长也具有不均衡性。第二，上述研究多以城市和区域为节点在全球、全国或者全省范围内展开（Lai，2012；Liu et al.，2013），而对于镇域尺度研究较少，乡镇作为城市和农村的结合点，在我国新农村建设中具有重要作用（Shen，Ma，2005）。从这一角度出发，基于乡镇单元的城镇社会经济空间网络研究有利于实现区域协调发展。同时，现有分析一般从城市这一单一尺度上展开，对于城镇体系中地市级、县级、乡镇级的多尺度研究较少。第三，城镇空间网络分析在城镇体系规划层面的解释不深入，没有详细阐述网络内部不同层次的指标对城镇体系规划的具体指导意义。基于上述分析，本书分别对湖北省地市级、县级和乡镇级三个地域尺度构建社会经济空间网络，通过 1990 年、2000 年、2010 年三期数据分析网络在不同尺度和不同时间内的特征，并从网络整体、局部和个体三个层面提出了湖北省城镇发展的具体指导措施。

1.4.3 空间联系研究

城镇之间的人员、物资、信息技术等空间联系是城镇空间网络的重要组成部分。1957 年，在 B. Ohlin 和 S. Stouffer 等学者的研究基础上，Ullman 提出了空间相互作用理论，认为不同地区间空间相互作用产生的条件有三个：互补性、移动性和中介机会，基本形式包括人流、物流、技术流、信息流和资金流五种（Ullman，1957）。这一理论对城镇之间空间联系和空间相互作用的研究具有重要影响，引起了学术界的广泛关注，有力地推动了有关空间联系的理论探讨与实例研究。

国内外学者关于空间联系的定量研究方法主要有经验法和模型法两种（侯贺平等，2014）。经验法，即采用各种社会经济联系的实际统计或者调查数据表征地区间的空间联系强度，如高端通信（Tranos et al.，2009）、产业分工（郭荣朝等，2010）、客货流（吴康等，2013）、社会文化（Hoekman et al.，2009）的互动与交流等。经验法比较符合实际，但数据收集的工作量较大，给研究带来极大不便。模型法，即通过若干理论模型对空间联系的规律进行刻画和描述，所使用模型和方法主要有重力模型（顾朝林等，2008；Anderson，2011）、潜能模型（宋正娜等，2009）、强场模型（鲁莎莎等，2013）、断裂点模型（曹芳东等，2010）、城市流模型（冷炳荣等，2011b；李昌强，2010；郭建科等，2012）、偏离份额分析法（Nazara et al.，2004）、V图划分方法（Mu et al.，2006）、中介机会模型（Stouffer，1940）、效用模型（Block，1960）等，以及对上述模拟方法不同程度的修正模型。虽然上述模型的模拟结果不可避免地存在一定的片面性与零散性，只能表征空间联系某一个侧面的具体联系状况，但是在缺乏真实的O-D联系矩阵的情况下，这能够比较好地反映区域空间联系的实际情况（Wu et al.，2013），对于认识与掌握不同地区之间空间联系的发展过程和发展态势具有比较重要的价值和意义。同时，GIS技术也开始应用于该领域，这些为衡量空间相互作用及格局提供了有效方法。然而，在实际应用中仍有不足之处（侯贺平等，2014）：①在测度两地之间的联系时，距离衰减规律多以简单函数形式为主，且只考虑两地之间的联系，忽略了其他地区对于两地相互作用的影响，即目的地之间的竞争效应，同等条件下，其他目的地的吸引力较小，可加剧两地之间的影响，反之，则会对原来目的地产生分流。②上述模型的一些参数设置主观性较强，需要大量的实际数据进行验证。2012 年美国学者 Simini 提出的辐射模型能够避免上述问题（Simini et al.，2012a），它通过出发地、目的地、影响范围（以出发地为圆心、两地距离为半径的圆，出发地和目的地除外）的人口分布确定两地之间的人口流动强度，其利用影响范围因素强调出发地周围其他地区对两地联系的影响，且模型参数设置具有理论来源。但是辐射模型中影响范围的确定基础是均质的理想空间，忽视了真实地理环境对区域空间相互作用的影响，有待进一步修正。本书通过以空间可达性来刻画区域之间联系的异质性修正原模型，提出基于空间可达性的辐射模型，对城镇区域之间的空间联系进行综合测度。

1.5 主要研究内容与技术路线

随着社会经济的发展，网络化发展模式已经成为城镇空间格局的新范式，从网络的角度研究不同地域尺度之间的社会经济联系和网络特征，对于城镇体系规划和区域发展具有重要意义。本书首先对空间网络的主要组成部分——点要素和线要素进行了评价分析，同时对比了两者之间的空间分布特征。其次，本书提出与空间可达性相结合的辐射模型，以此对各个尺度的空间联系强度进行模拟预测，基于此构建地市级、县级和乡镇级的社会经济空间网络，并构建了相应的匹配随机网络和规则网络用于对比分析。第三，本书主要从网络的中心性、聚集特征、社团特征、节点角色等方面在整体、局部和个体三个层面进行了网络特征评价。本书采用了 1990 年、2000 年、2010 年三个研究时段的数据，对上述研究内容进行纵向对比分析，揭示湖北省社会经济空间网络的演化规律；基于多尺度的地市级、县级、乡镇级三个不同等级对上述内容进行横向对比分析，揭示湖北省不同类型空间单元的差异特征。

本书的主体内容包括以下三部分。

（1）社会经济空间网络的点、线要素分析。本部分主要是对湖北省社会经济空间网络中的点要素和线要素进行分析。首先，通过构建指标体系分别评价了地市级和县级的空间联系能力，并从统计特征和空间分布两方面分析了乡镇尺度人口数量的变化情况。其次，分析了道路网的道路里程和道路等级变化，以及各等级点要素基于道路网的可达性状况。最后，对点要素和线要素的空间格局演化特征进行了对比分析。

（2）社会经济空间网络构建。本部分根据现有辐射模型忽视空间异质性的特征提出了基于空间可达性的辐射模型，然后利用重力模型、辐射模型、改进的辐射模型分别对地市级、县级和乡镇级之间的空间联系强度进行模拟预测，并在此基础上做了整体特征与联系方向的对比分析。同时，利用现有的实测数据进行了乡镇尺度的模型验证。另外，基于空间联系强度选择构建了空间联系网络以及同其匹配的随机网络和空间规则网络，为后续的网络评价奠定基础。

（3）社会经济空间网络评价。本部分从网络的连接特征、聚集特征、社团特征和节点角色等方面对城镇网络特征进行分析；在纵向时间尺度上对比了各个指标和网络特征的演化规律；在横向网络类型中，上述指标分析不仅基于拓扑网络和加权网络展开，同时构建了匹配随机网络和规则网络，进行同一指标不同网络类型下的对比分析。本书的研究框架如图 1－1 所示。

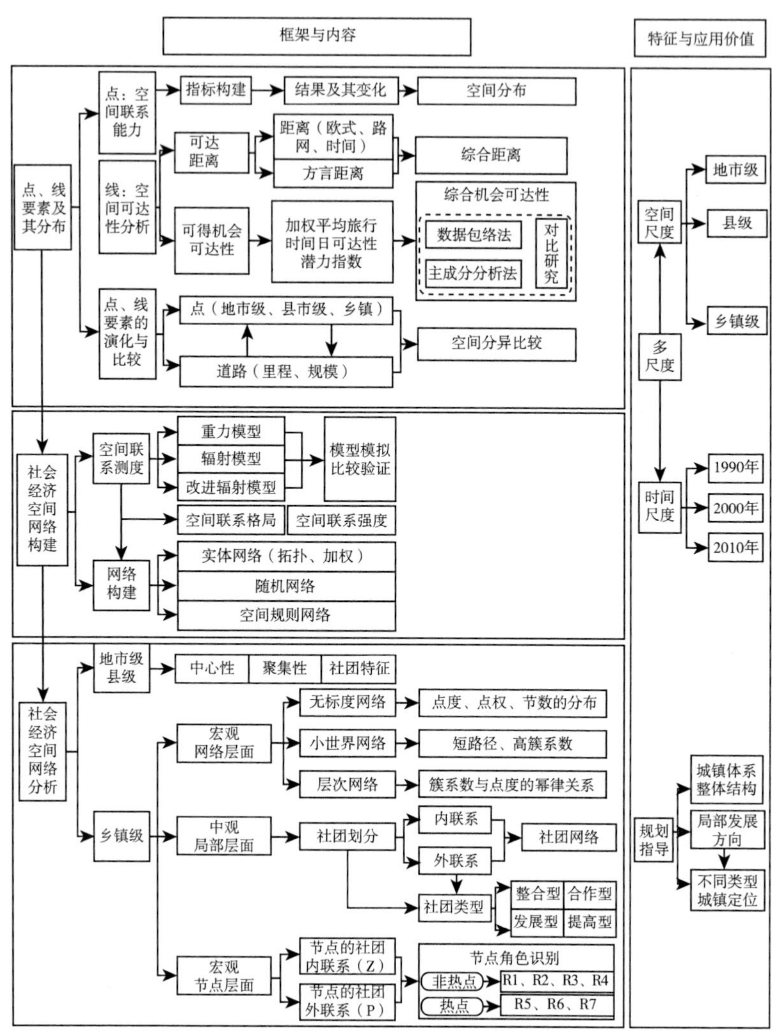

图 1-1　本书研究技术路线

2 多尺度社会经济空间网络研究基础

2.1 城镇规模特征分析方法

2.1.1 位序移动指数

位序移动指数（Rank Mobility Index，RMI），是衡量某一城市在一定范围内或者多数城市间的规模位序变化程度的指标，能较好地表征城市规模在区域城镇体系中的分布规律，公式如下：

$$M = \frac{(R_1 - R_2)}{(R_1 + R_2)} \tag{2.1}$$

式中，M 为位序移动指数（RMI）；R_1 为城市在时间点 1 的位序；R_2 为城市在时间点 2 的位序；M 在 -1.0 与 1.0 之间变化。M 为负值表示位序的降低，而正值反映了等级的增长，零值意味着位序不变。

2.1.2 位序—规模法则

位序—规模法则最早由德国经济学家 Auerbach 在 1913 年提出，1949 年 G. K. Zipf 基于发达国家的城市人口规模和位序之间的直角双曲线关系，提出了著名的 Zipf 法则。随着复杂性科学的发展和应用，Zipf 法则在城镇规模分布研究中得到了广泛应用

（吕利军等，2010；周晓艳等，2015）。一个城市的规模和该城市在国家所有城市按规模排序中的位序关系所存在的规律，就叫做位序—规模法则（范晓莉等，2015；张锦宗等，2008）。卡特罗公式是位序—规模法则最常见的表达式之一：

$$S_i = S_0 \cdot R_i^{-q} \tag{2.2}$$

式中，R_i 为按规模从大到小排序后城市 i 的位序；S_i 为位序是 R_i 的城市规模；S_0 为首位城市规模的理论值；参数 q 通常被称为 Zipf 指数，可反映城市体系的均衡程度。q 越大，说明区域内城市规模分布比较集中，居于高位次的大城市很突出，城市之间规模差异较大；q 越小，说明城市规模分布差异不大，高位次城市规模不是很突出，中小城市相对来说比较发达。

2.2 空间格局分析技术

2.2.1 标准差椭圆方法

标准差椭圆（Standard Deviational Ellipse，SDE）是揭示地理要素的空间分布特征的重要统计方法（Lefever，1926；Yuill，1971）。该方法最早由 Lefever 在 1926 年提出，现已广泛应用于社会学、人口学、犯罪学、地质学、生态学等领域（沙勇等，2014a；沈体雁等，2013；赵璐等，2014a；赵作权，2009）。本书采用标准差椭圆方法从中心性、展布范围、密集性、方向和形状多个方面分析区域空间联系能力和道路等地理要素的空间差异及其变化特征：①重心（平均中心）的迁移轨迹反映社会经济发展中区域平衡问题。②分布在标准差椭圆内部的区域是地理要素聚集分布的主体。③方位角的变化对比可以从空间上定量分析地理要素空间分布主要方向（即长轴方向）上的差异。④标准差椭圆长、短轴之间的对比变化可以揭示地理要素空间分布的形状差异，即其在主要分布方向和次要分布方向上的区别。⑤密集度

（单位标准差椭圆面积上承载的要素量）差异可以反映地理要素分布密集程度。

SDE 主要参数的计算公式如下：

重心：

$$\overline{X}_w = \frac{\sum_{i=1}^{n} w_i x_i}{\sum_{i=1}^{n} w_i}; \overline{Y}_w = \frac{\sum_{i=1}^{n} w_i y_i}{\sum_{i=1}^{n} w_i} \tag{2.3}$$

方位角：

$$\tan\theta = \frac{\left(\sum_{i=1}^{n} w_i^2 \tilde{x}_i^2 - \sum_{i=1}^{n} w_i^2 \tilde{y}_i^2\right) + \sqrt{\left(\sum_{i=1}^{n} w_i^2 \tilde{x}_i^2 - \sum_{i=1}^{n} w_i^2 \tilde{y}_i^2\right)^2 + 4\sum_{i=1}^{n} w_i^2 \tilde{x}_i^2 \tilde{y}_i^2}}{2\sum_{i=1}^{n} w_i^2 \tilde{x}_i \tilde{y}_i} \tag{2.4}$$

x 轴标准差：

$$\sigma_x = \sqrt{\frac{\sum_{i=1}^{n} (w_i \tilde{x}_i \cos\theta - w_i \tilde{y}_i \sin\theta)^2}{\sum_{i=1}^{n} w_i^2}} \tag{2.5}$$

y 轴标准差：

$$\sigma_y = \sqrt{\frac{\sum_{i=1}^{n} (w_i \tilde{x}_i \sin\theta - w_i \tilde{y}_i \cos\theta)^2}{\sum_{i=1}^{n} w_i^2}} \tag{2.6}$$

形状指数：

$$s = \frac{\sigma_y}{\sigma_x} \tag{2.7}$$

密集度：

$$I=\frac{\sum_{i=1}^{n}w_i}{\pi\sigma_x\sigma_y} \tag{2.8}$$

式中，x_i ，y_i 表示城市区位经纬度坐标；w_i 表示每个城市对应的经济要素的值或者权重；x_w ，y_w 表示加权平均中心；θ 为椭圆方位角，表示正北方向顺时针旋转到椭圆长轴所形成的夹角；x 轴 i、y 轴 i 分别表示各城市区位到平均中心的坐标偏差；σ_x 、σ_y 分别表示沿 x 轴和 y 轴的标准差。

本书同时采用了空间差异比较分析不同要素的空间分布（赵璐等，2014b）。具体计算方法如下：

$$SDI_{p,q}=1-\frac{Area(SDE_p\cap SDE_q)}{Area(SDE_p\cup SDE_q)} \tag{2.9}$$

式中，SDE_p 、SDE_q 分别为经济要素 p、q 的空间分布标准差椭圆；$Area$ 为面积。SDE_p,SDE_q 为地理要素 p、q 的空间差异指数，介于 0 和 1 之间，值越大，空间差异越大。

2.2.2 核密度

核密度估计方法（Kernel Density Estimation，KDE）是空间分析方法中应用最广泛的非参数估计方法（宋晓英等，2015）。该方法首先计算样本点某要素对区域内各个网格单元的密度贡献值，其中距离样本越近贡献值越大，然后将相同位置的密度进行叠加求和以获得一定范围内的密度分布（Kuter et al.，2011；Okabe et al.，2009）。假定获取样本为 X_1，……，X_n，f 在某点 x 点处的估计值 f（x）为：

$$f_n(x)=\frac{1}{nh}\sum_{i=1}^{n}k\left[\frac{x-x_i}{h}\right] \tag{2.10}$$

式中，$h>0$，为带宽；（$x-x_i$）表示估计点到样本点 X_i 处的距离。KDE 估计中，带宽 h 的确定对研究结果影响较大。取值较大结果显示越平滑，反映研究区域的整体特征；取值较小，评估结果的表面波动起伏越大，反映研究区域的内部结构特征。本书采用固定带宽值，同时为了能够覆盖到湖北省全省，采用各节点之间距离的最大值的一半作为带宽，其中地市级尺度为89 887 米，县级尺度为 28 389 米，乡镇级尺度为 11 239 米。

2.2.3 空间自相关

空间自相关是一种探索性空间数据分析的空间统计方法，可通过空间自相关分析判断某种地理现象或某一属性值在空间上是否有聚集特性存在，包括全局空间自相关和局部空间自相关（Frieden et al.，2014；Macdonald-Wallis et al.，2011；Nelson et al.，2011）。该方法常用来衡量城市化水平、经济等指标的扩散效益及其集聚特征（沙勇等，2014b；宋文等，2015；张松林等，2007）。全局 Moran's I 取值一般在［−1，1］之间，大于 0 则表明相似的观测值趋于空间集聚；小于 0 表示相似的观测值趋于分散分布，等于 0 表示不存在空间自相关。

全局 Moran's I 计算公式如下：

$$I=\frac{n}{\sum_{i=1}^{n}\sum_{j=1}^{n}w_{ij}}\times\frac{\sum_{i=1}^{n}\sum_{j=1}^{n}w_{ij}(x_i-\bar{x})(x_j-\bar{x})}{\sum_{i=1}^{n}(x_i-\bar{x})^2} \tag{2.11}$$

式中，x_i、x_j 为空间单元 i、j 的观测值；$\bar{x}$ 为 x_i 的平均值；w_{ij} 为研究区域范围内空间研究单元 i 与空间研究单元 j（i，$j=1$，2，3，4，…，n）的空间权重矩阵。

局部空间自相关可识别不同空间位置上的高值集聚和低值集聚。局部空间关联模式可划分为 HH、LL、HL 和 LH 四种类型。HH（LL）型表示城市与其相邻城市间存在正空间自相关，高（低）的相同值在空间上具有集聚的效应；HL（LH）型表示城市与其相邻城市间存在负空间自相关，高（低）潜力城市被低（高）潜力城市包围。计算公式为：

$$L = \frac{x_i - \overline{x}}{S^2} \sum_{j=1\, j \neq 1}^{n} w_{ij} (x_j - \overline{x}) \tag{2.12}$$

式中，S 为各县潜力的标准差，其余参数含义见全局自相关公式。

2.3 空间可达性分析技术

2.3.1 距离可达性

2.3.1.1 欧式距离、路网距离、时间距离

本部分主要从欧式距离（即均质距离）、路网距离和时间距离三方面展开论述，具体是节点到其他所有城镇的最短欧式/路网/时间距离的总和，距离越小，地区可达性状况越好，计算公式为：

$$SA_i = \sum_{j=1}^{n} D_{ij} \tag{2.13}$$

式中，SA_i 表示区域内节点 i 可达性；n 表示节点数目；D_{ij} 表示从节点 i 到节点 j 的最短欧式/路网/时间距离。

为了使不同类型的可达性指标具有可比性，本书采用各个可达性指标的系数表示地区可达性的相对大小，其计算式为：

$$A_{di} = \frac{\dfrac{SA_i}{\sum_{i=1}^{n} SA_i}}{n} \tag{2.14}$$

式中，SA_i 表示区域内节点 i 可达性，A_{di} 是可达性系数，$A_{di} < 1$，说明城市可达性水平优于区域平均水平，$A_{di} > 1$，说明城市可达性水平低于区域平均水平；n 是城市数。

2.3.1.2 方言可达性

随着经济全球化的深入发展，各地经济交流日益频繁，而语

言作为人们沟通和交流的基本工具，也愈发重要（陈艺彤，2014）。方言是民族认同感和归属感的一种体现，在人文社会因素中具有一定的地域代表性，对地区经济的交流与合作具有不可忽视的影响。本书参照现有研究（Wu et al.，2013；苏剑等，2013），根据方言的差异程度设置不同的语言距离：相同方言片区距离为0，同一方言区不同方言片区距离为0.4，不同方言区距离为1，以此为基础计算出湖北省两两城镇之间的方言距离，从而得到各个城镇的方言 SA。

2.3.1.3 综合距离可达性

本书选取时间可达性和方言可达性两个指标，并赋予不同的权重以综合表征湖北省城镇的综合距离可达性。由于权重的确定直接影响着分析的结果，在研究中采用专家打分法，确定时间可达性权重为0.8，方言可达性权重为0.2，具体计算公式如下：

$$SA_{com} = 0.8SA_{time} + 0.2SA_{dia} \qquad (2.15)$$

式中，SA_{com} 表示综合可达性，SA_{time} 表示时间可达性，SA_{dia} 表示方言可达性。

2.3.2 机会可达性

2.3.2.1 加权平均旅行时间

加权平均旅行时间从时间、距离等角度衡量地区的连通水平（尹鹏等，2014），是现有可达性研究中常用的评价指标之一（尚正永等，2014；吴威等，2006，2007）。

$$A_i = \frac{\sum_{j=1}^{n}(T_{ij} \times M_j)}{\sum_{j=1}^{n} M_j} \qquad (2.16)$$

式中，A_i 是加权平均旅行时间，表示城市 i 的可达性水平；T_{ij} 是城市 i 至城市 j 的最短旅行时间；M_j 是评价系统范围内城

市 j 的规模，文中使用地区 GDP 表示。

2.3.2.2 日可达性

日可达性测量某一城镇在一天的时间内可以到达的空间范围，或者获取某一机会的难易程度（王德等，2004，2003）。空间范围越大或者获得机会越多，说明地区的可达性水平越高。在城市间的范围内，现有研究通常将 3 或 4 小时作为一天出行时间的判别标准，即日可达性可定义为在每天 8 小时工作中可以当天完成往返的商务旅行（孙章等，2004；王德等，2001）。此指标的优点是结果直观简单，易于解释，但没有考虑距离衰减。考虑到乡镇尺度的路网通达程度较差，本书选择 4 小时为判别标准，将 4 小时之内可以到达的城镇人口总数作为日可达性大小的表征。

2.3.2.3 潜力可达性指数

潜力模型测度各出发地城镇受到的各种来自目的地城镇的社会、经济等影响力的大小（Hansen，1959；Weber Christiane 等，2006；陈少沛等，2014），结果表明，此影响力大小与目的地的规模大小成正比，与两地之间的距离、时间、费用等成本成反比（关伟等，2014；蒋海兵等，2010；张祥等，2013），计算公式为：

$$p_i = \sum_{j=1}^{n} \frac{M_i}{D_{ij}^{a}} \tag{2.17}$$

式中，p_i 为节点 i 的潜力市场值，潜力值越高，优势越大；D_{ij} 为通过某交通设施和网络从节点 i 到经济中心或活动目的地 j 所用时间、费用、距离等，本书采用最短时间距离表示；a 为距离摩擦系数，一般取 2；M_i 为节点规模，本书选择用城市 GDP 表示。

2.3.2.4 数据包络分析

数据包络分析方法（Data Envelopment Analysis，DEA）是一种系统分析方法，该方法运用运筹学原理能够较好地阐释投入和产出之间的关系，以对决策单元进行评价或处理多目标决策（Aigner et al.，1977；Charnes et al.，1978；Meeusen et al.，

1977；Newman，1999；Seppäläa et al.，2005），在城市效率（郭腾云等，2009；孙威等，2010）、土地利用效率（黄大全等，2009；吴得文等，2011）、能源效率（赵媛等，2010）和产业利用效率（曹芳东等，2012；马晓龙等，2009；彭建军等，2004；陶卓民等，2010；左冰等，2008）等方面得到了广泛的推广和应用。数据包络分析方法设计评价 k 个生产单元效率，评价指标体系为 l 种投入指标，m 种产出指标，设 x_{jl} 代表第 j 个单元的第 l 种资源的投入量，y_{jm} 代表第 j 个单元的第 m 种产出量，对于第 n（$n=1, 2, \cdots, k$）个单元来说，具体应用模型为：

$$\begin{cases} \min[\theta-\varepsilon(e_1^T s^- + e_2^T s^+)] \\ s.t. \sum_{j=1}^{k} x_{jl}\lambda_j + s^- = \theta x_l^n \\ \sum_{j=1}^{k} y_{jm}\lambda_j - s^+ = y_m^n \\ \lambda \geqslant 0 \end{cases} \tag{2.18}$$

式中，θ（$0<\theta\leqslant 1$）为综合效率；λ_j（$\lambda_j\geqslant 0$）为权重变量；s^-（$s^-\geqslant 0$）为松弛变量；s^+（$s^+\geqslant 0$）为剩余变量；ε 为非阿基米德无穷小量；$e_1^T=(1, 1, \cdots, 1)\in E_m$ 和 $e_2^T=(1, 1, \cdots, 1)\in E_k$ 分别为 m 维和 k 维单位向量空间。在式（2.18）中引入约束条件 $\sum_{j=1}^{k}\lambda_j = 1$，将式（2.18）转变为规模报酬可变（Variable Returns to Scale，VRS）的 DEA 乘积，简称 VRS 模型。其中，θ_b 为纯技术效率指数，$0<\theta_b\leqslant 1$，$\theta\geqslant 0$，规模效率 $SE=\theta/\theta_b$，$0<SE\leqslant 1$，当 $\theta_b=1$ 或 $SE=1$ 时，表示纯技术效率最优或规模效率最优。

本书采用基于 DEA 模型的 Malmquist 指数的方法分析湖北省城镇空间可达性效率的动态变化特征。Malmquist 生产率指数是基于 DEA 模型利用距离函数的比率来计算投入产出效率

（Oh，2010；Thrall，2000）。随着该指数的不断完善进步，Malmquist 生产率指数的原理主要通过三个经典公式表达（Azad et al.，2015；Baležentis，2014；Fuentes et al.，2001；Lv et al.，2015）：

$$M_{i,t+1}(x_i^t,y_i^t,x_i^{t+1},y_i^{t+1})=\left[\frac{D_i^t(x_i^{t+1},y_i^{t+1})}{D_i^t(x_i^t,y_i^t)}\times\frac{D_i^{t+1}(x_i^{t+1},y_i^{t+1})}{D_i^{t+1}(x_i^t,y_i^t)}\right]^{1/2} \tag{2.19}$$

式中，x_i^t，x_i^{t+1} 分别表示第 i 个地区在时期 t 和 $t+1$ 期的投入向量；y_i^t，y_i^{t+1} 分别表示在 i 地区 t 和 $t+1$ 时期的产出向量；D_i^t（x_i^t，y_i^t）和 D_i^t（x_i^{t+1}，y_i^{t+1}）分别表示以 t 时期的技术 T^t 为参照的、时期 t 和时期 $t+1$ 生产点的距离函数。

$$M_{i,t+1}(x_i^t,y_i^t,x_i^{t+1},y_i^{t+1})=\underbrace{\frac{D_i^t(x_i^{t+1},y_i^{t+1})}{D_i^t(x_i^t,y_i^t)}}_{EF_i^{t+1}}\times\underbrace{\left[\frac{D_i^t(x_i^t,y_i^t)}{D_i^{t+1}(x_i^t,y_i^t)}\times\frac{D_i^t(x_i^{t+1},y_i^{t+1})}{D_i^{t+1}(x_i^{t+1},y_i^{t+1})}\right]^{1/2}}_{TC_i^{t+1}} \tag{2.20}$$

式（2.20）是式（2.19）的变形，用来表示技术变化与技术效率变化的分离。第一部分 EF 是从 t 到 $t+1$ 期生产效率的变化；而第二部分 TC 是从 t 到 $t+1$ 期技术的变化率：

$$M_{v,c}^{t,t+1}=\frac{D_v^{t+1}(x_i^{t+1},y_i^{t+1})}{D_v^t(x_i^t,y_i^t)}\times\frac{\dfrac{D_v^t(x_i^t,y_i^t)}{D_c^t(x_i^t,y_i^t)}}{\dfrac{D_v^{t+1}(x_i^{t+1},y_i^{t+1})}{D_c^{t+1}(x_i^{t+1},y_i^{t+1})}}\times\left[\frac{D_c^t(x_i^t,y_i^t)}{D_c^{t+1}(x_i^t,y_i^t)}\times\frac{D_c^t(x_i^{t+1},y_i^{t+1})}{D_c^{t+1}(x_i^{t+1},y_i^{t+1})}\right] \tag{2.21}$$

式（2.21）放松了式（2.19）和式（2.20）的固定规模报酬的假设，描述了变动规模报酬的情形，进一步将技术效率变化分解为纯技术效率变化和规模效率变化。注脚为 v 的变量表示变动规模报酬的情况；注脚为 c 的变量为固定报酬下的情况，则第一项表示的是在变动规模下的纯技术效率变化，第二项是规模效率变化，第三项与式 2.21 表示技术变化率。

2.4 空间联系模拟

2.4.1 重力模型

重力模型（Zipf，1946）是根据距离衰减原理和牛顿万有引力公式提出来的数理模型，在区域空间相互作用测度中具有重要地位。根据该模型，城镇间的空间相互作用与城镇质量成正比，与城镇间的距离成反比，一般表达式为：

$$T_{ij}^{G} = k\frac{F_iF_j}{d_{ij}^{b}}(i \neq j; i = 1,2,\cdots\cdots,n; j = 1,2,\cdots,m) \tag{2.22}$$

式中，T_{ij}^{G} 为 i，j 城镇间的空间相互作用量；n 为城市体系内所有城市的数量；F_i 和 F_j 分别为出发地和目的地的城镇质量，在城市尺度研究中通常用城市 GDP、非农业人口数等表示（吴茵等，2006），在本研究中用城镇的总人口表示；d_{ij} 为两地间的距离，利用 ArcGIS10.1 中的 Point Distance 工具求得各个乡镇之间的欧式距离；b 为衰减参数，目前取值没有统一定论，借鉴现有研究取 $b=2$；重力系数 k 为常数，这里取 1。

2.4.2 辐射模型

辐射模型是 2012 年美国学者 Simini 借鉴固体物理学中物质运动的发散和吸收过程提出的，将出发地假设为散发能量流的独立个体。辐射模型将空间相互作用看作一个受联合概率支配的随机过程，联系强度取决于出发地、目的地和影响范围的流要素分布。Simini 等学者以通勤活动为例具体阐述了辐射模型的构建过程。

2.4.2.1 假设

（1）人们可以在一定区域内的所有地区找工作，工作机会与该地区的居住人口 n 呈正比，人口越多工作机会越多，且每一个工作机会对每个人 n_{jobs} 开放。

（2）每个工作机会的收益 z（工作收益、时间、环境等集合）从收益分布 $p(z)$ 中随机选取。因此，地区 n 被指定了 $\frac{n}{n_{jobs}}$ 个随机数：$z_1, z_2, \cdots, z_{\left[\frac{n}{n_{jobs}}\right]}$。

（3）人们总是倾向于选择距离自己的出发地最近且收益高于其出发地的工作。

2.4.2.2 模型推理过程

（1）$P(1|m_i, n_j, s_{ij})$ 表示某一个体从出发地 i 到目的地 j 的概率，m_i、n_j 分别为出发地 i 和目的地 j 的人口，s_{ij} 表示以出发地 i 为圆心、出发地 i 到目的地 j 之间的距离为半径的圆内所有地区的人口总和（i，j 两地除外），则：$P(1|m_i, n_j, s_{ij}) = \int_0^\infty dz P_{m_i}(z) P_{s_{ij}}(<z) P_{n_j}(>z)$。其中 $P_{m_i}(z)$ 表示在 $p(z)$ 分布中 m_i 次随机抽取的最大值是 z，即 $P_{m_i}(z) = \frac{dP_{m_i}(<z)}{dz} = m_i p(<z)^{m_i - 1} \frac{dp(<z)}{dz}$，同样 $P_{s_{ij}}(<z)$ 表示在 $p(z)$ 分布中 s_{ij} 次随机抽取的数均小于 z，$P_{n_j}(>z)$ 表示在 $p(z)$ 分布中 n_j 次随机抽取所得数至少有一个大于 z。

（2）根据上述分析，$P(1|m_i, n_j, s_{ij})$ 可进一步表示为：

$$P(1 \mid m_i, n_j, s_{ij}) = m_i \int_0^\infty dz \frac{dp(<z)}{dz} [p(<z)^{m_i + n_j + s_{ij} - 1}]$$

$$= m_i\left[\frac{1}{m_i + s_{ij}} - \frac{1}{m_i + n_j + s_{ij}}\right]$$

$$= \frac{m_i n_j}{(m_i + s_{ij})(m_i + n_j + s_{ij})}$$

(3) T_{ij} 为个体从 i 地流入 j 地的概率，计算公式为：

$$P(T_{ij} \mid m_i, n_j, s_{ij}) = \sum_{\left\{\substack{T_{ik}: \neq i,j; \\ \sum_{k \neq i} T_{ik} = T_i}\right\}} P_i(T_{i1}, T_{i2}, \cdots T_{ij}, T_{iL})$$

$$= \frac{T_i!}{T_{ij}!(T_i - T_{ij})!} p_{ij}^{T_{ij}} (1 - p_{ij})^{T_i - T_{ij}}$$

综上所述：辐射模型的计算公式为：

$$[T_{ij}] = T_i p_{ij} = T_i \frac{m_i n_j}{(m_i + s_{ij})(m_i + n_j + s_{ij})} \tag{2.23}$$

式中，T_{ij} 为某要素从出发地 i 到达目的地 j 的强度，m_i、n_j 分别为出发地 i 和目的地 j 的要素流质量，这里用乡镇总人口表示。s_{ij} 为 i 到 j 之间的影响范围（以出发地 i 为圆心、出发地 i 到目的地 j 之间的距离为半径的圆）内所有地区的质量总和（i，j 两地除外），T_i 为 i 镇的要素流质量，这里用乡镇流动人口代替。

辐射模型的创新之处在于其在考虑距离衰减规律时，把距离转化为以出发地为圆心、以出发地到目的地之间的距离为半径的二维空间，即影响范围，增加了对介入机会的考虑，使两地之前的空间相互作用在不同的方向上具有差异性。辐射模型的优势在于其弥补了重力模型应用于空间联系强度模拟存在的多项不足，与实测数据的拟合程度较高，能够更趋近现实地模拟两地之间的流动强度，其在应用过程中不需要进行复杂的参数设置，在缺少历史统计资料的情况下能够对地区间的人流、物流、信息流等要素流强度进行有效估算（侯贺平等，2014，2013；Hou et al.，

2015)。

2.5 空间网络分析技术

2.5.1 统计特征评价

复杂网络的统计指标能够更好地反映网络的整体特征（许志海，2007；杨波，2007），本书主要采用节点度、点权、介数、平均路径距离和簇系数进行网络整体特征分析。

2.5.1.1 节点度、点权

节点度指网络中连接某一节点的边数量（Barabási，Albert，1999），在城镇空间网络中具有较高节点度的城镇节点在整个城镇体系中处于相对重要的中心位置。在权重网络中，点权表示与该城镇节点相联系的所有连接边权重之和（Barthélemy et al.，2005）。

2.5.1.2 介数

点的介数指网络中通过某个点的最短路径与所有节点间（不包括该点）最短路径的数量比值，其值大小反映了节点在网络流传递过程中的重要程度。较高的中介度表示该节点发挥着连接其他节点的重要作用，经过该点的网络流的比例也较大。在城镇空间网络中，中介度越强的节点，表示最短路径通过次数越多，在整个网络中起到的桥梁或枢纽转换作用也就越明显，具有越强的影响力和控制力，城镇节点越重要。当网络为权重网络时，其数值需增加权重参数。

2.5.1.3 平均路径距离

平均路径距离 L 为任意两节点之间距离的平均值（Watts，Strogatz，1998）。平均路径距离可衡量整个网络的传输性能与效率，L 值越小，表示网络中任意节点之间的拓扑距离越小，网络的整体可达性越好。当城镇网络中大多数节点具有较低的平均路径距离时，该网络中节点聚集程度较高，相互之间的联系较紧密，有助于人口、物资、信息等在网络中的扩散和流动。

$$L = \frac{\sum_{i=j} d_{ij}}{\frac{n(n-1)}{2}} \tag{2.24}$$

式中，d_{ij} 为网络中连接 i，j 两点之间的最短路径的边数。

2.5.1.4 簇系数

一个节点 i 的簇系数 C_i 为 k_i 个邻节点之间连接边的数目占最大可能连接边数目的比值，$C_i \in [0, 1]$，是反映网络节点集聚情况的局部属性指标，节点的簇系数越大，表示相邻节点内部联系越紧密（Watts，Strogatz，1998）。整体网络的簇系数定义为所有节点簇系数的平均值，C 值越大，表示整个网络中各节点之间形成短距离联系的程度越大。

$$C_i = \frac{\sum_{j \neq k} a_{ij} a_{ik} a_{jk}}{(k_i - 1)k_i} \tag{2.25}$$

$$C = \frac{\sum_i C_i}{n} \tag{2.26}$$

平均路径距离和簇系数是衡量小世界特征的测度指标，同时具有短路径和高聚类特征的网络属于小世界网络，在节点数目大而各点的度有限（一般小于节点数目）的情况下，任意两个节点之间仍可通过相对较短的路径相联系，网络的传输效率较高。

2.5.1.5 指标的分布特征

以上指标均为网络节点的个体统计特征，相应指标的分布情况则反映网络系统的宏观统计特征，一般用指标的概率分布函数来描述，当网络规模较小时常用累计概率分布（Cumulative Degree Distribution）函数代替，可以很好地消除在系统规模较小情况下的统计误差。当概率或者累计概率分布函数为幂函数时，节点的相应指标值分布不均衡，少数节点的指标值较高，而大部分节点的指标值则较低。现有研究中最常用的是节点度的概率 p（k）或者累计概率 P（k）分布，节点度的概率分布或者累计概率分布符合幂律函数，则网络具有无标度特征。近年的实证研究表明多数现实网络属于幂律特征为 p（k）P（k）$\propto k^{-r}(2\leqslant r\leqslant 3)$ 或者 P（k）$\propto k^{-r}(1\leqslant r\leqslant 2)$ 的无标度网络（郭世泽等，2012）。幂函数在双对数坐标系下是一条下降的直线，与指数函数相比，幂函数下降速度较慢，使得网络中存在度较大的节点，通常称这些节点为集散节点（Hub - nodes）。

2.5.2 网络社团划分

社团是指网络中的节点之间相对较强、直接、紧密、经常的或者积极的关系集合，属于网络的子结构。社团结构分析的目的主要是从宏观上揭示网络的子结构内部以及子结构之间的关系，实现网络整体结构的简要表达。社团划分效果的好坏主要利用模块度指数 Q 进行判断（Newman et al.，2004），Q 的取值在 0.3～0.7 为佳（郭世泽，路哲明，2012）。

$$Q=\sum_{s=1}^{N_M}\left[\frac{l_s}{L}-\left(\frac{d_s}{2L}\right)^2\right] \qquad (2.27)$$

式中，Q 为社团化指数；N_M 为社团数量；L 为网络中节点间的所有有效连接边数；l_s 为社团 s 内部节点间的有效连接边数；d_s 为社团 s 内部所有节点的度值总和。

社团的合理划分是社团结构分析的基础，根据划分规则的不同，可以分为凝聚算法、分裂算法、搜索算法等（Fortunato，2010）。本书采用估计网络连接边权重和网络层次性且计算速度具有优势的凝聚算法。该算法可分为两个阶段（Blondel et al.，2008）：第一阶段，首先进行社团初始化，将网络中的每个节点看作一个社团。当任意节点 f 加入它的每个邻居节点所在的社团时，对应社团模块度 Q 的增量为 ΔQ，即与社团内部节点相关联的边的权重和；t 是所有与点 f 相关联的边的权重和；t_c 是节点 f 与社团 C 相连接的所有边的权重和。当 ΔQ 为正值时，选出对应最大值的那个邻居节点，把点 f 加入该邻居节点所在的社团中；若所有 ΔQ 都为负值，则节点 f 留在初始社团中。这种社团的合并过程重复进行到整个网络不再出现合并现象时，划分出了第一层的社团。第二阶段，首先构造一个新网络，该新网络的节点是第一阶段探测出的各个社团，节点之间连接边的权重是两个社团之间所有连接边的权重和。然后，用第一阶段中的算法再次对该新网络进行社团划分，得到第二层的社团结构。依此类推，直到不能再划分出更高一层的社团结构为止（汪小帆等，2009）。

2.5.3 节点角色识别

网络的角色主要根据其在社团内外的联系强度确定，如果某一节点的联系主要集中在社团内部，且和社团内部的节点联系比较紧密，说明该节点在其所属社团内属于核心节点；如果某一节点主要与外部社团产生联系，则其在社团间的桥梁作用比较显著。本书采用现有研究（Guimera et al.，2005；Guimerà et al.，2005；Guimera et al.，2005）中的 Z（Z-score）、P（Participation Coefficient）值对节点的角色进行定义和划分。Z、P 值的计算如下：

$$Z_i = \frac{k_i - \overline{k_{m_i}}}{\delta_{k_{m_i}}};P_i = 1 - \sum_{m=1}^{N_M}\left(\frac{k_{im}}{K_i}\right)^2 \qquad (2.28)$$

式中，k_i 表示节点 i 在其所在社团 m_i 中的节点度；$\overline{k_{m_i}}$ 、$\delta_{k_{m_i}}$

分别是社团 m_i 中 k_i 的平均值和标准差。Z 表示节点与其所在社团的其他节点的联系状态，表示节点的社团内部联系。k_{im} 表示节点 i 与任一社团 m 中节点联系的数量；K_i 是节点 i 在网络中的节点度。P 值反映节点与社团外其他节点的联系分布情况，P 接近于 1 表示某一节点的联系较为均匀地分布在不同社团之间，P 接近于 0 表示节点联系主要集中于点联系，都集中在其所在社团。

在加权网络中，Z、P 值的计算公式分别为：

$$Z_i = \frac{w_i - \overline{w_{m_i}}}{\delta_{w_{m_i}}}\ ;\ P_i = 1 - \sum_{m=1}^{N_M}\left(\frac{w_{im}}{s_i}\right)^2 \quad (2.29)$$

式中，w_i 表示点 i 在其所在社团 m_i 内的联系强度（联系的权重之和）；$\overline{w_{m_i}}$ 、$\delta_{w_{m_i}}$ 分别表示 w_i 在社团 m_i 中的平均值和标准差。w_{im} 表示节点 i 与任何一个社团内其他节点所产生的联系强度；s_i 表示节点 i 在网络中的总联系强度。

根据 Z、P 值的大小，节点的角色识别标准如下：首先根据 Z 值大小进行区分，$Z \geqslant 2.5$ 时为热点（Hub - nodes），$Z < 2.5$ 时为非热点（Non - hubs）；其次根据 P 值分别对热点和非热点进行细分，当 $Z \geqslant 2.5$ 时，$P \leqslant 0.05$ 为 Ultra - peripheral Nodes，$0.05 < P \leqslant 0.62$ 为 Peripheral Nodes，$0.62 < P \leqslant 0.8$ 为 Non - hub Connector Nodes，$P > 0.80$ 为 Non - hub Kinless Nodes，当 $Z < 2.5$ 时，$P \leqslant 0.30$ 为 Provincial Hubs，$0.30 < P \leqslant 0.75$ 为 Connector Hubs，$P > 0.75$ 为 Kinless Hubs.

2.6 研究区域数据来源

2.6.1 研究区域概况

湖北省（29°05′～33°20′S，108°21′～116°07′E）简称鄂，地处我国中部偏南，位于长江中游，洞庭湖以北。北靠河南省，南接江西、湖南2省，东邻安徽省，西依重庆市，西北与陕西接壤。其省会城市武汉是湖北省的政治、经济、文化和科技中心，同时也是我国中部地区的重要城市。湖北省面积185 900千米^2，2010年拥有人口5 723万人，有汉、苗、白、土家、布依等民族。湖北位于我国第二级阶梯向第三级阶梯过渡地带，地势呈三面高起、中间低、向南敞开、北有缺口的不完整盆地。全省地形可分为鄂西山地、鄂东北低山丘陵、鄂东南低山丘陵和江汉平原4区。主要山脉有武陵山、巫山、大巴山、武当山、大别山等。最高山峰为神农架的神农顶，海拔3 105米。境内主要河流有长江、汉江、清江、官渡河等。淡水湖泊众多，多分布在江汉平原上。湖北省属亚热带季风气候，全省年均气温15～17℃。

湖北省作为我国“中部崛起战略”重要的支点，经历了快速的社会经济和城镇化发展过程，城镇化率从1978年的15.09%增加到2010年的49.72%。湖北省东西部的社会经济和自然要素分布差异较大，以襄阳—荆门—宜昌一线为界限，东部面积大约55.98%，包含中南部的江汉平原和东部边缘的低山丘陵，承载了全省78.59%的人口和74.09%的主要城镇。西部地区地貌复杂，多低山丘陵，人口和城镇密度相对较小。快速的发展速度和城镇化的空间不均衡特征，是对发展中地区进行城镇空间网络结构分析的典型实例。

2010年，湖北省包含13个地级市、4个直辖县、103个县、301个街道、933个乡镇。本书中将13个地级市和4个直辖县归为地市级单元。对武汉、宜昌、襄阳等核心主城区进行合并和归总得到85个县级单元，同时细分为地级市辖区和县两个层次，单元个数分别为17、68。将主要的街道、市区进行了合并，因为武汉等核心城市的主城区内社会经济联系紧密，已经融为一体，故将其作为一个研究单元，同时在核心城区以街道为研究单元，在本书中对市内交通的完整性要求比较高，数据较难获取。本书中将部分小型农场、茶园等合并到了周围乡镇。经过以上处理一共得到乡镇级单元 1 035 个，同时又细分为市城区、县城区和乡镇三个层次，单元个数分别为 17、85、933。

2.6.2 湖北省交通概述

湖北省素有“九省通衢”之称，是我国承东启西、连南接北的重要交通枢纽。近年来随着我国交通事业的发展，湖北省的交通基础设施建设水平也有了显著改善，其在全国交通网络中的地位和作用日益提高。道路网络的不断发展和完善有力地推动了不同地区之间的交流与合作，为城镇社会经济空间网络的形成奠定了基础。本书对湖北省的交通概况从铁路、公路、水运和航空等方面进行简单的梳理，结果如下：

2.6.2.1 铁路

湖北省境内有京广线、焦柳线、襄渝线、汉丹线、武大线等干线铁路以及合武、武广客运专线等。武汉、襄阳为主要枢纽。境内铁路营业里程约 2 700 千米。年客运量约 4 900 万人，年货运量约 6 500 万吨。境内铁路归武汉铁路局管辖。

2.6.2.2 公路

由京港澳高速（G4）、大广高速（G45）、二广高速（G55）、南阳至岳阳高速、福银高速（G70）、沪蓉高速（G42）、泸渝高速（G50）、武汉绕城高速等构成“四纵三横一环”的高速公路交通网。有 105、106、107、207、209、312、316、318 等国家级公路以及 120 余条省级公路。武汉、襄阳、宜昌、荆州为主要枢纽。境内公路里程约 188 400 千米，等级公路里程约 153 700 千米，其中高速公路里程约 2 720 千米，一级公路里程约 1 570 千米，二级公路里程约 16 050 千米。年客运量约 82 500 万人，年货运量约 52 800 万吨。

2.6.2.3 水运

湖北省现有通航河流 200 多条，内河航运里程约 8 200 千米，千吨级以上航道 1 000 多千米，港口 51 个。长江、汉江为主干航道。武汉港为长江中下游最大的内河港口之一，襄阳、老河口是汉江航运的主要港口。年客运量约 390 万人，年货运量约 12 700 万吨。

2.6.2.4 航空

有武汉、宜昌、襄阳、恩施等机场，开通了 100 余条空中通道，可通往北京、上海、广州、成都、香港等多个城市，国际航线可通往日本福冈等地。武汉天河国际机场是华中地区规模最大、功能最齐全的现代化航空港，是全国十大机场之一。

2.6.3 数据来源

2.6.3.1 社会经济发展数据

本次研究中使用的社会经济数据主要包括人口和 GDP 数据。人口数据来源于湖北省第四、五、六次全国人口普查资料。三次人口普查的标准时点分别为：1990 年 7 月 1 日零时、2000 年 11 月1 日零时、2010 年 11 月 1 日零时。其对象分别为普查标准时点在我国境内的自然人以及在我国境外但未定居的中国公民，不包括在我国境内短期停留的境外人员。这里的“境内”指的是海关关境以内，不包括港澳台地区。本次研究中对获得的三次经济普查数据进行空间化处理，落实到了各个乡镇。各地市级和县级的 GDP 数据通过《湖北省统计年鉴》（1991 年、2001 年、2011 年）进行收集整理。由于湖北省在 1990—2010 年经过了较大的行政区划变动，为了各个年份数据研究的一致性，本研究以 2010 年的行政区划范围和各个城镇的名称为标准进行数据处理。

2.6.3.2 道路网数据

本研究收集了湖北省 1990—2010 年的道路网数据，其中 1990 年道路数据来源于《湖北省交通旅游图册》（1991 年），2000 年道路网数据来源于《湖北省交通地图册》（2001 年），2010 年道路网数据来源于 2010 年土地利用变更调查数据库（1∶10 000），并根据《湖北省交通地图册》（2011 年）进行了补充。基于上述基础数据建立湖北省道路网络数据库，具体包含道路长度、等级、速度、高速公路进出口、铁路停靠站点等属性。本书将道路网分为 7 个等级，参考《工程技术标准》（JTGB 01—2003），结合湖北省的公路网密度、类型和等级等因素，实际运行速度分别设为高速 85 千米/小时、国道 60 千米/小时、省道 45 千米/小时、县道 30 千米/小时、乡道 20 千米/小时、轮渡 15 千米/小时、人渡 10 千米/小时。需要说明的是，可能不同时期内同一等级的道路的运行速度会有差异，但是本书中三个研究年份的公路速度设置一致，主要是为了防止因为速度设置因素而掩盖或者影响道路等级和里程提升带来的变化。根据运行的速度和等级我国铁路常见的车次类型有以 G、D、Z、T、K 开头的车次以及普通车次六种类型，一般两地之间会有多种类型的车次，为了综合考虑，本书根据铁路运行时刻表以及湖北境内通铁路的城镇之间的车次，用各个车次的平均速度代表此城镇区间内的铁路运行速度。

2.6.3.3 基础地理信息数据

本研究中所采用的基础地理信息数据主要包括湖北省 2010 年土地利用变更调查数据库（1∶10 000），主要有 2010 年各个土地利用类型的空间分布、面积等属性；栅格数据主要包括空间分辨率为 30 米×30 米标准分幅湖北省 DEM 数据。

2.7 本章小结

本章对城镇空间格局的基础概念和主要技术方法进行了系统研究，总结和归纳了基于多维度、多尺度的城镇体系空间格局及其演化特征进行分析时所涉及的主要分析指标和技术方法，为本书的后续章节打下了坚实基础。

3 湖北省社会经济空间网络的点、线要素及分布特征

3.1 点要素：多尺度区域空间联系能力测度

作为一定地区内社会经济空间网络的节点，城镇区域之间空间联系的大小与其自身的区域等级、规模、社会经济发展水平和开放程度等有很大关系，区域等级越高、规模越大，社会经济越发达、综合实力越强，对其他地区的吸引、辐射作用越大，其空间联系的能力越大。城镇区域空间联系能力的测度方法主要有单一指标法、综合因素分析法和多变量统计分析法等。城镇区域空间联系能力是一个复杂的、动态的、相对的系统，因此，本节通过构建指标体系利用主成分分析法（Principal Component Analysis，PCA）分别对湖北省 17 个地市级和 85 个县级区域单元进行综合评价。指标的选取在借鉴相关研究的基础上遵循完备性、功能性、不同年份可比性和层次性的原则，同时考虑了湖北省地市级和县级单元的实际情况和资料收集状况。

3.1.1 地市级空间联系能力测度及结果

3.1.1.1 测度过程

本节在地市级空间联系能力测度中选取了 33 个基本指标（表 3－1），涵盖区域社会经济发展水平和基础设施服务能力两个

方面，其中区域社会经济发展水平包含区域规模：总人口、流动人口、非农人口、建成区面积、住宅使用面积上的居住人口指标；社会经济发展水平：GDP、二三产业比重等；资本与投资：地方财政收入、地方财政支出、全社会固定资产投资等。基础设施服务能力包含：科教文卫事业水平：高等学校教师数量、各类专业技术人员数量、公共图书馆数量等；交通：年末公共汽车营运车辆数量、铁路和公路客货运量等；生活环境：居民消费水平、园林绿地面积等。

表 3-1　地市级空间联系能力评价指标

评价体系子系统		评价指标
区域社会经济发展水平	区域规模	总人口、住宅使用面积上的居住人口、流动人口、非农人口、建成区面积
	社会经济发展水平	GDP、人均 GDP、工业总产值、工业增加值、二三产业比重、第二产业产值、第三产业产值
	资本与投资	地方财政收入、地方财政支出、全社会固定资产投资、全年新增固定资产、外国和港澳台在华直接投资
基础设施服务能力	科教文卫事业水平	在岗职工工资总额、高等学校教师数量、各类专业技术人员数量、公共图书馆数量、医生数量、社会福利院数量
	交　通	年末出租车数量、年末公共汽车营运车辆数量、铁路和公路客货运量、民用汽车拥有量、人均道路里程
	生活环境	园林绿地面积、建成区绿化覆盖面积、液化石油气供气总量、全年用电量、居民消费水平

根据主成分分析的基本原理和步骤，在对原始指标数据进行无量纲标准化处理中，为了使不同年份之间数据具有可比性，使用三个年份的数据最大值进行极值标准化。运用 SPSS 软件求得地市级 1990 年、2000 年、2010 年的 KMO 检验值分别为 0.758、0.723、0.715，表明所收集的数据能够较好地进行主成分分析。

基于特征值大于 1 的原则提取了 5 个主成分变量，这 5 个变量可解释原 33 个因子的 86%以上，然后将其方差占总方差的比重作为主成分的权重，以此加权求和得到各个地市级区域的空间联系能力得分。由于主成分分析的结果存在负值，不利于下文模型的计算，本节借鉴现有文献的方法（陈群元等，2010；梅志雄等，2012）将原始得分转换为正数且数值大小次序特征不变。同时，根据各个年份节点联系能力的综合得分计算了各个年份的变化量和变化率。根据以上三个指标平均值（为了消除神农架林区对分级的影响，综合得分的平均值为不含神农架的 16 个地级市的结果）的 1.5 倍、1 倍、0.5 倍为间隔点，将各个地级市分为一、二、三、四等级，结果如表 3-2、表 3-3 所示。

表 3-2　地市级空间联系能力及变化特征统计

地市级	平均值			标准差			变异系数		
	1990 年	2000 年	2010 年	1990 年	2000 年	2010 年	1990 年	2000 年	2010 年
联系能力	14.51	19.00	24.85	8.31	12.47	21.79	0.57	0.66	0.88
地市级	平均值			标准差			变异系数		
	1990—2000 年	2000—2010 年	1990—2010 年	1990—2000 年	2000—2010 年	1990—2010 年	1990—2000 年	2000—2010 年	1990—2010 年
变化量	4.49	5.85	10.34	4.93	10.60	15.42	1.10	1.81	1.49
变化率	0.29	0.24	0.62	0.13	0.20	0.45	0.45	0.81	0.72

表 3-3　地市级空间联系能力及变化分级

等级	联系能力			变化量			变化率		
	1990 年	2000 年	2010 年	1990—2000 年	2000—2010 年	1990—2010 年	1990—2000 年	2000—2010 年	1990—2010 年
一	4	4	2	2	1	2	1	3	2
二	3	2	4	3	2	1	6	5	4
三	5	6	6	5	4	7	8	4	7
四	5	5	5	7	10	7	2	5	4

3.1.1.2 测度结果及变化分析

在节点联系能力的综合得分大小方面，地市级单元的联系能力综合得分分级中，高于各年份平均值的第一、第二等级地级市个数均少于第三、第四等级，说明大部分地级市的联系能力综合得分相对于其他地级市较低。其中武汉、襄阳的空间联系能力得分均较高，宜昌和孝感的得分则保持在各年份均值的1～1.5倍，十堰、随州、黄石、咸宁的空间联系能力得分在各个年份中均处于平均值以下，面积较小的鄂州以及省直辖区天门、潜江、仙桃和神农架的得分则均低于平均值的一半，可见这五个地区的空间联系能力在全省处于最低水平。其他地级市的得分在不同年份均有一定的波动性，1990—2000年恩施的综合得分从14.90提高到了16.92，但是由于提高速度较慢，从第二级转为第三级。2000—2010年黄石（12.94、16.11）和荆州（30.10、32.80）均从第一级落入了第二级。在节点联系能力的综合得分的绝对变化量中，各个时段各个地级市的联系能力综合得分均有所提高，1990—2010年，武汉市得分在各个时间提高量最大。联系能力综合得分的增长量与地级市的规模有很大关系，因为联系能力综合得分变化程度的表征具有片面性，因此，本节同时计算了各个时段节点联系能力综合得分增长率的大小，将增长量的排名与增长率进行比较，发现部分地级市的排名具有一致性，例如，武汉、宜昌在联系能力综合得分、增长量和增长率方面均排名靠前，恩施、天门、潜江、神农架等地区在各个指标上均较小；部分地级市的增长量较大而增长率较低，例如，黄冈在1990—2000年增长量排名第3位，其增长率则处于第13位；鄂州虽然由于规模较小而增长量排名靠后（13、10、12），但其增长率则在全省处于较高水平（4、6、6），这主要是由于鄂州紧邻武汉，具有良好的区位优势，受到武汉的辐射带动作用较大。

地市级空间联系能力的统计结果中（表 3-2），三个年份的平均值分别为 14.51、19.00、24.85，说明地市级的空间联系能力呈现增长趋势。在 1990—2000 年、2000—2010 年两个时段中，增长量分别为 4.49、5.85，增长率分别为 0.29、0.24，由此看见地市级的空间联系能力在 2000—2010 年的增加量较多，而在 1990—2000 年增加速度较快。在节点联系能力综合得分、增长量和增长率中，增长量的变异系数最大：1.10、1.81、1.49，说明各个地级市的增长量离散程度较大。而节点联系能力综合得分和增长率的变异系数均小于 1，说明这两个指标在地级市之间分布较为均衡，各个地级市的空间相互联系能力和提高速度这两方面的差异较小。三个指标的变异系数在 1990—2000 年、2000—2010 年两个研究时段均有所增加，说明地级市之间的差异程度有扩大趋势。

3.1.2 县级空间联系能力测度及结果

3.1.2.1 测度过程

本节在县级空间联系能力测度中选取了 12 个基本指标（表 3-4），涵盖区域社会经济发展水平和区域公共服务设施建设两个方面，其中区域社会经济发展水平包含：区域规模：总人口、流动人口、非农人口、流动人口比重；社会经济发展水平：地方财政收入、地方财政支出、工业生产总值、GDP、人均 GDP。区域公共服务设施建设包含：居民生活条件：社会农副产品收购总额、社会商品零售总额等；交通：人均公路里程。县级的空间联系综合得分计算过程与地市级相似，主要有标准化、KMO 检验值、确定主成分、加权求和、数据变换等。最后分别以各个年份综合得分、变化量、变化率三个指标各自平均值的 1.5 倍、1 倍、0.5 倍为间隔点，将各个地级市分为一、二、三、四等级，结果如表 3-5、表 3-6 所示。

表 3-4 县级空间联系能力评价指标

评价体系子系统		评价指标
区域社会经济发展水平	区域规模	总人口、流动人口、非农人口、流动人口比重
	社会经济发展水平	地方财政收入、地方财政支出、工业生产总值、GDP、人均 GDP
区域公共服务设施建设	居民生活条件	社会农副产品收购总额、社会商品零售总额
	交　通	人均公路里程

表 3-5 县级空间联系能力及变化特征统计

县　级	平均值			标准差			变异系数		
	1990 年	2000 年	2010 年	1990 年	2000 年	2010 年	1990 年	2000 年	2010 年
联系能力	4.36	5.56	6.99	3.37	5.95	10.84	0.77	1.07	1.55
县　级	平均值			标准差			变异系数		
	1990—2000 年	2000—2010 年	1990—2010 年	1990—2000 年	2000—2010 年	1990—2010 年	1990—2000 年	2000—2010 年	1990—2010 年
变化量	1.20	1.43	2.63	2.79	5.15	7.89	2.32	3.61	3.00
变化率	0.23	0.18	0.48	0.23	0.24	0.62	1.02	1.36	1.27

表 3-6 县级空间联系能力及变化分级

等级	综合得分			变化量			变化率		
	1990 年	2000 年	2010 年	1990—2000 年	2000—2010 年	1990—2010 年	1990—2000 年	2000—2010 年	1990—2010 年
一	10	8	8	11	13	11	13	16	16
二	20	20	17	12	4	8	15	12	8
三	41	40	35	19	11	17	26	21	26
四	14	17	25	43	57	49	31	36	35

3.1.2.2 测度结果及变化分析

县级空间联系的综合得分及其变化主要有以下结论：①县级空间联系综合得分的空间分布具有差异性，一、二等级城镇主要分布在湖北省中东部的城镇密集区，在襄阳—宜昌一线以西地区除 2000 年、2010 年的十堰市辖区外，三、四级城镇较为集中，特别是神农架附近以及恩施南部的山地丘陵地区。②核心地级市辖区在综合得分、变化量、变化率三个指标上均处于较高水平，例如：武汉、宜昌、襄阳、荆州的市辖区，这些地区的主要市辖区是湖北省城镇化和社会经济发展的核心区域，空间联系强度较大，其增加量和增加率在全省处于领先水平。③湖北部分县级单元的空间联系能力出现了负增长，其中 1990—2000 年有两个县，湖北省西北边缘的竹溪县和竹山县的综合得分分别减少了 0.08、0.13，到 1990—2000 年，空间联系能力得分下降的县级单元数量增加到了 12 个，主要分布在湖北省的东部、西北和西南边缘地带，其中江陵、建始、蕲春、麻城（0.33、0.33、0.58、0.78）得分下降最多。④在 1990—2010 年的节点联系能力综合得分增长率中，东西湖区、江夏区、蔡甸区、汉南区等武汉市辖区分别位于第 1、4、11、12 位，可见以上地区在这二十年中社会经济水平发展迅速。主要是因为随着武汉市整体城镇化水平的提高，同时借助于武汉市的交通、经济、科技等优势，这些地区的空间联系能力显示出较快的增加速度。

在统计特征方面，通过比较表 3 - 2 和表 3 - 5 可以看出，①县级和地市级一样，节点联系能力综合得分平均值（4.36、5.56、6.99）逐渐增加，且 1990—2000 年的增加速度（0.23）较快，而 2000—2010 年的增加量（1.43）较大，但是县级的增加量和增长率均小于地市级，说明地市级的空间联系能力的增长程度较县级较为显著。②变化量的变异系数最大，且三个指标的变异系数均呈现增加趋势，说明县级单元的空间联系能力在变化量上具有较大的差异，同时具有扩大的趋势。需要说明的是，县级各指标的变异系数均大于地市级，说明了县市级的空间联系能力及其变化的差异程度大于地市级，其两极分化发展现象较为严重，在以后的发展过程中，需要推行协调核心地级市的市辖区与偏远县级单元之间发展的战略。

3.1.3 乡镇级空间联系能力分析

地区的空间联系能力与其规模有较大的联系，地区的规模越大，其社会经济发展水平和功能等则具有优势，因而其空间联系能力则较大。在空间联系能力测度方面，因乡镇级单元中大多数经济机构较为单一、城市功能较不完善、社会经济统计数据统计口径不一等，无法用地市级和县级的指标体系进行评价。本节分别用总人口和流动人口代表乡镇级单元的规模和空间联系能力。用人口多少衡量一个地区的规模在国内统计出版物和城市研究中被广泛应用。流动人口则是地区间要素流的主要形式，且大多数乡镇间由于电子通信等基础设施建设的落后，乡镇之间的相互交流与联系则主要通过直接的人口流动或者由物资、能量交换等伴随的人口流动规模来体现，因此使用流动人口作为乡镇空间联系的标准具有一定的可取之处。

3.1.3.1 城镇人口规模统计分析

（1）规模统计特征。1990 年、2000 年、2010 年湖北省总人口数分别为 53 970 501、59 508 870、57 237 727 人，分别位于全国第 9、8、23 位。从 1990—2000 年这 10 年零 4 个月中，湖北省人口数共增加了 553.84 万人，增长率为 10.26%，平均每年增加 55.38 万人，年平均增长率为 1.03%；在流动人口规模方面，湖北省在 1990 年、2000 年、2010 年的流动人口总数分别为 1 163 863、5 947 591、9 888 099 人。湖北省流动人口增长迅速，2000 年的流动人口数是 1990 年的 5.11 倍，增长比例为

411.02%，远远高于总人口的增长比。2000—2010 年尽管湖北省总人口有所下降，但其流动人口仍增加 3 940 508 人，年均增长率为 6.63%。交通、通信等基础设施建设的快速发展、社会经济发展水平不均衡、户籍制度的不断深化改革是湖北省流动人口快速增加的主要原因。

本节分别统计了 16 个地级市（不包含神农架）、85 个县级和 933 个乡镇的总人口、流动人口、流动人口比重（表 3－7）。①规模特征。全省以及乡镇单元的总人口平均值在 2000 年达到最大值，并在 2010 年有所回落。但是市城区和县城区的总人口平均值却呈现明显的上升趋势，这说明在 1990—2010 年湖北省各地级市的主城区以及各个县级市的主城区发展较快，吸引了大量的人口不断集聚。不同地域单位的流动人口平均值在三个时段的变化具有一致性，均与湖北省人口总体特征一样呈现显著的上升趋势。②离散程度。全省范围内总人口和流动人口的变异系数较大，但是在各个城镇类型内部则相对较小，可见各个城镇之间在总人口和流动人口方面的差异主要来自不同类型的城镇之间。同时，市城区的总人口和流动人口变异系数相对于县城区和乡镇较大，说明总人口和流动人口在各个市城区分布相对不均衡。各个类型城镇的流动人口变异系数均大于总人口变异系数，说明了相对于总人口，流动人口在各个城镇中的差异程度较大。流动人口比重则与总人口和流动人口的特征相反，其在全省的差异程度较小，在各个类型城镇中的差异程度较大，其中从市城区、县城区到乡镇变异系数逐步增大。总人口和流动人口与地区的规模有很大关系，流动人口比重则代表这个地区人口流动的相对水平，说明在全省范围内各个地区的人口流动状况差异不大，但是在乡镇单元中，由于社会经济发展水平的不同，各个乡镇内的流动人口比重差异较大。③时间尺度。各个地域尺度的总人口变异系数从 1990—2010 年都有不同程度的增大（除市城区），说明总人口在各个地区的分布差异逐渐显著。流动人口的变异系数则呈现先上升后下降的趋势（除市城区外）。从流动人口比重来看，各个城镇变异系数从 1990—2010 年均呈现减小的趋势，说明各个地区流动人口比例的差异正在逐渐缩小，流动人口的均衡化发展态势已经显现，这与各个地区的交通基础设施发展水平日益缩小具有一定联系。

表 3-7 乡镇级总人口、流动人口特征统计

规 模	地域尺度	平均值（人）			变异系数		
		1990 年	2000 年	2010 年	1990 年	2000 年	2010 年
总人口	全 省	52 095	57 441	55 249	2.39	2.79	3.64
	市城区	494 388	681 225	822 565	1.67	1.55	1.65
	县城区	117 864	143 602	161 628	0.84	0.95	1.03
	乡 镇	39 828	40 632	34 496	0.54	0.55	0.57
流动人口	全 省	1 123	5 741	9 544	9.79	10.33	9.76
	市城区	37 569	213 877	333 756	2.13	1.99	1.98
	县城区	2 278	17 780	39 992	1.72	1.84	1.37
	乡 镇	428	1 353	1 804	1.23	1.81	1.48
流动人口比重	全 省	0.040 4	0.160 6	0.236 9	0.87	0.61	0.46
	市城区	0.047 0	0.237 3	0.336 0	0.89	0.38	0.28
	县城区	0.017 8	0.120 4	0.220 5	1.39	0.64	0.47
	乡 镇	0.013 7	0.038 1	0.053 3	2.24	1.59	1.10

（2）城镇人口规模变化统计特征。本节为了揭示不同地域尺度的总人口和流动人口变化速度及其离散程度，以 1990 年、2000 年、2010 年湖北省各个地域单元的总人口和流动人口为基础数据，计算 1990—2000 年和 2000—2010 年两个时段的总人口、流动人口、流动人口比重的增长率及其均值、标准差和变异系数（表 3-8）。

表 3-8 乡镇级总人口、流动人口变化特征统计

变化特征	地 域	平均值		标准差		变异系数	
		1990—2000 年	2000—2010 年	1990—2000 年	2000—2010 年	1990—2000 年	2000—2010 年
总人口	全 省	0.065	−0.102	0.274	0.462	4.214	4.542
	市城区	0.453	0.175	0.160	0.204	0.353	1.167
	县城区	0.273	0.173	0.229	0.196	0.839	1.135
	乡 镇	0.043	−0.127	0.268	0.471	6.204	3.711
流动人口	全 省	3.993	2.499	6.981	14.017	1.749	5.609
	市城区	19.001	0.837	19.999	0.903	1.053	1.079
	县城区	14.193	2.005	11.824	3.019	0.833	1.506
	乡 镇	2.961	2.563	4.801	14.619	1.622	5.703
流动人口比重	全 省	0.165	0.254	3.794	0.651	22.993	2.560
	市城区	0.830	0.280	0.131	0.206	0.158	0.735
	县城区	0.854	0.435	0.118	0.258	0.138	0.592
	乡 镇	0.102	0.240	3.958	0.674	38.743	2.809

在变化速度方面：①1990—2000 年全省人口均出现了不同程度的增长，市城区、县城区三个指标的增长速度远高于乡镇级，这一结论与人口规模中的平均值分析具有一致性，说明市城区和县城区等社会经济发展较快地区总人口和流动人口增长迅速。②2000—2010 年的总人口、流动人口和流动人口比重的增长速度相对于 1990—2000 年普遍较低，其中 2000—2010 年的总人口出现了负增长，主要表现在乡镇层面，减少了 12.70%。市城区和县城区的总人口依然持续增加，其中市城区的增长速度最快，为 17.5%，其次为县城区 17.3%。③ 1990—2000 年和 2000—2010 年两个时间段流动人口增长速度普遍高于总人口的增长速度。流动人口的急剧增长是商品经济发展的必然产物，这说明湖北省的社会经济发展和城镇化建设取得了显著成就，城市

化进程不断推进，农村剩余劳动力得到有效转移。

在变化离散程度方面：①乡镇的变异系数均高于市城区和县城区，说明人口规模变化在乡镇等级中波动幅度较大，各个乡镇的人口规模变化具有较大的差异性，市城区和县城区的人口变化幅度则较为均衡。②在时间尺度层次上：1990—2000 年、2000—2010 年这两个时段，大部分城镇类型的总人口规模和流动人口比重变化率呈现增加趋势，说明人口变化率的分布总体上趋于离散。但是乡镇的总人口和流动人口比重变化率的变异系数出现了减少的趋势。

（3）全省规模—等级及特征变化。以地区人口规模为纵坐标，以位序为横坐标将湖北省 1990 年、2000 年 2010 年的总人口和流动人口数据进行回归。表 3-9 的相关回归结果显示：各年份模型拟合的判定系数都在 0.85 以上，说明模型拟合程度较好，位序—规模法则能够较好地描述湖北省城镇人口规模分布。①总体上湖北省乡镇尺度的总人口呈现分散趋于集中的特征。Zipf 指数始终小于理想值 1，说明湖北省的总人口在各个乡镇单元内分布较为均衡；同时总人口的 Zipf 指数从 1990—2010 年在不断增长，意味着期间湖北省城镇体系中城镇规模差异不断扩大；同时 2000—2010 年的 Zipf 指数的增长程度大于 1990—2000 年，主要是因为改革开放后国家实施控制大城市规模的政策。1990 年国家城市发展政策为严格控制大城市规模，合理发展中等城市和小城市，这对于大城市的发展速度具有一定的影响，但是为中小城镇的发展带来了契机。2000 年“十五”规划中对城市发展方针调整为有重点地发展小城镇，积极发展中小城市，完善区域性中心城市功能，发挥大城市的辐射带动作用。对大城市的发展从控制改为完善和发挥，国家对大城市的限制政策放松，给大城市规模迅速增长提供了机遇。②湖北省各个地域尺度的流动人口规模 Zipf 指数大于 1，且在 1990—2010 年期间，流动人口在乡镇级之间呈现出聚集趋势。这主要是因为随着区域发展的不均衡，越来越多的人离开常住地到经济发达的地区选择更好的就业机会和社会服务，而地级市和县级市的主城区则是流动人口的主要聚集地，因而湖北省的流动人口在乡镇级单元中呈现整体分散、局部聚集的特征。这也说明了从乡镇级尺度研究人口流动对湖北省城镇体系规划的影响具有重要意义。

表 3-9 乡镇级总人口、流动人口位序—规模分析

乡镇级	表达式			Zipf 指数			R^2		
	1990 年	2000 年	2010 年	1990 年	2000 年	2010 年	1990 年	2000 年	2010 年
总人口	$y=193.23x^{-0.665}$	$y=259.56x^{-0.708}$	$y=334.46x^{-0.775}$	0.665	0.708	0.775	0.77	0.82	0.85
流动人口	$y=13.875x^{-1.02}$	$y=408.54x^{-1.416}$	$y=479.36x^{-1.359}$	1.02	1.416	1.359	0.92	0.88	0.95

3.1.3.2 城镇人口空间分布特征

（1）城镇人口核密度分析。湖北省城镇空间分布存在显著分异，形成了多中心空间结构特征。城镇总人口呈现出从鄂东到鄂中、鄂西聚集程度逐渐递减的发展格局。鄂东主要是以武汉为中心，形成了孝感-武汉-黄冈-鄂州-黄石城镇聚集区，鄂东城镇聚集区的形成主要是因为武汉的强大辐射带动作用，各个地级市之间距离较近，容易形成联系较为紧密的城镇聚集区。鄂中形成了在北部以襄阳为中心，中南部以荆门-宜昌-荆州为中心的主要聚集地区。鄂西的城镇聚集特征较为不明显，主要是以恩施和十堰的主城区为中心向外扩散，周围地区发展水平有限，且与省内的其他城镇聚集区距离较远，因而聚集能力有限。相比于鄂东，鄂中西部核心城镇的空间影响区域较小，城镇的聚集程度仍处于初级阶段，具体表现在襄阳、十堰、恩施等市城区的极核作用比较明显，与周边城镇开始形成聚集区，而与市城区相距较远的城镇则多围绕就近的县城区分布，尚未形成显著的人口聚集趋势。

武汉城区周围的人口密度在不断增加，鄂东的武汉聚集区向西北方向扩张，孝感与武汉之间的人口密度不断增加。襄阳、黄石、宜昌等核心城区及其周围的人口也有不同程度的增加。这些人口聚集区域都是由多个社会经济发展水平和城镇化程度的城镇组成，可作为今后湖北省区域发展的重点地区，在增强其自身综合实力的同时引导其带动周边地区发展的能力。

湖北省城镇流动人口的空间分布与总人口空间分布一样都形成了多中心空间结构特征，其中，为了实现可比较性，三个年份的数据是按照统一的标准进行等级划分，1990 年的流动人口数量较低，而只在武汉城区出现了较高值。全省的流动人口大致呈现出从鄂东到鄂中、鄂西聚集程度逐渐递减的发展格局，这三个地区的差异相对于总人口较为显著。具体而言，核密度较高的数值主要集中在东部，特别是武汉城区及其周围，鄂中、鄂西绝大多数地区流动人口核密度相对较小。首先，湖北省在东部和中部分别形成了以武汉、襄阳和宜昌为中心的流动人口聚集地区。其中武汉聚集区包含的城镇数量最多，核密度最大，在全省具有绝对优势。襄阳和宜昌聚集区的密度值相对较小。其次，在1990—2010 年，湖北省的流动人口呈现显著的增长趋势。武汉聚集区向西北和东南两个方向发展，其中由于黄石、黄冈、鄂州三大地级市的聚集，东南方向快于西北方向。宜昌聚集区逐渐向东部和北部扩张，向东主要是市辖区潜江、天门、仙桃等地的发展，可以此为跳板加强与武汉聚集区的交流与合作；向北主要是因为荆门的不断发展壮大，且与宜昌、荆州距离较近。最后，到2010 年鄂西逐渐出现了以十堰为中心的流动人口聚集区，恩施附近也有一定程度的聚集，但是程度明显低于其他地区。

(2) 乡镇级人口规模位序变化空间分布。从位序指数结果可见，总人口呈现出从边远地区向中心城市聚集的趋势，并且形成了明显的城镇聚集区。1990 年总人口规模靠前的乡镇零散分布在各个地级市的主城区附近，只是在武汉城区周围聚集成片；到2010年则形成了明显的连片聚集分布特征，东部地区形成了武汉城区片、鄂州-黄石-黄冈城区片，中部地区形成了宜昌-荆门-荆州城区片，中北部是襄阳城区片。然而这些连片聚集区中间的乡镇排名则相对靠后，并在2010年更加明显。相应的1990—2000年总人口RIM系数为正值的乡镇分布比较零散，大部分为市城区，在2000—2010年具有正RIM系数的乡镇在襄阳-荆门-宜昌一带聚集比较明显，这些乡镇在中心城市的带动下发展较快。

总体来看，湖北省流动人口比重排名较高的乡镇主要聚集在东部的武汉、鄂州、黄石、黄冈、咸宁城区附近，以及中部的宜昌、荆门、荆州城区附近，RIM系数在1990—2000年分布较为零散，到2000—2010年，东部的武汉、鄂州、黄石、黄冈、咸宁城区附近流动人口比重排名较高的乡镇，其RIM系数多为正值，说明这些乡镇的流动人口比重不仅较高，而且排名不断提升。然而中部的宜昌、荆门、荆州城区附近流动人口比重较高的乡镇的排名则出现了不断下降的趋势。湖北省西南部恩施附近流动人口比重相对较低的乡镇，其排名在不断提升。

（3）城镇人口全局自相关分析。本节分别对湖北省1990年、2000年和2010年的乡镇级总人口、流动人口和流动人口比重进行全局空间自相关分析。主要结论有：①采用蒙特卡罗模拟的方法来检验Moran's I的显著性（表3-10），乡镇级的总人口、流动人口和流动人口比重的P-value均小于0.1，且Moran's I数值均大于0，说明乡镇级的总人口、流动人口及其比重整体上呈现正的空间自相关，各乡镇级单元表现出相似值之间的空间聚集。也就是说，在1990—2010年，湖北省乡镇级总人口、流动人口及其比重在空间分布上并非表现出完全的随机性，而是表现出相对地趋于和相应指标高/低的乡镇级行政区相邻。同时以上指标的 Moran's I 数值均相对较小，说明以上指标多呈现弱集聚状态。②1990 年、2000 年、2010 年乡镇级的总人口 Moran's I 数值分别为 0.14、0.12、0.11，具有下降趋势，主要是因为随着湖北省基础设施和城镇化的进一步发展，高高聚集和低低聚集的特征具有被打破的趋势，特别是在低低聚集区，发展条件较好的地区作为当地新的增长极不断涌现，成为新的人口聚集区。③1990 年、2000 年、2010 年乡镇级的流动人口（流动人口比重）的 Moran's I 数值分别为 0.05、0.06、0.10（0.21、0.28、0.33），这表明，1990 年以来，湖北省镇域流动人口的规模和比重相似的地区在空间上集聚分布，也就是说社会经济发展活跃的地区和发展滞后的地区在空间上呈现集中分布，并且随着时间的推移，这种趋势还在不断地加强。原因是湖北省区域经济发展的基本格局是发达地区集中在鄂东，相对欠发达地区集中在鄂西，这种格局在 1990—2010 年没有得到根本性的改善，反而有加剧的趋势，需要继续积极实施东西部协调发展战略。

表 3-10 乡镇级人口全局空间自相关分析结果

乡镇级	总人口			流动人口			流动人口比重		
	1990 年	2000 年	2010 年	1990 年	2000 年	2010 年	1990 年	2000 年	2010 年
Moran's I	0.14	0.12	0.11	0.05	0.06	0.10	0.21	0.28	0.33
Expected I	0.00	0.00	0.00	0.00	0.00	0.00	0.00	0.00	0.00
Z-score	12.85	11.34	11.21	6.37	7.22	12.35	14.75	15.28	12.93
P-value	0.00	0.00	0.00	0.00	0.00	0.00	0.00	0.00	0.00

（4）湖北省城镇人口局部自相关分析。本部分分别研究了总人口、流动人口及其比重的 LISA 聚集格局，并在表 3-11、表 3-12 中对结果进行了统计总结。1990—2010 年乡镇级的总

人口 LISA 聚集格局没有变化。本节将一些社会经济联系紧密的街道合并为一个研究单元，这种情况在武汉市尤为突出，导致武汉市内的乡镇级单元规模较大且增大了与普通乡镇之间的差距，所以相对于武汉市，其他地区规模相对较小。为了消除上述数据处理对结果的影响，以全面反映湖北省各个地区的社会经济联系能力，本节还研究了人口流动比重空间演变。

乡镇级流动人口的 LISA 聚集格局在 1990—2010 年变化较小，武汉市主城区及其附近的黄陂区、东西湖区、蔡甸区、江夏区属于高-高聚集区；天兴乡属于低-高聚集区；由于自身以及周边乡镇流动人口规模的影响，建设乡在 1990 年和 2000 年属于高-高聚集区，在 2010 年属于低-高聚集区。到 2010 年在乡镇级流动人口的 LISA 聚集格局中出现了高-低聚集区，即襄阳市城区，说明其在 2000—2010 年之间经济发展水平较快，流动人口规模增长迅速，但是其周围乡镇的发展水平相对较低。

表 3-11　乡镇级总人口、流动人口 LISA 聚类统计

指　标	乡镇级	类型	数目	名　称
总人口	1990—2010 年	高-高	6	武汉市、东西湖区、蔡甸区、新洲区、黄陂区、江夏区
		高-低	2	十堰市、宜昌市
		低-高	3	天兴乡、建设乡、花山镇
流动人口	1990 年、2000 年	高-高	6	武汉市、东西湖区、蔡甸区、黄陂区、江夏区、建设乡
		低-高	1	天兴乡
	2010 年	高-高	5	武汉市、东西湖区、蔡甸区、黄陂区、江夏区
		高-低	1	襄阳市
		低-高	2	天兴乡、花山镇

表 3-12　乡镇级流动人口比重 LISA 聚类统计

时　间	类型	数目	名　称
1990 年	高-高	42	川店镇、八岭山镇、马山镇、李埠镇、太湖港、菱角湖、宜昌城区、联棚乡、蔡甸区、东西湖区、汀祖镇、铁山城区、黄石城区、资市镇、岑河镇、锣场镇、观音垱镇、联合乡、立新乡、左岭镇、武汉城区、花山镇、建设乡、天兴乡、新沟镇街道、十堰城区、方滩乡、西沟乡、鸳鸯乡、茅塔乡、大川镇、小川乡、尹集乡、鱼梁洲开发区、高新区米庄镇、滩桥镇、关沮镇、纪南镇、郢城镇、荆州城区、纪山镇、襄阳城区
2000 年	高-高	55	当阳城区、庙前镇、荆门城区、太湖港、宜昌城区、联棚乡、艾家镇、龙泉镇、太平溪镇、乐天溪镇、三斗坪镇、鸦鹊岭镇、远安县区、秭归县区、漳河镇、蔡甸区、赤壁城区、蒲圻街办、大冶城区、东西湖区、鄂州经济开发区、鄂州城区、黄冈城区、铁山城区、黄石城区、江夏区、岑河镇、锣场镇、联合乡、立新乡、左岭镇、武汉城区、花山镇、建设乡、天兴乡、咸宁城区、官埠桥镇、向阳湖镇、半壁山农场、新沟镇街道、十堰城区、西沟乡、鸳鸯乡、柏林镇、鱼梁洲开发区、高新区米庄镇、育溪镇、马河镇、子陵铺镇、牌楼镇、关沮镇、郢城镇、荆州城区、茅坪场镇、襄阳城区
	高-低	6	利川县区、石首城区、仙桃城区、应城市开发区、随州城区、枣阳城区
2010 年	高-高	59	当阳城区、荆门城区、太湖港、宜昌城区、艾家镇、远安县区、蔡甸区、陆水湖街、赤壁城区、蒲圻街办、崇阳县区、金湖街办、大冶城区、东西湖区、鄂州经济开发区、鄂州城区、花湖镇、汉南区、黄冈城区、黄石城区、河口镇、江夏区、锣场镇、联合乡、立新乡、左岭镇、武汉城区、花山镇、建设乡、天兴乡、咸宁城区、马桥镇、官埠桥镇、孝感城区、综合农场、阳新原种场、阳新县区、应城城区、新沟镇街道、黄陂区、六里坪镇、官山镇、十堰城区、黄龙镇、鸳鸯乡、柏林镇、鱼梁洲开发区、高新区米庄镇、郧县区、茶店镇、滩桥镇、子陵铺镇、牌楼镇、麻城镇、关沮镇、纪南镇、郢城镇、荆州城区、襄阳城区
	高-低	15	恩施城区、利川县区、嘉鱼县区、江陵县区、沙洋县区、石首城区、仙桃城区、云梦县区、丹江口城区、竹山县区、安陆城区、大悟县区、随州城区、孝昌县区、枣阳城区
	低-高	2	青山镇、东津镇

从全省乡镇级流动人口比重空间类型演变来看：①发展条件较好的市城区及其附近乡镇多属于高-高聚集区，这些地区不仅形成了规模效应，而且对周围地区有较强的辐射和带动作用。1990 年有 42 个乡镇属于高-高聚集区，主要位于武汉城区、黄石城区、襄阳城区、十堰城区、宜昌城区和荆州城区六个市城区周围。2000 年有 55 个乡镇属于高-高聚集区，主要是增加了荆门城区、黄冈城区、鄂州城区、咸宁城区及其周围乡镇以及赤壁城区、当阳城区等县城区周围的乡镇。在 1990—2000 年东部高-高聚集区乡镇增加了 12 个，中部地区宜昌市和荆门市周围以及两者之间的地区增加了 17 个。然而荆州地区减少了 12 个，西部地区的十堰市城区周围的高-高聚集区乡镇减少了 3 个，襄阳市城区周围减少了 1 个。2010 年的高-高聚集区乡镇有 59 个，主要是增加了应城城区和周围乡镇。在 2000—2010 年，东部地区的高-高聚集区乡镇继续增加了 8 个，西部地区的十堰市城区周围增加了 4 个，中部地区的宜昌、荆门、荆州等地级市的主城区周围则减少了 8 个。②一般市城区以及发展条件优越、突出的县城区及其附近乡镇多属于高-低型区域，这些地区属于流动人口比重普遍较低的地区，因为区位、经济、行政、政策等因素而形成人口流动水平的极化现象，具有较大的发展潜力，但是发展较为孤立。2000 年在利川县区、石首城区、仙桃城区、应城市开发区、随州城区、枣阳城区出现了 6 个高-低聚集区乡镇。到 2010 年增加了恩施城区、嘉鱼县区、江陵县区、沙洋县区、云梦县区、丹江口城区、竹山县区、安陆城区、大悟县区、孝昌县区，减少了应城开发区，共 15 个高-低聚集区乡镇。高-低聚集区乡镇数量的增加表明该类型区域通过自身条件的完善，与周边乡镇的差距在不断增加，区域发展趋于不均衡。③2010 年湖北省乡镇级的流动人口比重的 LISA 聚集分区出现了 2 个低-高聚集区乡镇，襄阳城区附近的东津镇和十堰城区附近的青山镇，这些乡镇自身人口流动比重低于周边乡镇，与周边地区发展呈负相关，形成了区域人口流动能力的低地，需要接受高-高聚集区的辐射和虹吸作用以加快自身的发展。

3.2 线要素：多尺度区域空间可达性分析

交通网络是城市发展的基础和前提条件，为城市的物质、人才、技术、信息、资金等的传输与交流提供了基本保障，对城市空间结构的形成和演变具有极其重要的作用。交通网络发展迟缓、超前或结构不合理也会阻碍城市的发展。本节以道路网为基础分析了各个地域单元的距离可达性和机会可达性，用以揭示城镇在空间上社会经济要素的位移能力以及发生位移后端点对起始点的影响作用。

3.2.1 多尺度区域距离可达性分析

本节从空间可达性的“可达”层面出发，分别计算各个城镇在 1990 年、2000 年、2010 年的距离可达性，具体包括均质距离、路网距离、时间距离、方言距离以及综合距离。

3.2.1.1 均质距离

均质的理想状态下，假设湖北省内各个城镇之间不存在任何交通路网和山川、河流等阻碍因素，城镇之间的最短路径即节点之间的直线距离。本节利用城镇之间的空间欧式距离来度量城镇均质可达性，并利用可达性系数表征各个城镇可达性的相对大小。地区间的距离一般通过两地几何重心或者其他点之间的距离表示，本节通过 ArcGIS10.0 获得 1 035 个乡镇级两两节点之间的直线距离，进而得到各个节点的均质可达性及其系数。由于地市级和县级单元内的距离由其主城区之间的距离表征，市城区和县城区的距离可达性即为地市级和县级的距离可达性。为了更加直观地表现其可达性，本节把乡镇级均质可达性按照 Equal Interval 法，从大到小分为一、二、三、四级（表 3 - 13）。Equal Interval 法的结果中各个级别的区间间隔相等，属于各个间隔内城镇个数具有差异性，以此可以分析可达性数值的分布，并有利于从横向（不同类型的可达性）和纵向（不同时间的可达性）进行比较。利用 ArcGIS10.0 的空间分析模块，采用距离倒数权重法（DIW）进行栅格的内插分析（Insert Grid），对各个节点的可达性空间分布进行研究。

表 3 - 13　城镇距离可达性分级统计

等级	均质 *SA*（千米）	路径 *SA*（千米）			时间 *SA*（分钟）			方言 *SA*	综合 *SA*		
		1990 年	2000 年	2010 年	1990 年	2000 年	2010 年		1990 年	2000 年	2010 年
一	579	628	623	602	714	545	676	420	627	382	466
二	284	263	258	269	251	343	264	194	340	479	481
三	131	106	112	107	67	102	78	279	65	150	75
四	41	38	42	57	3	45	17	142	3	24	13

（1）湖北省城镇的均质可达性及可达性系数在空间上呈现出典型的圈层结构。均质可达性和可达性系数大致以同心圆的模式从全省的版图中心开始向外围逐渐增大，即节点之间相互联系从中心向边缘空间的阻碍逐渐变强。一级可达性城镇主要集中在湖北省中部的天门、潜江、仙桃、孝感、荆门、荆州、襄阳、宜昌、随州、咸宁等主城区附近，这些地区到达其他地市级单元的平均距离在 179.63～242.36 千米，可达性系数在 0.72～0.98。鄂州、黄冈、黄石以及神农架附近的城镇属于第二级别，其位于第一级别单元的东部和西部边缘，到达其他城镇的平均空间距离为 243.07～305.29 千米，可达性系数在 0.98～1.23，可达性系数从小于 1 逐渐转变为大于 1。第三、四级城镇主要位于十堰、恩施以及黄冈的东部，到其他地级市的平均距离

分别在 306.35～367.87 千米和 369.69～432.77 千米，可达性系数为 1.23～1.48、1.49～1.74，这些地区在湖北省的西北部、西南部以及东部边缘。

（2）中部城镇均质可达性最好，同时东部城镇的可达性好于西部。可达性属于第一级别的城镇与可达性系数小于 1 的分布范围基本重合，大致位于襄阳-宜昌一线以东，鄂州-黄冈-黄石-咸宁以西。这种分布格局是因为城镇的均质可达性实际上是由该城镇在区域中的区位所决定的，城镇的均质可达性反映了其区位中心性。可达性系数小于 1 的地区位于湖北省中部，靠近全省版图的几何中心，同时也是湖北省城镇分布最密集的地带，到其他城镇的平均距离相对较短。与西部相比，东部城镇分布较为密集且版图形状较为规则，所以整体可达性水平相对较好。

（3）可达性在地域层次上具有一定的差异性（表 3 - 14）。通过统计分析，市城区、县城区和乡镇三个层次的可达性均质 *SA* 平均值分别为 207.42 千米、243.24 千米、248.11 千米，从高级别向低级别逐渐变差。上述结果说明地市级和县级的主城区相对于乡镇更靠近湖北省版图的几何中心，地理区位相对较好，乡镇则多分布在全省的边缘地带，到其他城镇的平均距离较远。

表 3 - 14　城镇距离可达性特征统计

可达性	指标	市城区			县城区			乡镇级		
		1990 年	2000 年	2010 年	1990 年	2000 年	2010 年	1990 年	2000 年	2010 年
均质 *SA*（千米）	最大值		350.02			395.10			432.77	
	最小值		150.08			178.79			179.63	
	平均值		207.42			243.24			248.11	
路径 *SA*（千米）	最大值	471.57	457.93	430.05	527.72	511.14	494.34	617.94	577.70	543.21
	最小值	204.83	198.17	192.51	233.81	225.68	219.03	240.71	229.52	219.81
	平均值	277.76	268.54	258.74	320.22	307.70	296.19	338.24	320.72	308.66

（续）

可达性	指标	市城区			县城区			乡镇级		
		1990 年	2000 年	2010 年	1990 年	2000 年	2010 年	1990 年	2000 年	2010 年
时间 *SA*（分钟）	最大值	521.06	440.99	369.70	623.19	566.74	469.05	945.64	670.85	599.92
	最小值	243.34	198.08	166.38	284.09	232.57	184.34	302.89	244.92	199.39
	平均值	331.90	274.56	214.90	396.96	334.62	260.46	439.20	370.04	293.36
方言 *SA*	最大值	1.000 0			0.892 9			0.863 6		
	最小值	0.487 5			0.552 4			0.649 0		
	平均值	0.608 8			0.654 7			0.656 4		
综合 *SA*	最大值	0.381 7	0.350 6	0.312 6	0.485 2	0.454 4	0.401 1	0.662 0	0.512 2	0.473 5
	最小值	0.235 2	0.210 5	0.193 3	0.272 2	0.243 1	0.218 6	0.280 8	0.247 8	0.221 9
	平均值	0.302 8	0.271 5	0.239 0	0.347 5	0.313 5	0.273 0	0.370 8	0.333 1	0.291 3

3.2.1.2 路网距离

道路网络是城镇之间进行人员、物质等能量流动的基础设施，对区域之间的交流合作具有重要作用。本节以 1990 年、2000 年及 2010 年湖北省交通路网数据为基础，利用 ArcGIS 10.0 中的网络分析模块对两两乡镇之间的最短路网距离进行计算，然后计算出每个节点到达其他节点的平均路网距离，即路径 *SA*。以 1 035 个乡镇级单元为基础，从市城区、县城区和乡镇三个层次研究湖北省城镇的路径空间可达性和可达性系数，并采用 Equal Interval 法，把各个尺度的路径 *SA* 从大到小分为一、二、三、四级。

（1）湖北省城镇的路径 *SA* 空间格局与均质 *SA* 差异不大（表 3-15）。湖北省城镇的路径 *SA* 从全省中心向外围逐渐变差，以天门、潜江、仙桃、随州、荆门、荆州、孝感、武汉等中部城镇为中心向四周扩散，特别是在东西方向上，分别在西北和西南的十堰、恩施地区的边缘达到最大值。这一特征与均质 *SA*

的空间分布具有一致性，说明了城镇所在全省版图的空间区位对路径 SA 具有重要的影响，位于版图中间的城镇到达其他节点的路网距离较近，空间相互作用便捷，而处于偏远地区的城镇则与其他地区距离较远，空间相互作用阻碍较大。同时，在可达性结构分布中，和均质可达性相比，从第一至第四级包含的城镇个数逐渐减少，但是路径可达性中的一级城镇个数要多于相对的均质可达性结果，说明相对于均质可达性，路径可达性中有更多的乡镇接近其最大值，可达性水平较高。

表 3-15 城镇距离可达性变化程度统计

统计指标	市城区			县城区			乡镇级		
	1990—2000 年	2000—2010 年	1990—2010 年	1990—2000 年	2000—2010 年	1990—2010 年	1990—2000 年	2000—2010 年	1990—2010 年
路径 SA（千米）	0.03	0.04	0.07	0.04	0.04	0.07	0.05	0.04	0.09
时间 SA（分钟）	0.18	0.22	0.35	0.16	0.22	0.34	0.16	0.21	0.33
综合 SA	0.10	0.12	0.21	0.10	0.13	0.21	0.10	0.12	0.21

（2）湖北省城镇的路径 SA 水平整体有所提高，其中乡镇级节点路径 SA 改善最为显著（表 3-14）。从 1990—2010 年，乡镇级节点路径 SA 最大值从 617.94 千米缩短到 543.21 千米，减少了 74.73 千米，减少率为 12.09%；最小值从 240.71 千米缩短到 219.81 千米，减少了 20.90 千米，减少率为 8.68%，最大值的减少率大于最小值的减少率，说明湖北省可达性较差的边远地区的交通条件改善速度较快，缩小了区域差距。从 1990—2010 年，湖北省城镇的路径 SA 平均值缩短了 29.58 千米，提高率为 8.75%。同时，各个城镇的路径 SA 平均提高率达到了 21.26%。这些指标说明湖北省城镇路径 SA 在 1990—2010 年得

到了显著改善，城镇之间的道路里程的下降，有助于增加各个地区之间的信息交流与产业合作。同时，从地市级、县市级和乡镇级三个等级的路径 *SA* 平均值减少率可以看出乡镇级可达性改善最为明显，主要是因为基础设施建设一般都是从人口和社会经济活动比较密集的地级市和县级市的主城区开始向边缘地区推进，所以地级市和县级的主城区之间路网较为通畅和完善，而乡镇则具有更多的提升空间。

（3）两个时间段的路网 *SA* 改善程度和空间分布具有差异性。为了进一步分析湖北省城镇路径 *SA* 的改善情况，本节计算了各个城镇的提高率。在 1990—2000 年和 2000—2010 年两个研究时段，乡镇级单元的路径 *SA* 平均值缩短了 17.52 千米、12.06 千米，减少率为 5.18%、3.76%。同时，各个城镇的路径 *SA* 平均减少率为 5.18%、3.76%。由此看出湖北省的城镇路径 *SA* 在 1990—2000 年的改善速度快于 2000—2010 年速度，这是因为在 1990—2000 年湖北省大力开展交通基础设施的建设和完善，在道路里程方面有了长足的发展，2000 年之后，随着路网覆盖范围的不断完善，基于道路建设的可达性改善程度下降，所以路径 SA 改善程度减慢。1990—2000 年道路建设改善显著的城镇主要分布在十堰南部、襄阳南部、宜昌西部、恩施东部以及湖北省东中部的零星地区，这些地区在 1990—2000 年省道的公路里程明显增加，使很多城镇具有畅通的道路与其他地区相连。2000—2010 年道路建设改善显著的地区主要沿新增高速公路分布，特别是十堰—武汉、恩施—武汉，以及武汉周边地区，主要原因是 2000—2010 年湖北省大力建设高速公路，使得其周边城镇的路径 *SA* 改善显著。

3.2.1.3 时间距离

随着交通事业的快速发展，交通状况的差异程度对城镇的空间可达性具有深刻影响，因此在研究城镇空间可达性时需要顾及以空间距离和路网距离为基础的时间距离。因此，本节基于湖北省 1990 年、2000 年和 2010 年的交通网络数据，通过 ArcGIS10.0 空间分析模块中的 Network Analysis 工具计算了湖北省 1 035 个乡镇之间的两两时间距离，基于此得到各个城镇的时间可达性（时间 *SA*）及其系数，并进行分级分析。

（1）时间 *SA* 水平较好的地区主要集中在中部。湖北省的城镇时间 *SA* 及其系数以中部的荆州、荆门、仙桃、潜江、天门、孝感、武汉等主城区及其周围的城镇为中心向外逐渐变大，说明区位同样对时间 *SA* 具有重要影响。同时，在城市的主城区附近时间 *SA* 相对较高，特别是在十堰和恩施方向，两地主城区及其附近的乡镇在均质 *SA* 中属于第三级，在时间 *SA* 中提升到了第二级，因为这些地区虽然地处版图边缘地区，但其城区与其他地区之间有高速等高等级道路（十堰在 2010 年已通动车）相联系，运行速度较快，一定程度上弥补了空间区位较偏的不足，使其时间 *SA* 明显高于附近地区的时间 *SA* 水平。

（2）湖北省城镇的时间 *SA* 水平提高显著，其中市城区改善程度最大。1990—2010 年，湖北省乡镇级城镇的时间 *SA* 最大值从 945.64 分钟，减少到 599.92 分钟，减少了 345.72 分钟，减少率为 36.56%；最小值从 302.89 分钟缩短到 199.39 分钟，减少了 103.50 分钟，减少率为 34.17%（表 3-14）。从 1990—2010 年，湖北省城镇的时间 *SA* 平均值缩短了 145.84 分钟，提高率为 33.271%，也就是说 2010 年湖北省乡镇级城镇之间的出行时间比 1990 年平均减少了约 2.5 个小时。以上结果说明湖北省城镇时间 *SA* 在 1990—2010 年明显提高，为城镇之间开展大规模的交流与合作提供了有利条件。从市城区、县城区和镇三个不同类型节点的时间 *SA* 平均值改善程度可以看出，从市城区、县城区到乡镇，在各个时段内时间 *SA* 改善程度逐渐下降，说明经济越发达时间 *SA* 水平提高越显著，主要是因为高等级的公路和铁路一般只通过地级市主城区，且高速公路、铁路等具有封闭性，一般只在县级以上的地区有出口或者车站，所以城市主城区的时间 *SA* 具有显著优势。

（3）时间 *SA* 改善程度方面，整体上，1990—2000 年湖北省南部高于北部，2000—2010 年湖北省北部高于南部。从表 3 - 15 可知，在两个研究时段中 1 035 个城镇的时间 *SA* 改善率平均值分别 16%（69.16 分钟）、21%（76.68 分钟），可见 2000—2010 年的时间 *SA* 改善速度快于 1990—2000 年改善速度，主要是因为在 2000 年之前湖北省主要是提高道路网密度，使得各个城镇之间都有道路相连，到 2000 年之后全省道路网逐步完善，工作重点开始转移到提高道路的运行速度上，开始大力建设高速公路、高速铁路等高等级公路，从而使得近年来时间 *SA* 改善显著。从可达性改善程度的空间分布来看，1990—2000 年改善程度较为明显的地区主要呈带状，集中在南部的黄梅—宜昌一带、中西部的襄阳—荆州一带以及十堰—谷城一带。其中黄梅—宜昌、襄阳—荆州附近城镇时间 *SA* 的提高主要是因为高速公路的开通。十堰到谷城之间国道的建设大大缩短了两地之间以及周围地区的通行时间。2000—2010 年湖北省北部、东部武汉周边以及西南部的宜昌—恩施等地的时间 *SA* 得到显著改善，这些地区在 2000 年之后陆续开通了高速公路。同时 2009 年京广高铁、武汉—合肥高铁的开通缩短了停靠站点孝感、武汉、咸宁、赤壁、麻城等地及周围城镇的时间 *SA*；2009 年武汉—十堰、2010 年武汉—南昌动车的开通，分别提高了枣阳、襄阳、十堰、谷城以及华容、鄂州、黄石、阳新等地及其周围城镇的时间 *SA*。

3.2.1.4 方言距离分析

湖北省的汉语方言包含西南官话、江淮官话分、赣方言三大类型（刘兴策，1998；朱丽师，2015），其中西南官话是主体，它覆盖了全省面积和人口的三分之二，主要分布在恩施、宜昌、十堰、襄阳、随州、荆门、天门、潜江、仙桃以及孝感南部、荆州西部、武汉城区等地，分属于西南官话中的武天片、常鹤片、鄂北片、成渝片。黄冈、随州西部、孝感北部、武汉北部、十堰的竹溪县和竹山县以及鄂州沿长港和长江一带属于江淮官话中的黄孝片。与江西、湖南交界的几个县级单元属于赣方言区中的大通片，主要有咸宁、监利县、大冶和阳新、鄂州南部以及武汉江夏区的南部边缘几个乡镇（表 3-16）。湖北省内方言分布较杂乱，特别是在各个方言片区的交接地带，同一地级市内部的方言较难统一，为了细化并深入研究湖北省城镇的语言距离，本节将方言分类确定到了乡镇尺度，以 1 035 个乡镇为对象进行研究。本研究计算了各个城镇的方言 *SA* 及其系数，并进一步按照从大到小的顺序分成一、二、三、四级。

表 3-16　湖北方言分类及其主要分布地区

方言	片区		主要分布区域
西南官话	武天片	武汉话	武汉主城区以及鄂州市华容区部分地方，黄石市城区
		天仙潜方言	天仙潜三市、汉川、云梦、沙洋、武汉蔡甸、洪湖等
	常鹤片	荆沙话	荆州地区
	鄂北片	鄂中颤舌方言	荆门、京山、钟祥、宜城、当阳、房县
		鄂北方言	襄阳、老河口、丹江口、谷城、枣阳、南漳、保康、竹溪、郧阳区、郧西
	成渝片	成渝方言	宜昌、秭归、五峰、宜都、恩施、来凤、长阳、利川、咸丰、建始、枝江，神农架以及十堰的部分地区，湖北境内的土家族、苗族、侗族

（续）

方言	片区		主要分布区域
江淮官话	黄孝片	鄂州话	鄂州沿长港和长江一带，还有江北的黄州以及武汉的江夏部分地方
		广济话	江北黄冈地区的武穴（广济）、黄梅、浠水、蕲春、罗田、英山
		孝感话	孝感、孝昌、黄陂、安陆、应城、武汉新洲等地区
		麻随话	麻城、红安、大悟、随州、广水
赣方言区	大通片	幕阜山方言	湘赣交界的几个县，主要分布于通城和崇阳两地，这两地与周边赤壁、通山、阳新以及临近的湖南江西的部分县级单元一道被分作“幕阜山浊音走廊”
		蒲圻话	赤壁方言以及旁边的监利部分地区，嘉鱼也有地方是说的蒲圻话
		大冶话	大冶保安湖南部的整个大冶市以及黄石的铁山区，还有鄂州市鄂城区南部的几个乡镇
		梁子湖方言	鄂州市梁子湖区、大冶北部靠近梁子湖地区和江夏区南部的八个乡镇
		咸宁话	咸宁市、通山、阳新、嘉鱼等几个地区

一级方言 SA 共 420 个城镇，主要分布在西南官话中的鄂北片和成渝片，平均方言 SA 在 0.56～0.57，可达性系数在 0.855 5～0.861 4，低于全省的平均水平。二级方言 SA 共包含 194 个城镇，属于西南官话中的武天片和常鹤片，方言 SA 及其系数区间分别为 0.58～0.63、0.90～0.95。三级方言 SA 共 279 个城镇，属于淮南官话中黄孝片，方言 SA 及其系数区间分别为 0.74、1.11。四级方言 SA 共 142 个城镇，属于赣方言区中大通片，方言 SA 及其系数区间分别为 0.86、1.32。

3.2.1.5 综合距离分析

以上不同指标分别从均质距离、路网距离、时间距离和方言距离四个角度分析了湖北省的城镇空间可达性，尝试以上述四种指标为基础综合表征湖北省城镇的可达性分异规律。均质、路网和时间可达性主要侧重城镇之间的空间距离，通过上述分析可知三者的大小和分布均受到地理区位的影响，其中时间可达性具有一定的代表性，其结果建立在均质距离和道路距离的基础之上，同时顾及了道路的等级以及路网建设的完善程度，是自然因素和社会因素双重作用的结果。因此本节选取时间可达性和方言可达性两个指标，并赋予不同的权重以综合表征湖北省城镇的综合距离可达性，从而得到湖北省城镇的综合距离可达性分级结果。

由于时间可达性在综合可达性中占有重要比重，而且方言可达性的分布相对较为均衡，因此湖北省的城镇综合距离可达性的格局特征及变化规律与时间可达性的较为相似，但细微之处略有不同。①综合 *SA* 水平较好的地区主要集中在中部，且等值线在主城区具有显著的突出现象，说明综合可达性仍受到区位因素的影响，但是主城区由于道路网完善且等级较高，其综合可达性水平普遍高于相同区位水平的附近城镇，在与其他城镇进行空间交流与合作方面具有优势。②湖北省城镇的综合 *SA* 水平提高显著，市城区、县城区和乡镇三个层次的提高程度大致相同。湖北省城镇综合可达性最大值从 0.662 0 下降到 0.473 5，下降比例为 28.48%，最小值从 0.280 8 下降到 0.221 9，下降比例为 21.00%，平均值从 0.370 8 下降到 0.291 3，下降比例为 21.45%。从市城区、县城区和乡镇级三个层次看，在 1990—2010 年分别提高了 20.97%、21.30%、21.26%，三个层次的改善程度差异不大，同时可以看出 1990—2000 年的改善程度要大于 2000—2010 年改善程度。③时间 *SA* 改善程度方面，整体上 1990—

2000年湖北省南部高于北部，2000—2010年湖北省北部高于南部。前者主要是受到高速公路建设的影响，后者则与高速公路以及高等级铁路的建设有关。可以看出空间可达性得到显著改善的地区主要聚集在武汉市周围以及武汉与西北、西南方向的主要交通干道周围。

3.2.2 地市级和县级区域机会可达性分析

上述基于距离的可达性主要是从空间阻隔或者人文社会因素的阻隔出发，研究一地到达一地所克服阻隔的难易程度，没有考虑距离的衰减以及地区的作用力和规模等因素。城镇可达性的大小，不仅与空间或者人文社会阻隔有关，而且与目的地的等级、规模等有直接的联系。因此本节从机会相互作用潜力的角度出发，研究通过一定的出行成本（距离、时间、费用等），从某地点出发能接近的机会（就学、就业、医疗、购物、休闲等）的多少，一般将这种可达性称为基于机会的可达性。本节主要通过加权平均旅行时间、日可达性和潜能可达性三个指标进行表征。同时为了对以上三个不同的方面进行综合表达，本节利用了数据包络分析法和主成分分析法，并在此基础上对两种方法进行了比较，以探讨这两种方法在综合表征可达性方面的异同。

由于上述指标的结果受相关参数单位的影响，指标之间没有可比性，因此本书取各指标与三个年份的指标平均值之比作为最终结果进行分析，采用距离倒数权重法进行栅格的内插分析，生成了各个机会可达性指标的等值线分布图，并按照Equal Interval法进行显示（为了突出各个指标为1的等值线，在靠近1的间隔点处进行了微调）。同时为了进一步研究各个机会可达性指数的等级和数量结构变化，本节将各个指标值与年内平均数之比按照(1.5，+∞)、(1，1.5]、(0.5，1]、(0，0.5]的原则分为一、二、三、四等级，并统计各个等级内的研究单元个数。由于乡镇级的生产总值数据不好收集，所以在机会可达性分析中研究尺度主要集中在地市级和县级两个层次。

3.2.2.1 加权平均旅行时间

（1）加权平均旅行时间大致呈现从东向西逐渐递减的格局，数值小于1的等值线范围明显扩大。襄阳—荆州—宜昌以东多为加权平均旅行时间较小的第二级（东部边缘个别县级单元为第三级），等值线围绕数值最小的孝感、天门、潜江、仙桃以及附近地区向周围递减；襄阳、宜昌、十堰的东部的大部分县级单元属于第三级（部分县级单元在不同年份有所波动）；恩施西南部、神农架以及十堰的西部等山地丘陵地区则达到了全省加权平均旅行时间的最高值，特别是恩施的来凤县、咸丰县以及十堰的竹溪县、竹山县、郧西县等地。这一格局是区位因素、交通基础设施完善及等级程度以及地区生产总值综合作用的结果。孝感、天门、潜江、仙桃等地靠近区域的几何中心，区位优势显著，同时靠近东部的城镇密集区武汉—黄石—黄冈等，这一地区特别是武汉在全省具有举足轻重的地位，在1990年、2000年和2010年这些地区的生产总值分别占全省的37.71%、42.54%、47.58%。宜昌、襄阳以西的地区城市分布较为稀疏，自身综合实力发展有限，且距离东部密集城市群距离较远，同时区域轮廓向西南和西北延伸较长，所以导致西部地区城镇可达性较差，且在西南和西北达到了最大值。等值线数值小于1，等值线范围逐渐扩大，也就是说加权平均旅行时间小于平均值的城镇在逐渐增多，可达性状态逐渐得到改善。1990年等值线数值小于1的地区主要分布在随州—荆门—荆州以东、潜江—仙桃以北、鄂州—黄冈以西，也是湖北省市辖区和较为发达的县级市分布的主要地区，且等值线在主要市辖区有典型的突出现象，如荆州市辖区、荆门市辖区、咸宁市辖区、黄冈市辖区、鄂州市辖区，说明这些地区的加权平均旅行时间明显高于其周围的其他地区，同时也说明了可达性分布的非均衡性。2000 年等值线数值小于 1 的地区几乎覆盖了湖北省中东部的所有地区，主要有黄冈的英山县、黄梅县和咸宁的通城县等边缘地区，其加权平均旅行时间大于三个年份的平均数，等值线数值小于 1 的地区，其西部界限扩展到了襄阳和宜昌市的东部地区。2010 年等值线数值小于 1 的地区已经全部覆盖湖北省中东部地区，且其西部界限到达了襄阳和宜昌的西部边缘。说明到了 2010 年大部分地区的平均连续性时间已经达到且超过了研究年份的平均值，可达性程度得到大幅度提升。

（2）在数值结构方面，湖北省地市级和县级的加权平均旅行时间离散程度较小，但是呈现逐渐增加的趋势。各个年份的加权平均旅行时间的统计结果如表 3－17 所示：①各个年份内加权平均旅行时间多集中在平均值（指各个年份的平均值）附近，变异系数的数值均小于 1 且在 0.4 以下，这说明湖北省的加权平均旅行时间分布较为均衡。具体分布可通过分级统计结果表现（表 3－18）：全部地市级、县级中有 82.35％～93.75％分布在靠近均值的第二、三等级（1.5，0.5］之间，其中第三等级的数量最多（56.52％～87.50％），其余全分布在第一等级，没有小于平均数一半的第四等级。②在时间变化上，根据表 3－17 可知，地市级和县级各个年份的变异系数均有增加，说明数值离散程度呈现加大趋势，体现在最大值与最小值之比的结果中，则是三个时间断面中比值在 2.286 5～3.562 2，且随着时间逐渐变大，这说明加权平均旅行时间在不均衡趋势下出现了强者更强的两极分化现象。③在地域尺度层次上，县级单元的最大值/最小值、变异系数多数大于地市级单元结果，说明县级单元的加权平均旅行时间结果的离散程度要大于地市级单元，进一步分开统计县级单元中的主城区和其他县级单元，发现主要是县级单元的结果较高，说明湖北省县级单元的加权平均旅行时间分布较为不均衡。

表 3-17 地市级和县级加权平均旅行时间统计

区 域	年 份	最大值	最小值	最大值/最小值	平均值	标准差	变异系数
地市级	1990	2.100 2	0.886	2.370 4	1.238 8	0.355 9	0.287 3
	2000	1.767 6	0.670 5	2.636 2	0.991 6	0.335 6	0.338 4
	2010	1.459 0	0.512 4	2.847 2	0.769 6	0.272 7	0.354 3
县级单元总体	1990	2.203 8	0.794	2.775 6	1.230 5	0.370 3	0.300 9
	2000	1.972 3	0.582 7	3.384 8	0.997 4	0.334 1	0.335 0
	2010	1.586 2	0.445 3	3.562 2	0.772 0	0.278 1	0.360 2
县级单元城区	1990	1.859 7	0.813 4	2.286 5	1.069 2	0.284 9	0.266 5
	2000	1.555 7	0.619 1	2.512 7	0.845 4	0.255 7	0.302 4
	2010	1.203 7	0.460 3	2.615 0	0.646 7	0.187 4	0.289 8
其他县级单元	1990	2.203 8	0.794 0	2.775 6	1.268 0	0.377 7	0.297 8
	2000	1.972 3	0.582 7	3.384 8	1.032 7	0.340 2	0.329 5
	2010	1.586 2	0.445 3	3.562 2	0.801 1	0.287 4	0.358 8

表 3-18 地市级和县级加权平均旅行时间分级统计

加权平均时间	地市级			县级单元总体			县级单元城区			其他县级单元		
	1990年	2000年	2010年	1990年	2000年	2010年	1990年	2000年	2010年	1990年	2000年	2010年
(1.5，+∞)	3	3	2	9	10	11	1	1	1	8	9	10
(1，1.5]	3	2	2	20	17	22	1	1	2	19	16	20
(0.5，1]	11	12	13	56	58	52	14	14	13	42	44	39
(0，0.5]	0	0	0	0	0	0	0	0	0	0	0	0

（3）加权平均旅行时间提高率的空间分布上具有一定的交通主干道指向性。①在改善程度大小方面，如表 3-19 所示，1990—2010 年间湖北省地市级加权平均旅行时间均值从 227.03 减少至 131.31，改善程度均值为 38.41%，改善程度最显著的是黄石市（46.80%），改善程度最低的是神农架林区

(22.90%)、潜江城区(29.97%)。其中1990—2000年和2000—2010年各地级市的平均改善程度分别相当于均值减少20.72%、22.27%。1990—2010年湖北省县级加权平均旅行时间均值从362.65减少至227.52，改善程度均值为37.90%，改善程度最显著的是黄梅县48.78%，改善程度最低的是竹溪县24.05%。其中1990—2000年和2000—2010年各地级市的平均改善程度分别为19.36%、22.88%。以上数据可以看出，2000—2010年的可达性改善程度更为显著。②在改善程度的空间分布方面，在不同的研究时段，加权平均旅行时间的改善程度分布具有差异性，且具有较强的交通主干道指向性。总体上来看，1990—2010年，湖北省加权平均旅行时间改善程度较高的地区主要分布在东部的黄石(46.80%)、黄冈(46.02%)、咸宁(45.70%)和北部的孝感(45.40%)、随州(44.66%)、襄阳(41.82%)、十堰(40.76%)，县级中改善最为显著的单元有汉南区(48.78%)、黄梅县(48.33%)、新洲区(48.24%)、蕲春县(47.86%)、江夏区(46.88%)、武穴市(46.87%)。1990—2000年改善程度较大的地区主要沿宜黄高速公路东西向线状分布，2000—2010年改善显著的地区则分布在湖北的东部和北部地区，主要是赤壁、麻城市、随州市辖区、随县、钟祥市、京山县以及郧西县，这与新建的高速公路和高等级铁路车次开通的地区相吻合。可达性提高的时间和空间上的差异主要与不同阶段区域交通基础设施发展演化的特征有关，1990—2000年湖北省各个城市间的路网距离有了较大提升，但是由于道路的等级、密度等条件的约束，实际的行车速度改善具有一定限制。2000—2010年随着湖北省高速公路的大规模兴建，形成以武汉为中心呈现放射状分布的状态，同时铁路的大幅度提速特别是铁路高等级铁路的开通，使得停靠站点的平均行车速度大为提高。③地市级以及地市级辖区的可达性均质大于县级单元的结果，这是因为道路规划上高速公路和动车、高铁等高等级线路作为国家和区域交通的主干道，一般优先考虑市城区并建有出入口和停靠站，而大部分县级单元由于距离动车、高铁等高等级主干道停靠站较远，在道路网的平均行车速度上没有优势。

表 3-19　地市级和县级加权平均旅行时间变化程度统计

区　域	年　份	最大值	最小值	最大值/最小值	平均值	标准差	变异系数
地市级	1990—2000	0.300 8	0.104 5	2.878 3	0.207 2	0.047 7	0.230 2
	2000—2010	0.339 4	0.099 9	3.398 1	0.222 7	0.075 8	0.340 4
	1990—2010	0.468 0	0.229 0	2.043 8	0.384 1	0.068 1	0.177 4
县级单元总体	1990—2000	0.376 0	0.087 6	4.292 2	0.193 6	0.053 5	0.276 2
	2000—2010	0.379 9	0.082 0	4.630 7	0.228 8	0.073 8	0.322 6
	1990—2010	0.487 8	0.240 5	2.028 3	0.379 0	0.066 0	0.174 2
县级单元城区	1990—2000	0.298 4	0.150 7	1.979 7	0.213 6	0.037 6	0.176 0
	2000—2010	0.327 0	0.121 7	2.686 4	0.230 4	0.065 2	0.283 0
	1990—2010	0.467 1	0.319 5	1.461 8	0.395 7	0.048 0	0.121 4
其他县级单元	1990—2000	0.376 0	0.087 6	4.292 2	0.189 0	0.055 5	0.293 7
	2000—2010	0.379 9	0.082 0	4.630 7	0.228 5	0.075 7	0.331 3
	1990—2010	0.487 8	0.240 5	2.028 3	0.375 1	0.068 9	0.183 8

3.2.2.2　日可达性

（1）日可达性指数大致呈现从中心向外围递减，且东部大于西部的空间格局。日可达性最高的一级地市级单元为在湖北省中部的潜江、仙桃、孝感（2000 年），二级城市和三级城市在不同年份有所波动，二级单元中 1990 年主要集中在中东部的荆门、天门、孝感、黄石、黄冈、武汉、鄂州、咸宁，2000 年则集中在中南部的天门、荆州、黄石、黄冈、武汉、鄂州、咸宁，2010 年则集中在中部大部分地区，襄阳、随州、荆门、荆州、天门、潜江、仙桃、鄂州、咸宁。三级单元中 1990 年为襄阳、随州、宜昌、荆州，2000 年为襄阳、随州、荆门、宜昌、黄冈，2010 年为宜昌、武汉、黄冈、黄石。四级单元在不同研究年份较为固定：十堰、恩施、神农架。县级单元分布中的圈层结构较为显著，大致呈现以天门、仙桃、潜江、孝感等一级日可达性地区为中心向周围递减的格局，其中二级县级单元主要集中在湖北省的中部和东部：随州、荆州、黄冈、鄂州、黄石等境内的大部分县级单元；三级县级单元则主要分布在中西部的襄阳、宜昌境内以及南部的荆州和东部、东南部的黄冈、咸宁内的少量边缘县级单元，十堰、神农架和恩施的县级单元属于第四等级。这是因为中部大部分地区属于第一、二等级城市，这些地区的"一日交流圈"空间范围较大，包含的城镇数量较多。同时由于武汉及其附近的人口密度较大，且其位置偏东，湖北省的西部地区则由于地形复杂、交通网络和人口等密度较大，因此受到地域发展不平衡的影响，东部城市普遍比西部城市的日可达性指数高。等值线与加权平均旅行时间的分布格局较为相似，可达性程度较好的地区都是出现在天门、仙桃、孝感等地区，在湖北省版图的几何中心附近，说明日可达性的结果同样受到节点地理区位的影响。与加权平均旅行时间不同的是，1990 年的地市级等值线值都小于 1，说明 1990 年的日可达性指数普遍小于三个研究年份的均质，县级中等值线大于 1 的范围主要集中在天门、仙桃、孝感等地；到 2000 年扩展到了随州、荆州的东部和荆州的北部（黄冈东部和咸宁南部部分边缘地区除外）；2010 年则包含襄阳、宜昌的大部分及其以东的所有地区，这一范围与 2010 年加权平均旅行时间等值线小于 1 的范围大致相符。

（2）日可达性的离散程度呈现下降趋势，且县级的离散程度大于地市级单元。①三个研究时间断面中（表 3-20），湖北省地市级单元的可达性的变异系数分别为 0.500 3、0.507 4、0.395 0、县级单元为 0.538 3、0.505 5、0.463 4，以上变异系数均<1，以上结果表明湖北省县级单元的日可达性差异程度大于地市级单

元，同时各地区的差异程度正在逐渐变小，日可达性指数趋向于均衡化发展。这一特征主要表现在：县级最大值、最小值之比为 31.833 5、29.342 3、22.289 0（地市级中恩施市在 1990 年和 2000 年为 0，所以地市级的最大值、最小值之比无法计算）；在数值分级中（表 3-21），三个年份中地市级第一、四级中的节点数量总和占到了全省总数的 25.00%、31.25%、17.65%，县级的一、四级节点比例分别为 45.88%、41.18%、36.47%，可见极值之间的差异以及极值的数量较少，使日可达性整体呈现均衡化分布，同时上述数值具有逐年减少的演化特征。②在地域尺度差异上，其他县级单元之间的差异程度大于地市级单元，主要体现在其他县级单元的变异系数较大（0.565 4、0.526 4、0.491 8），这个特征与加权平均旅行时间相似。可见在离散程度上，日可达性离散程度较大且处于下降趋势，加权平均旅行时间较小却处于上升趋势，在地域单元差异上较为一致。

表 3-20 地市级和县级日可达性统计

区 域	年 份	最大值	最小值	最大值/最小值	平均值	标准差	变异系数
地市级	1990	1.336 0	0	—	0.673 3	0.336 8	0.500 3
	2000	1.804 6	0	—	0.953 6	0.483 9	0.507 4
	2010	1.929 1	0.121 8	15.842 0	1.373 1	0.542 4	0.395 0
县级单元总体	1990	1.414 2	0.044 4	31.833 5	0.667 1	0.359 1	0.538 3
	2000	2.008 1	0.068 4	29.342 3	0.954 0	0.482 3	0.505 5
	2010	2.156 6	0.096 8	22.289 0	1.378 9	0.638 9	0.463 4
县级单元城区	1990	1.325 7	0.156 7	8.461 0	0.861 6	0.324 1	0.376 2
	2000	1.887 1	0.162 7	11.597 0	1.209 5	0.445 5	0.368 3
	2010	2.122 7	0.360 3	5.891 0	1.697 1	0.516 9	0.304 5
其他县级单元	1990	1.414 2	0.044 4	31.833 0	0.622 0	0.351 7	0.565 4
	2000	2.008 1	0.068 4	29.342 0	0.894 7	0.471 0	0.526 4
	2010	2.156 6	0.096 8	22.289 0	1.305 1	0.641 9	0.491 8

表 3-21　地市级和县级日可达性分级统计

日可达性	地市级			县级单元总体			县级单元城区			其他县级单元		
	1990年	2000年	2010年	1990年	2000年	2010年	1990年	2000年	2010年	1990年	2000年	2010年
(1.5，+∞)	2	3	0	18	18	12	7	6	4	11	12	8
(1，1.5]	8	6	10	24	31	38	5	6	9	19	25	29
(0.5，1]	4	5	4	22	19	16	2	2	1	20	17	15
(0，0.5]	2	2	3	21	17	19	2	2	2	19	15	17

(3) 日可达性提高了40%～50%，且2000—2010年的提高率大于1990—2000年提高率，在空间分布上具有一定的交通主干道指向性。①在改善程度大小方面，如表3-22所示，湖北省各个地级市的提高率均值为105.60%，变化程度范围为0.07%～209.67%。其中1990—2000年和2000—2010年各地级市的日可达性提高率均值分别为40.59%、46.91%。湖北省县级的提高率均值为121.71%，改善程度的范围大小为7.18%～446.25%，其中1990—2000年和2000—2010年各县级单元的提高率均值分别为48.08%、49.91%。综上所述，日可达性在2000—2010年比在1990—2000年改善程度大。从日可达性的定义可知，其主要受到地区人口和时间可达性的影响。虽然湖北省各地区的总人口在1990—2000年和2000—2010年两个时间段内呈现先上升后下降的趋势（地市级为10.04%、－5.63%，县级为8.43%、5.13%），但是湖北省的日可达性指数仍然逐年上升，主要是因为湖北省各地区的时间可达性在1990—2000年和2000—2010年两个研究时段持续增长（地市级为17.50%、21.61%，县级为15.68%、22.20%），增长速度快于各地区的人口规模增长，且2000—2010年增长程度比1990—2000年的增长程度显著，所以因主

要受到时间可达性的持续增长且增长速度逐步加快的影响，导致日可达性在2000—2010年的提高率大于1990—2000年提高率。②在改善程度的空间分布方面，县级中提高最为显著的单元主要集中在西北部、东部和东南部的边缘地区，其中郧西县（446.25%）、秭归县（379.79%）、黄梅县（313.82%）、武穴市（275.86%）、襄阳市辖区（273.03%）的日可达性提高率在全省最高；武汉市周围、神农架附近以及西南部边缘地区增长率较小，甚至出现了减少的趋势，具体是：蔡甸区提高率为51.28%、保康县提高率为46.38%、石首市提高率为45.85%、房县提高率为26.31%、咸丰县提高率为－7.09%、来凤县提高率为－7.18%，这个主要是时间可达性变化作用的结果。其中1990—2000年县级提高率较高的地方主要集中在十堰和襄阳的北部，主要是在研究时间内修通了国道，从黄梅县、武穴市向西到宜昌的秭归县之间的提高率也较为显著，其原因主要是宜黄高速的建成，但是在武汉市周围提高率出现低谷的原因是这些地区在1990年的日可达性水平较高，所以到2000年所提升的空间不大。2000—2010年间十堰、襄阳、随州市辖区及其附近县级单元提高率较高主要是在研究期内不仅开通了到武汉的动车，而且修建了高速公路；恩施市辖区及其附近的利川市、建始县以及荆州的监利县、咸宁的崇阳县和通城县的日可达性提高率较大主要是高速公路的开通。

表3-22 地市级和县级日可达性变化程度统计

区域	年份	最大值	最小值	最大值/最小值	平均值	标准差	变异系数
地市级	1990—2000	0.938 8	0.037 5	25.045 4	0.405 9	0.260 8	0.642 5
	2000—2010	1.301 1	－0.036 8	－35.379 0	0.469 1	0.361 7	0.771 0
	1990—2010	2.096 7	－0.000 7	－31.763 0	1.056 0	0.575 9	0.545 4

（续）

区　域	年　份	最大值	最小值	最大值/最小值	平均值	标准差	变异系数
县级单元总体	1990—2000	2.738 0	0.038 5	71.050 0	0.480 8	0.410 9	0.854 7
	2000—2010	1.333 6	−0.122 1	−10.921 0	0.499 1	0.304 5	0.610 0
	1990—2010	4.462 5	−0.071 8	−62.145 0	1.217 1	0.735 5	0.604 3
县级单元城区	1990—2000	1.015 8	0.038 5	26.363 0	0.405 7	0.204 0	0.502 8
	2000—2010	1.214 5	0.124 9	9.724 2	0.490 2	0.282 8	0.576 8
	1990—2010	2.730 3	0.601 2	4.541 2	1.086 8	0.495 2	0.455 7
其他县级单元	1990—2000	2.738 0	0.050 7	54.046 7	0.498 2	0.443 6	0.890 4
	2000—2010	1.333 6	−0.122 1	−10.921 0	0.501 2	0.309 3	0.617 1
	1990—2011	4.462 5	−0.071 8	−62.145 4	1.247 3	0.777 7	0.623 5

3.2.2.3　潜能可达性

利用潜力模型计算了各个地区的潜能可达性大小及其指数，并利用平均值将各地级市分为四个等级，具体结果如下。

（1）潜能可达性大致从东向西逐渐递减，对省会城市的依赖性明显。潜能可达性最高的第一等级地级市为黄冈、鄂州，黄石、孝感（2010 年）属于第二等级，荆门、天门、仙桃、潜江、武汉、咸宁、荆州（2010 年）属于第三等级，第四等级则主要集中在西部地区的襄阳、宜昌、十堰、神农架、恩施等地区。县级层面的潜能可达性的一、二、三、四等级分布呈现一定的圈层结构，具有从潜能可达性最高的武汉市主城区向周围递减的规律性特征。这表明地区的潜能可达性与接收其他城市经济辐射能力大小和地理区位因素综合影响相关。湖北省东部地区，特别是武汉市周围的道路网密度和城镇密度较高，且经济发展综合实力较强，从而使其在全省的潜能可达性中具有优势。同时由于湖北省社会经济发展在过去一段很长时期内主要依赖武汉省会城市的辐射和带动作用，所以潜能可达性最高的地区主要集中在武汉市主城区周围，距离武汉市较远的边缘地区则相对较低。从等值线分布可以看出，数值为 1 的等值线逐渐向西扩展。1990 年所有地区的潜能可达性都低于三个研究年份的平均值，2000 年只有武汉、黄石、黄冈、鄂州的市辖区及其附近发达地级市的潜能可达性高于平均值，到 2010 年数值为 1 的等值线分布在湖北省西部的十堰、襄阳、宜昌境内。

（2）在三个机会可达性指数中潜能可达性离散程度最大，且地市级的离散程度增加，县级则呈现减少趋势。①从表 3－23 可以看出，湖北省地市级潜能可达性的变异系数均大于 1，且在三个机会可达性指数结果中离散程度最大，说明湖北省的可达性潜能可达性在各个地区之间分布不均衡，各个地区受到的社会经济辐射和带动作用差异较大。这一特征主要表现在最大值、最小值的比值在 13.98～85.57；在数值分级中，如表 3－24 所示，第一、四级中的节点数量占到了全省总数的 50%左右。②在变化趋势上，不同尺度的地域单元的离散特征具有差异性。在离散程度上，1990 年、2000 年和 2010 年地市级单元的变异系数分别为 1.471 4、1.416 4、1.254 0，县级单元的变异系数分别为 0.793 0、0.859 2、0.874 6，可见地市级的离散程度大于县级，但是离散程度在逐渐缩小，相反，县级的离散程度较小，但是有增加的趋势。其中，县级单元城区的变异系数（0.616 4、0.811 7、0.698 8）小于其他县级单元（0.836 0、0.853 4、0.918 4），且在三个年份内呈现先增后减的变化特征，县级单元变异系数则普遍较大且增长速度较快。可见县级单元的离散程度较大主要是因为潜能可达性在县级层次的节点之间分布不均衡导致的。

表 3-23　地市级和县级潜能可达性统计

区　域	年　份	最大值	最小值	最大值/最小值	平均值	标准差	变异系数
地市级	1990	0.775 3	0.009 1	85.573 0	0.119 4	0.175 6	1.471 4
	2000	3.956 0	0.048 6	81.423 3	0.636 3	0.901 2	1.416 4
	2010	11.833 4	0.210 8	56.134 3	2.244 3	2.814 3	1.254 0
县级单元总体	1990	0.390 3	0.011 6	33.690 0	0.101 1	0.080 1	0.793 0
	2000	2.517 5	0.059 2	42.493 0	0.589 3	0.506 3	0.859 2
	2010	9.361 7	0.243 4	38.454 7	2.309 6	2.020 0	0.874 6
县级单元城区	1990	0.281 3	0.020 1	13.981 6	0.124 0	0.076 5	0.616 4
	2000	2.517 5	0.100 6	25.033 0	0.754 0	0.612 0	0.811 7
	2010	6.333 5	0.369 4	17.146 0	2.634 9	1.841 2	0.698 8
其他县级单元	1990	0.390 3	0.011 6	33.690 0	0.095 7	0.080 0	0.836 0
	2000	2.070 5	0.059 2	34.948 0	0.551 2	0.470 4	0.853 4
	2010	9.361 7	0.243 4	38.454 7	2.234 2	2.051 9	0.918 4

表 3-24　地市级和县级潜能可达性分级统计

潜能可达性	地市级			县级单元总体			县级单元城区			其他县级单元		
	1990年	2000年	2010年	1990年	2000年	2010年	1990年	2000年	2010年	1990年	2000年	2010年
(1.5，+∞)	2	2	2	15	16	16	4	4	4	11	12	12
(1，1.5]	1	1	2	15	11	9	5	3	3	10	8	6
(0.5，1]	7	7	7	33	34	36	5	5	5	28	29	31
(0，0.5]	7	7	6	22	24	24	2	4	4	20	20	20

（3）潜能可达性提高显著，如表 3-25 所示，其中 1990—2000 年的提高速度快于 2000—2010 年的速度，增长加快的地区主要集中在核心城市附近。①在改善程度大小方面，湖北省地市级潜力可达性指数从 1990 年的 5.91 增加到 2010 年的 111.21，

各个地级市的提高率均值为 1 928.32%，改善程度的范围大小为 2 403.37%～1 426.29%。其中 1990—2000 年和 2000—2010 年各地级市的潜力可达性提高率均值分别为 439.55%、274.70%。1990—2010 年湖北省县级可达性潜力均值从 4.48 增加到 102.43，县级的提高率均值为 2 096.09%，改善程度的范围大小为 3 378.11%～1 463.94%。其中 1990—2000 年和 2000—2010 年各县级单元的提高率均值分别为 464.28%、290.46%。从以上数据可以看出，1990—2000 年的潜力值提高程度更为显著。②在改善程度的空间分布方面，提高程度显著的地区主要集中在武汉、宜昌、襄阳等省会及省域副中心城市附近。总体上来说，1990—2010 年，潜力可达性提高显著的地级市主要分布在东部的咸宁（2 403.37%）、孝感（2 380.96%）、黄冈（2 280.86%）、恩施（2 226.72%）、神农架（2 077.19%），襄阳（1 733.34%）、宜昌（1 634.62%）、武汉（1 547.99%）、潜江（1 524.11%）、鄂州（1 426.29%）等地的潜力可达性提高水平在全省较低。县级中提高最为显著的单元主要集中在武汉和宜昌市辖区附近，其中汉南区（3 378.11%）、梁子湖区（3 169.12%）、江夏区（3 114.09%）、秭归县（3 055.61%）、蔡甸区（2 971.70%）的潜力可达性提高率最高，湖北省中部及其西北和西南地区的提高率较低，主要集中在随州、荆门、潜江、十堰和恩施境内，其中潜江 1 584.84%、郧阳区 1 576.88%、十堰市辖区 1 563.81%、咸丰县 1 533.10%、荆州市辖区 1 463.94%的提高率最低。可达性潜能可达性的时间和空间演化特征是地区路网区位和经济发展水平共同作用的结果。同时，由于在研究时段内湖北省的 GDP 增速远高于路网距离的提高水平（1990—2010 年湖北省各个地区间的路网距离平均提高 8.70%），所以一定程度上可达性潜能可达性的变化特征主要受到各地区 GDP 提高程度的影响。地市级和县级在 1990—2000 年的 GDP 平均增长率分别为

396.80%、372.51%，2000—2010 年分别为 304.77%、245.20%。同时武汉、宜昌、襄阳等主要城市由于政策支持、资本和人力等优势，其 GDP 增长率在全省属于较高水平，有力地带动了周围地区的发展。

表 3-25 地市级和县级潜能可达性变化程度统计

区 域	年 份	最大值	最小值	最大值/最小值	平均值	标准差	变异系数
地市级	1990—2000	5.055 4	3.886 7	1.300 7	4.395 5	0.318 5	0.072 5
	2000—2010	3.338 9	1.991 3	1.676 7	2.747 0	0.383 5	0.139 6
	1990—2010	24.033 7	14.262 9	1.685 1	19.283 2	2.888 9	0.149 8
县级单元总体	1990—2000	7.949 5	3.088 3	2.574 0	4.642 8	0.838 9	0.180 7
	2000—2010	4.710 3	1.213 9	3.880 3	2.904 6	0.461 0	0.158 7
	1990—2010	33.781 1	14.639 4	2.307 6	20.960 9	3.830 5	0.182 7
县级单元城区	1990—2000	7.949 5	3.289 2	2.416 8	4.596 9	1.029 3	0.223 9
	2000—2010	3.349 6	1.213 9	2.759 3	2.672 8	0.474 7	0.177 6
	1990—2010	24.379 1	14.639 4	1.665 3	19.264 9	2.865 2	0.148 7
其他县级单元	1990—2000	7.448 0	3.088 3	2.411 6	4.653 5	0.787 9	0.169 3
	2000—2010	4.710 3	1.705 6	2.761 7	2.958 4	0.440 7	0.149 0
	1990—2010	33.781 1	15.331 0	2.203 4	21.354 2	3.917 9	0.183 5

3.2.2.4 基于数据包络分析的综合可达性研究

可达性作为一种具有多重意义的空间地理概念，从不同的角度进行度量和评价，会得到不同的计算指标和结果。由于机会可达性指标中不同程度地包含了路网、时间等距离可达性，因此本节试图在机会可达性的三个指标加权平均旅行时间、日可达性和潜能可达性的基础上，分别利用 DEA 和 PCA 对上述不同指标进行综合分析，以研究湖北省不同地区的整体可达性特征和演化格局；同时对这两个综合方法的结果进行比较分析，以探讨两者在表达空间可达性方面的异同和优缺点。

本节选择加权平均旅行时间作为投入指标，日可达性和潜能可达性作为产出指标，分别对湖北省的地市级和县级单元进行综合分析。DEA 的结果表示各个单元之间的相对效率大小，效率最大的节点为 1，最小则为 0，中间值表示其效率与最大值之间的比例，所以 DEA 结果在各个年份之间没有可比性，本节在等值线空间分布中没有对其进行三个年份的标准化。但是在其分级中，仍按照原来的方法根据每一年的平均值分成四个等级。

（1）湖北省的综合可达性呈现从中心向外围递减，东部高于西部的格局。地市级的综合可达性在 1990 年、2000 年的空间分布差异不大，大致分为四个等级，东部的 1+8 城市圈属于第一、二等级，其中潜江、仙桃、鄂州三市在 1990 年、2000 年均达到了 DEA 效率最优。中部地区的襄阳、宜昌、荆门、随州、荆州（1990 年为二级）属于第三等级，西部的十堰（0.145 1、0.119 2）、恩施（0.096 6、0.078 4）和神农架（0.011 7、0.012 3）属于第四等级。2010 年鄂州、孝感、荆门、随州均属于效率最优的地区，但是由于全省各个地市级单元的平均值比较大（0.640 7），所以不存在第一等级（同日可达性）。具体到县级尺度，DEA 效率最高的一级单元多位于湖北省中东部地区，二级单元多在一级单元附近且东部地区较多，西部的襄阳、宜昌地区多为三级节点，西部边缘地区属于第四等级。其中 1990 年云梦县、东西湖区、蔡甸区 DEA 效率最高，竹溪县（0.035 2）、郧西县（0.064 1）、鹤峰县（0.074 3）效率最低；2000 年 DEA 效率最高的是蔡甸区、鄂州城区，竹溪县区（0.036 1）、利川县区（0.062 0）、咸丰县区（0.065 5）效率最低；2010 年江夏区、东西湖区的 DEA 效率最高，竹溪县区（0.044 9）、咸丰县区（0.053 6）、来凤县区（0.054 8）的 DEA 效率最最低。可见效率较高的地区多靠近湖北省版图的几何中心，且多为武汉的市辖区或者位于武汉附近，这些地区路网密度和等级相对于其他地区较高，距离可达性较好，同时东中部地区城镇密度和人口密度较高，社会经济发展水平位于全省前列，因此投入成本较少而产出效益较高，而低效率地区则多位于版图边缘，且周围社会经济发展相对滞后，导致其 DEA 效率相对较低。1990 年 0.51～1.00 的等值线在随州、荆门、荆州以东，到 2000 年 0.51 的等值线在北部扩展到了襄阳市中间，南部则变化不大，2010 年 0.51 的等值线继续西移至十堰、恩施的东部边缘，可以看出 DEA 效率大于 0.5 的节点数量在不断增加且高等值线的范围扩展速度相对较快，说明了效率靠近最大值的节点数呈现增加趋势，且越靠近最大值，数量增长的相对较快。基于 DEA 的可达性结果与日可达性的分布格局相似，可见日可达性对基于 DEA 的空间可达性结果具有重要影响。

（2）DEA 效率的离散程度较低且呈下降趋势，在地域尺度上县级单元的离散程度大于地市级单元。①三个研究时间断面，如表 3－26 所示，湖北省地市级单元的 DEA 效率变异系数分别为 0.530 0、0.513 4、0.396 2，县级单元为 0.548 5、0.525 4、0.464 0，以上变异系数均小于 1，说明湖北省的 DEA 效率属于均衡分布状态，各地区的可达性效率差异较小，同时由于变异系数呈现递减趋势，反映出各个地区间的 DEA 差异正在逐渐变小，湖北省的可达性效率趋向于均衡化发展。这一特征主要表现在：三个研究年份中地市级最大值、最小值之比分别为 85.57、81.43、14.12，县级的最大值、最小值之比分别为 28.40、27.70、22.29，需要说明的是由于恩施在 1990 年和 2000 年的日可达性为 0，所以导致其在 1990 年和 2000 年的 DEA 效率（0.011 7、0.012 3）与最大值差异较大，但是由于其他地级市之间差异较小（1990 年、2000 年除恩施外的地市级变异系数分别为 0.456 7、0.438 5），所以在地市级中恩施一个极值现象的存在并没有对变异系数造成太大影响。在数值分级（表 3－27）中大部分节点分布在靠近平均值的二、三等级，且占全省的比例呈现下降趋势。地市级的第二、三级中的节点数量占到了全省总数的 64.71%、64.71%、82.35%，县级分别为 56.47%、60.00%、63.53%，可见 DEA 效率大部分都聚集在平均值附近，且比例逐渐增加，所以 DEA 效率整体呈现均衡化程度较高且逐年增加的趋势。②在地域尺度差异上，县级单元之间的差异程度大于地市级单元，主要是因为其他县级单元的变异系数相对较大（0.579 7、0.545 0、0.492 9），这个特征与日可达性相似，离散程度较低且逐年下降。

表 3－26　基于 DEA 的县级综合可达性统计

区　域	年　份	最大值	最小值	最大值/最小值	平均值	标准差	变异系数
地市级	1990	1	0.011 7	85.572 5	0.549 6	0.291 3	0.530 0
	2000	1	0.012 3	81.426 6	0.573 4	0.294 4	0.513 4
	2010	1	0.070 8	14.123 1	0.752 2	0.298 0	0.396 2
县级单元总体	1990	1	0.035 2	28.396 2	0.486 7	0.267 0	0.548 5
	2000	1	0.036 1	27.698 5	0.492 4	0.258 7	0.525 4
	2010	1	0.044 9	22.289 1	0.640 7	0.297 3	0.464 0
县级单元城区	1990	0.937 4	0.110 8	8.461 4	0.621 8	0.235 7	0.379 0
	2000	1	0.081 0	12.341 0	0.638 5	0.245 0	0.383 7
	2010	0.984 3	0.167 1	5.891 2	0.787 0	0.239 7	0.304 5
其他县级单元	1990	1	0.035 2	28.396 2	0.455 4	0.264 0	0.579 7
	2000	1	0.036 1	27.698 0	0.458 6	0.249 9	0.545 0
	2010	1	0.044 9	22.289 1	0.606 8	0.299 1	0.492 9

表 3-27　基于 DEA 的县级综合可达性分级统计

综合 SA (DEA)	地市级			县级单元总体			县级单元城区			其他县级单元		
	1990 年	2000 年	2010 年	1990 年	2000 年	2010 年	1990 年	2000 年	2010 年	1990 年	2000 年	2010 年
(1.5，+∞)	3	3	0	17	17	12	6	5	4	11	12	8
(1，1.5]	6	7	10	24	29	38	6	7	9	18	22	29
(0.5，1]	5	4	4	24	22	16	2	2	1	22	20	15
(0，0.5]	3	3	3	20	17	19	2	2	2	18	15	17

（3）各个地市级和县级单元的 DEA 效率均有提高，由于恩施的极值影响，地市级单元和县级单元的变化趋势具有差异性。①在改善程度大小方面，如表 3-26 所示，1990 年、2000 年、2010 年湖北省地市级的 DEA 效率均值分别为 0.549 6、0.573 4、0.752 2，县级为 0.486 7、0.492 4、0.640 7，由于 DEA 结果只是各个年份内的相对数量，所以可以看出地市级和县级单元的可达性效率均值越来越靠近效率的最大值，如果每年的效率最大值的绝对数量有所提高，则湖北省在三个研究年份的可达性效率实现了改善。②为了进一步探讨 DEA 效率是否有变化以及变化的程度，本节采用非参数 Malmquist 指数分析湖北省可达性效率的变化情况。各个地域单元在各个研究时段内的 Malmquist 指数均大于 1，说明湖北省的可达性效率呈现出增长趋势。如表 3-28 所示，在增长趋势方面，在 1990—2000 年和 2000—2010 年，地市级的 Malmquist 指数均值分别为 2.523 2、4.625 4，县级则为 2.695 2、2.427 5。可以看出地市级在两个研究时段的增长速度是先慢后快，县级尺度则是先快后慢，不同的地域单元之间出现了一定的矛盾，主要是因为地市级中恩施在 1990 年和 2000 年的日可达性为 0，而在 2010 年时间可达性显著提高，这一变化则使其对应的 DEA 效率从 1990 年的 0.011 7 和 2000 年的 0.012 3 提

高到了 2010 年的 0.242 2，1990—2000 年和 2000—2010 年的 Malmquist 指数最大值分别为 6.372、43.567，所以导致全省在 2000—2010 年的改善情况好于 1990—2000 年。为了探讨湖北省的可达性效率变化在不受极值影响下的趋势，本节进一步计算了除恩施以外的 Malmquist 指数，1990—2000 年和 2000—2010 年两个研究时间内，地市级的 Malmquist 指数均为 2.282 7、2.191 6，呈现增长趋势逐渐变慢的特征，与县级的结果具有一致性。综上所述，湖北省的可达性效率呈现增长趋势，在两个研究时段中不考虑恩施的极值现象，普遍比各自的基期年提高了 1 倍以上，但是提高速度在 2000—2010 年有所收敛。导致这一结果的原因是：产出要素潜力机会指数增长迅速，但是在 2000—2010 年增长速度出现了显著收敛（两个研究时段地市级的增长率分别为 4.395 5、2.747 0；县级为 4.642 8、2.904 6），且输入要素在 1990—2000 年增长相对较慢（两个研究时段地市级的增长率分别为 0.207 2、0.222 7；县级为 0.193 6、0.228 8），而在 2000—2010 年加快增长，所以作为产出要素的日可达性在 1990—2000 年（0.405 9、0.469 1）的增长速度慢于 2000—2010 年增长速度（0.480 8、0.499 1），湖北省的可达性效率的增长速度出现了先快后慢的增长规律。③在效率增长的空间分布方面，1990—2000 年地市级尺度提高显著的地区主要集中在东部和南部，如恩施（6.372）、鄂州（4.347）、黄冈（3.198）、荆州（2.723）、宜昌（2.438）；2000—2010 年则主要集中在东部和北部地区，如恩施城区（43.567）、黄冈城区（3.276）、随州城区（3.187）、荆门城区（3.040）、鄂州城区（2.947）。具体到县级，1990—2000 年十堰北部和武汉周围以及宜昌市的县级单元和秭归县等地区提高显著，主要是因为这些地区国道、高速等的修建缩短了出行时间；2000—2010 年十堰、襄阳、随州等北部地区以及武汉附近的鄂州、黄石和咸宁境内的大部分地区提高显著，主要是由于高速公路的建设和高铁动车等高等级铁路的开通，并且在上述地区设置了停靠站点。

表 3-28　基于 DEA 的县级综合可达性变化程度统计

区　域	年　份	最大值	最小值	最大值/最小值	平均值	标准差	变异系数
地市级	1990—2000	6.372	1.469	4.337 6	2.523 2	1.169 1	0.463 3
	2000—2010	43.567	1.219	35.740 0	4.625 4	9.756 4	2.109 3
	1990—2010	16.661	1.552	10.735 2	3.049 2	3.440 2	1.128 2
县级单元总体	1990—2000	7.409	1.546	4.792 4	2.695 2	1.018 9	0.378 0
	2000—2010	4.318	1.417	3.047 3	2.427 5	0.603 3	0.248 5
	1990—2010	4.112	1.660	2.477 1	2.512 4	0.583 1	0.232 1
县级单元城区	1990—2000	5.766	1.877	3.071 9	2.694 6	1.083 0	0.401 9
	2000—2010	3.266	1.481	2.205 3	2.302 9	0.530 8	0.230 5
	1990—2010	3.705	1.753	2.113 5	2.448 8	0.600 0	0.245 0
其他县级单元	1990—2000	7.409	1.546	4.792 4	2.695 3	1.003 4	0.372 3
	2000—2010	4.318	1.417	3.047 3	2.456 3	0.615 4	0.250 5
	1990—2010	4.112	1.660	2.477 1	2.527 1	0.578 2	0.228 8

3.2.2.5　基于主成分分析法的综合可达性研究

以不同角度为基础对个体进行综合评价的方法主要有指标体系评价法、因子分析法、加权平均法等。本节在加权平均旅行时间、日可达性和潜能可达性三个指标的基础上采用主成分分析法确定各个指标的权重，进而加权求和，得到各个地区的综合可达性值。在分析过程中，三个时间断面中地市级的 KMO 检验值分别是 0.542 9、0.495 0、0.417 8，且其特征根大于 1 的主成分只能解释原数据的 68%左右，说明地市级的数据不适合做主成分分析。县级单元的 KMO 检验值分别为 0.723 3、0.744 4、0.745 6，表明县级能够较好地进行主成分分析。各个时间断面中第一个主成分的特征根均大于 1（2.51、2.48、2.47），且方差比例均达到了 80%以上（83.77%、82.69%、82.48%）。为了实现不同年份之间的比较性，均采用基期年 1990 年确定的权重（−1.024 4、0.948 0、1.076 4），即综合可达性与加权平均旅行时间、日可达性和潜能可达性的关系为：综合可达性＝加权平均旅行时间×(−1.022 2)＋日可达性×0.948 0＋潜能可达性×1.076 4。以此求得各个县级单元的综合可达性，并对结果进行了各个年份的平均值标准化以进行分级和数值结构分析。

（1）综合可达性以武汉为中心向外递减，西部的综合可达性位于全省最低水平。1990 年湖北省的一级综合可达性节点主要位于随州—荆门以东、荆州市辖区—咸宁市辖区以北、黄冈—黄石—鄂州市辖区以东这一全省城镇、人口和交通最密集的地方，其中东西湖区（0.855 9）、蔡甸区（0.718 7）、大冶市（0.664 1）、江夏区（0.661 1）、华容区（0.627 1）的综合可达性综合分值最高。第二、三等级则零星分布在一级县级单元周围，西部的十堰、神农架、恩施以及襄阳和宜昌的西部、黄冈东部和咸宁的南部大部分地区属于第四等级，其中郧西县（−0.463 9）、利川市（−0.476 9）、咸丰县（−0.501 9）、来凤县（−0.506 3）、竹溪县（−0.533 1）的综合可达性综合分值最低。2000 年和 2010 年的县级综合可达性分布格局差异较小，分值最高的一级县级单元主要集聚在武汉市周围；二级县级单元多与一级县级单元邻近，其中 2000 年多集中在中部；十堰、神农架和恩施的综合可达性多属于第四等级。其中，2000 年综合可达性排名靠前的是鄂州城区（3.853 9）、江夏区（3.218 7）、大冶城区（3.196 7）、华容城区（3.104 1）、蔡甸区（2.915 2），2010 年的结果与其变化不大，只是上述各个县级单元的位次略有波动：江夏区（13.659 7）、东西湖区（11.747 6）、华容城区（11.527 7）、蔡甸区（10.579 0）、大冶城区（10.381 5）。两个年份综合可达性水平最低的县级单元差异不大，分别是：鹤峰县级单元（－0.269 4、0.114 8）、利川市（－0.327 7、0.099 3）、咸丰县（－0.336 8、0.006 2）、来凤县（－0.339 3、－0.003 1）。在等值线图中以武汉市周围县级单元为中心向周围递减，同时1990—2010年同一空间位置上的等值线值不断扩大，说明湖北省县级的综合可达性呈现提高趋势。1990年的所有等值线均小于平均值；2000年大于平均值的区域主要集中在中东部的孝感、仙桃、黄冈、鄂州、黄石、武汉等市辖区及其附近的少数发达县级单元，大致相当于一级县级单元的范围；2010年恩施、十堰和神农架以东的湖北省大部地区的可达性值大于平均值。

（2）基于PCA的综合可达性，相对于基于DEA的结果来说较为离散，特别是1990年，离散程度在时间顺序上呈现下降趋势。①如表3-29所示，1990年、2000年和2010年县级单元基于PCA的综合可达性变异系数分别为3.253 4、0.956 5、0.841 8，与基于DEA的结果相比较大（0.548 5、0.525 4、0.464 0）。可见基于PCA的综合可达性相对离散，在1990年各个县级单元之间的综合分值差异较大，2000年和2010年的变异系数均小于1，且离散程度呈现下降状态，说明湖北省各个县级单元的综合可达性差异正在逐渐缩小，数值分布趋向于均衡状态。主要表现在：在数值的等级分布中（表3-30），三个时间断面中第一、四等级的比例分别为88.24%、49.41%、43.53%，说明极值数量的比例正在减少；进一步分析发现，一、四级的节点个数并不是同时下降，而是一级节点个数上升而四级节点个数下降，只是前者上升的幅度大于后者，所以导致了整体分布状态趋向于均衡。对于最大值、最小值之比来说，由于最大值为正数而最小值为负数，没有可比性，在这里不加入分析。②在地域尺度层次上，本节在县级单元内部对比分析县级单元城区和其他县级单元两个层面，发现县级单元的变异系数

（5.061 1、1.010 4、0.894 1）明显大于地级市辖区变异系数（1.087 2、0.729 7、0.632 9），这一特征与基于 DEA 的结果具有一致性，说明湖北省的县级综合可达性整体较为均衡，而其内部的县级单元则相对较为离散，日后需要推进各个县级单元之间的协调均衡发展。

表 3-29　基于 PCA 的县级综合可达性统计

区　域	年　份	最大值	最小值	最大值/最小值	平均值	标准差	变异系数
地市级	1990	—	—	—	—	—	—
	2000	—	—	—	—	—	—
	2010	—	—	—	—	—	—
县级单元总体	1990	0.553 7	−0.344 9	—	0.066 5	0.216 3	3.253 4
	2000	2.492 8	−0.261	—	0.621 6	0.594 5	0.956 5
	2010	8.835 5	−0.019 8	—	2.311 9	1.946 2	0.841 8
县级单元城区	1990	0.383 1	−0.255 6	—	0.168 8	0.183 5	1.087 2
	2000	2.492 8	−0.130 0	—	0.865 6	0.631 6	0.729 7
	2010	6.039 4	0.224 5	—	2.712 2	1.716 6	0.632 9
其他县级单元	1990	0.553 7	−0.344 9	—	0.042 8	0.216 4	5.061 1
	2000	2.082 0	−0.261 0	—	0.565 0	0.570 9	1.010 4
	2010	8.835 5	−0.019 8	—	2.219 1	1.984 2	0.894 1

表 3-30　基于 PCA 的县级综合可达性分级统计

综合 *SA*（PCA）	县级单元总体			县级单元城区			其他县级单元		
	1990 年	2000 年	2010 年	1990 年	2000 年	2010 年	1990 年	2000 年	2010 年
(1.5, +∞)	69	34	18	15	7	4	54	27	14
(1，1.5]	8	14	11	0	6	4	8	8	7
(0.5，1]	2	29	37	0	3	6	2	26	31
(0，0.5]	6	8	19	1	0	2	5	8	17

（3）基于PCA的综合可达性提高较为显著，提高值较大的地区主要分布中西部和边缘地区。①在改善程度大小方面（表3-31），基于PCA的湖北省县级综合可达性从1990年的0.102 8提高到2010年的3.574 3，各个县级单元提高率平均值为7 590.91%，改善程度的范围大小为94.27%～393 677.53%。其中1990—2000年县级单元综合可达性的提高率均值为2 069.96%，改善幅度在24.32%～110 410.95%；2000—2010年各县级单元的综合可达性提高率均值为389.20%，最大值和最小值分别为4 183.38%、92.43%。可见综合可达性的提高速度在1990—2000年较快，而在2000—2010年出现了收敛现象。②在改善程度的空间分布方面，提高程度显著的地区主要集中在基期年的低值地区，如1990—2000年襄阳、宜昌等中西部地区以及南部的荆州、咸宁和东部的黄冈等地区改善程度较高，其中排名靠前的有宜昌市辖区（110 410.95%）、通山县（20 581.69%）、南漳县（3 179.49%）、远安县（2 666.80%）、蕲春县（2 471.94%）。值得注意的是宜昌市辖区在1990—2000年提高程度最为显著，从1990年的0.000 5提高到2000年的0.538 6，主要是因为在研究期内宜昌由于宜黄高速的建设使时间可达性大大改善，同时由于原宜昌地区和宜昌市合并等行政区划重新调整，政策扶持使得宜昌及其周围人口和社会经济发展水平提高，从而推动了宜昌市综合可达性的改善。西部的十堰、神农架和恩施以及中部的孝感、天门、仙桃、潜江等境内的县级单元提高程度较小，其中鹤峰县（40.61%）、来凤县（32.99%）、咸丰县（32.89%）、利川市（31.27%）、竹溪县（24.32%）提高率最低。2000—2010年改善程度较大的地区主要集中在西部的十堰、神农架和恩施的东部以及宜昌的西部等地的县级单元，其中房县（4 183.38%）、兴山县（3 705.67%）、十堰市辖区（2 598.06%）、五峰土家族自治县（694.69%）、通城县（630.01%）提高程度最为显著，湖北省中部的荆门、荆州、天门、潜江、孝感、随州等地的空间可达性改善程度较低，特别是利川市（130.31%）、鄂州市辖区（115.56%）、咸丰县（101.84%）、来凤县（99.10%）、竹溪县（92.43%）。

表 3-31 基于 PCA 的县级综合可达性变化程度统计

区　域	年　份	最大值	最小值	最大值/最小值	平均值	标准差	变异系数
地市级	1990—2000	—	—	—	—	—	—
	2000—2010	—	—	—	—	—	—
	1990—2010	—	—	—	—	—	—
县级单元总体	1990—2000	1 104.109 5	0.243 2	4 539.773 2	20.699 6	120.333 2	5.813 3
	2000—2010	41.833 0	0.924 3	45.259 0	3.892 0	6.165 4	1.584 1
	1990—2010	3 936.770 0	0.942 7	4 175.980 0	75.909 1	429.472 0	5.657 7
县级单元城区	1990—2000	1 104.109 0	0.490 1	2 252.680 0	72.799 8	266.324 9	3.658 3
	2000—2010	25.980 0	1.155 6	22.480 0	3.673 1	5.780 1	1.573 6
	1990—2010	3 936.775 0	1.878 6	2 095.560 0	260.021 1	949.483 8	3.651 6
其他县级单元	1990—2000	205.816 0	0.243 2	846.250 0	8.618 4	24.800 9	2.877 7
	2000—2010	41.833 8	0.924 3	45.259 5	3.942 8	6.250 3	1.585 2
	1990—2010	764.653 7	0.942 7	811.115 5	33.216 4	92.118 7	2.773 3

3.2.2.6 基于 DEA 和 PCA 的结果比较分析

本节进一步探讨了基于 DEA 和 PCA 的综合可达性结果的区别和联系。由于基于 DEA 的结果是每个年份最大值和最小值之间的相对大小，不同年份和不同指标之间没有可比性。因此，本节采用非参数 Spearman 秩相关分析方法进行分析，其适用于度量定序变量之间的相关关系。将每组联系从大到小排列，得到各个分析变量的等级排序。利用 SPSS 软件进行 Spearman 相关分析，结果如图 3-1 所示。①两模型关于湖北省县级空间可达性的评估结果整体相似度较高。1990 年、2000 年和 2010 年的两

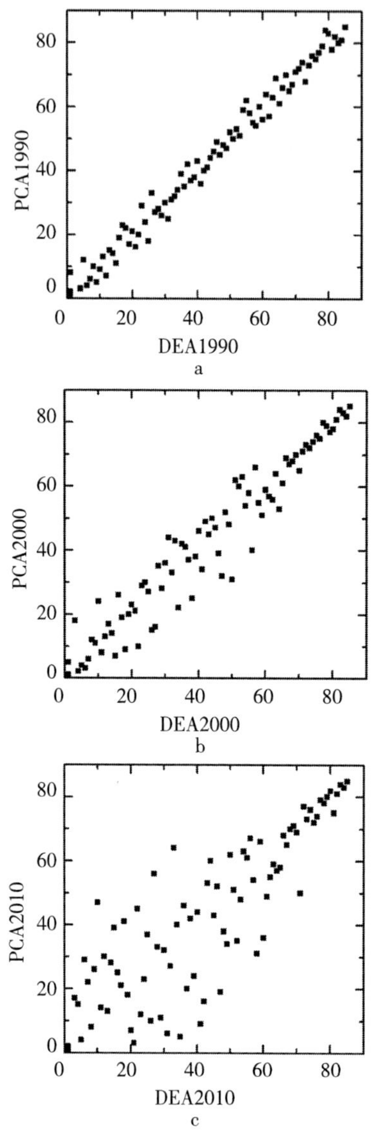

图 3-1　1990 年（a）、2000 年（b）、2010 年（c）DEA 与 PCA 秩相关分析

模型的相关性系数分别为 0.991 5、0.964 5、0.839 8，且均在 0.01 显著性水平下通过显著性检验。说明 DEA 和 PCA 均可运用到评价空间可达性的领域中来，两者的结果相似程度较大。②从 1990 年、2000 年到 2010 年，两模型结果的相似程度逐渐降低。1990 年的结果都靠近 $y=x$ 直线，2000 年和 2010 年则有越来越多的节点偏离了直线，特别是 $x<65$ 的节点偏离直线的程度较大，说明基于 DEA 和基于 PCA 的结果在排名靠后的节点上具有较高的一致性。③通过比较两模型的结果与机会可达性中的加权平均旅行时间、日可达性和潜能可达性三个指标的结果，发现基于 DEA 的可达性结果与日可达性的分布格局具有一致性，可达性较好的地区多靠近湖北省版图的几何中心，而基于 PCA 的综合可达性分布格局与潜能可达性具有相似之处，高值多围绕在武汉市周围。所以在以后的研究和应用中可以根据具体的研究目的和数据基础采用不同的评价方法。

3.3 多尺度下点、线要素的空间格局演化特征与比较

本部分采用标准差椭圆方法从中心性、展布范围、密集性、方向和形状等角度分析点、线要素的空间差异及其变化。首先将湖北省作为均质区域得到均衡状态下的 *SDE* 参数，其次，以均质 *SDE* 为参考，将路网的 *SDE* 参数与其进行比较分析，以揭示点、线要素的空间分异和演化格局。

3.3.1 点、线要素的空间格局演化特征

本节将湖北省作为均质区域，按照 5 千米×5 千米进行空间剖分，共确定了 7 450 个点用于表示湖北省城镇的均质空间分

布，运用 SDE 方法计算得到完全均衡状态下湖北省 *SDE* 结果，其详细参数见表 3-32。湖北省的 *SDE* 重心在荆门牌楼镇，长半轴为 258.13 千米，短半轴为 139.47 千米，短、长轴的比例为 0.540，方位角为 99°7′。从空间范围来看，均衡分布椭圆面积为 113 089 千米^2，约占湖北省面积的 60.75%。该特征椭圆可作为研究湖北省地理空间要素分布的基本参照。

3.3.1.1 道路网的空间格局演化特征

本节从道路的里程（RL）和等级（RR）两方面对交通网络进行 SDE 分析，道路里程是交通网络数量的体现，用道路的长度（千米）表示；道路的等级则是交通网络质量和发展水平的综合表征，用各个道路等级的速度表示。如表 3-32、表 3-33 所示：①相对于均质 *SDE*，道路里程和等级的重心分布偏东南方向，且偏移距离逐渐增加。三个研究年份中，道路里程的重心分别位于荆门的马良镇、柴湖镇和旧口镇，1990 年道路等级的重心位于荆门永隆镇，2000 年和 2010 年则均在荆门易家岭。道路里程重心与均质重心的距离分别为 26.985 0 千米、32.680 9 千米、35.770 4 千米，道路等级的 SDE 则距离均质重心相对较远，分别为 55.016 3 千米、57.929 7 千米、59.914 9 千米。②道路里程和等级的重心移动轨迹具有一致性，在 1990—2010 年均向东北移动，其中道路里程重心移动 9.003 0 千米（向东 8.998 4 千米、向北 0.287 8 千米），道路等级重心移动 5.232 9 千米（向东移动 5.150 7 千米、向北移动 0.924 0 千米），但是在 1990—2000 年和 2000—2010 年两个时间段的移动方向具有差异性，1990—2000 年道路里程和道路等级均向东南方向移动，其中道路里程重心移动 5.705 6 千米（向东移动 5.634 7 千米、向南移动 0.896 8 千米），道路等级重心移动 2.914 2 千米（向东移动 2.870 1 千米、向北移动 0.505 0 千米）；2000—2010 年两者则出现了向东北方移动的趋势，道路里程和等级的重心分别移动

3.566 2 千米（向东移动 3.363 7 千米、向北移动 1.184 6 千米）、2.691 3 千米（向东移动 2.280 6 千米、向北移动 1.429 0 千米）。从以上数据可以看出道路等级比道路里程更偏向东南方向，且两者均向东移动显著，而南北方向上变化较小。这是湖北省和全国的交通网络格局综合影响的结果，湖北省中东部城镇密集，高速路网逐渐形成了以武汉为中心的辐射结构，同时武汉是全国重要的交通枢纽，全国铁路大动脉京广线、京九线均位于东部地区。③道路里程和道路等级之间的重心距离逐渐缩小（28.046 5 千米、25.256 0 千米、24.146 8 千米），说明了道路里程和道路等级之间的差距在逐渐缩小，这主要是因为湖北省的镇道、县道、省道、国道等已经遍布全省，高速公路等高等级道路网的建设将带动道路里程和道路运行速度的增加，因而减少了两者之间的差异。

表 3-32 均质 *SDE* 及道路里程和道路等级 *SDE* 结果

特征椭圆		面积（千米^2）	中心坐标 X	中心坐标 Y	重心位置
道路里程	1990 年	107 351	19 648 363.45	3 423 628.43	马良镇
	2000 年	105 432	19 653 998.18	3 422 731.63	柴湖镇
	2010 年	102 806	19 657 361.86	3 423 916.24	旧口镇
道路等级	1990 年	97 611	19 675 980.37	3 418 738.52	永隆镇
	2000 年	95 471	19 678 850.44	3 418 233.54	易家岭
	2010 年	94 482	19 681 131.07	3 419 662.5	易家岭
均质 *SDE*		113 089	19 622 041.96	3 429 575.58	牌楼镇
特征椭圆		长半轴（千米）	短半轴（千米）	短轴/长轴	方位角
道路里程	1990 年	254.02	134.53	0.530	99°52′
	2000 年	254.25	132.01	0.519	98°40′
	2010 年	250.77	130.51	0.520	99°53′

（续）

特征椭圆		长半轴（千米）	短半轴（千米）	短轴/长轴	方位角
道路等级	1990 年	243.87	127.42	0.522	100°40′
	2000 年	242.46	125.35	0.517	100°52′
	2010 年	241.04	124.78	0.518	101°31′
均质 *SDE*		258.13	139.47	0.540	99°07′

表 3-33　道路里程、道路等级变化及对比分析

比较分析	时间	差异指数	重心距离（千米）	面积比	长轴比	短轴比
道路里程变化	1990—2000 年	0.358 7	5.705 6	0.982 1	1.000 9	0.981 2
	2000—2010 年	0.378 2	3.566 2	0.975 1	0.986 3	0.988 6
	1990—2010 年	0.395 6	9.003 0	0.957 7	0.987 2	0.970 1
道路等级变化	1990—2000 年	0.133 4	2.914 2	0.978 1	0.994 2	0.983 8
	2000—2010 年	0.162 1	2.691 3	0.989 6	0.994 2	0.995 5
	1990—2010 年	0.179 9	5.232 9	0.967 9	0.988 4	0.979 3
道路里程/均质 *SDE*	1990 年	0.133 4	26.985 0	0.949 3	0.984 1	0.964 6
	2000 年	0.162 1	32.680 9	0.932 3	0.985 0	0.946 5
	2010 年	0.179 9	35.770 4	0.909 1	0.971 5	0.935 8
道路等级/均质 *SDE*	1990 年	0.262 8	55.016 3	0.863 1	0.944 8	0.913 6
	2000 年	0.279 6	57.929 7	0.844 2	0.939 3	0.898 8
	2010 年	0.288 1	59.914 9	0.835 5	0.933 8	0.894 7
道路等级/道路里程	1990 年	0.148 1	28.046 5	0.983 8	1.648 1	0.597 0
	2000 年	0.140 1	25.256 0	0.998 7	0.953 6	0.949 6
	2010 年	0.130 4	24.146 8	0.998 8	0.961 2	0.956 1

相对于均质 *SDE*，道路里程和道路等级均呈现聚集分布，聚集趋势逐渐增加，短轴方向（东北-西南）的聚集态势较为显著。①分布范围大小及其演化特征：1990 年、2000 年、2010 年

道路里程 *SDE* 的面积分别为：107 351 千米^2、105 432 千米^2、102 806 千米^2，其与均质 *SDE* 的面积之比分别为 0.949 3、0.932 3、0.909 1。道路等级的 *SDE* 面积（及其与均质 *SDE* 的面积之比）相对较小，分别为：97 611 千米^2、95 471 千米^2、94 482 千米^2（0.863 1、0.844 2、0.835 5）。由此看出道路里程和道路等级的空间分布相对于均质状态呈现空间集聚现象，且集聚状态从 1990—2010 年逐渐增加。道路等级和道路里程的 *SDE* 面积之比分别为 0.983 8、0.998 7、0.998 8，比值较大且逐渐增大，可见两者的分布范围差异不大，道路等级相对于道路里程较为集聚，但是在时序上集聚趋势相对较慢。②1990 年、2000 年、2010 年两者之间的空间差异指数分别为 0.148 1、0.140 1、0.130 4，这与两者的重心距离逐渐缩短的结果相符合。可见，虽然与道路里程相比，道路等级的重心更靠近东南方向且空间收敛现象更为显著，但是随着时间变化，两者的空间分布格局整体差异越来越小。

道路里程和道路等级的聚集方向主要体现在短轴方向，但是长轴方向集聚速度较快。①聚集方向：道路里程与均质 *SDE* 的长轴比例（0.984 1、0.985 0、0.971 5）和短轴比例（0.964 6、0.946 5、0.935 8）均小于 1，同时道路等级与均质 *SDE* 的长轴比例（0.944 8、0.939 3、0.933 8）和短轴（0.913 6、0.898 8、0.894 7）比例相对较小。以上数据说明：第一，长轴和短轴比例均小于 1 且整体呈现下降趋势，可见道路里程和道路等级的空间集聚特征表现在各个方向上且聚集现象逐渐增加，随着时间的变化核心区域的道路里程和道路等级与 SDE 外围的差距越大；第二，短轴比例均小于长轴比例，说明了相对于长轴西北-东南方向，两者的聚集特征在短轴方向即东北-西南方向上的道路里程和道路等级在核心局域聚集的现象尤为显著。②集聚变化：1990 年、2000 年、2010 年道路里程 SDE 的短轴与长轴之比分别为0.530、0.519、0.520，道路等级的短轴与长轴之比相对较小，为0.522、0.517、0.518，总体上两组数据相差不大且在研究年份较为稳定，均在1990年出现最高值，2000年出现最低值，2010年则有所回升，说明了道路里程和道路等级 *SDE* 的扁平化形状变化不大，1990—2000年东北-西南的空间收敛速度较快，2000—2010年东南-西北方向往核心区聚集的趋势显著。

道路里程和道路等级的密集性指数均逐渐增加，且在2000—2010年增加速度相对较快；道路里程的增加程度大于道路等级。需要说明的是，由于表征道路等级的速度无法计算密度，本节利用速度与里程的加权平均数表示道路等级的密度。1990年、2000年和2010年湖北省的道路里程密集性指数分别为0.17千米/千米^2、0.21千米/千米^2、0.27千米/千米^2，道路等级的空间密集性指数为35.69千米/时、38.06千米/时、45.05千米/时，1990—2010年道路里程和道路等级的空间密集性指数提高率分别为：64.29%、26.22%，可见核心区内道路里程的增加速度大于道路等级，湖北省交通网络建设仍然以增加道路网络的里程为工作重心。1990—2000年、2000—2010年两个时间段道路里程的提高率分别为27.00%、29.37%，道路等级提高率为6.65%、18.35%，说明了道路里程和道路等级的增长速度逐渐加快，尤其是道路等级在2000—2010年有了显著改善，这是因为2000年以来湖北省建设了大量的高速公路，并且武广高铁、襄阳—武汉动车、武汉—南昌动车等高等级铁路相继开通，有效提高了湖北省境内交通网络的整体运行速度。

3.3.1.2 地市级空间联系能力空间格局演化特征

1990年、2000年和2010年，地市级空间联系能力的标准差椭圆参数（表3-34）及其演化特征（表3-35）主要有：①重心分别位于荆门市的雁门口镇、钱场镇，相对于均质椭圆，其位置分别偏南69.63、77.87、86.00；同时其位置变化主要体现在东西方向，南北方向位移较小，其中 1990—2000 年和 2000—2010 年重心分别移动了 8.26 千米、8.36 千米，以上特征说明地市级空间联系相对均衡状态主要聚集东南部地区，且有继续向东部移动的趋势，即椭圆轴线东部地区的空间联系能力聚集速度较快。②地市级空间联系能力的 *SDE* 方位角分别为：102°47′、103°25′、104°58′，其随着时间变化有所增加，*SDE* 在空间上表现为小幅度的顺时针向东南方向旋转，说明湖北省东北部地市级的空间联系能力增长速度较快。③地市级空间联系能力相对于均衡状态处于聚集状态，且聚集趋势逐渐增加。两者的面积比分别为 0.64、0.60、0.57，比例不断减小是由于地市级空间联系能力 *SDE* 的面积不断缩小。表明相对于位于 *SDE* 外部的地级市，位于其内部的地级市空间联系能力增长速度相对加快，空间联系能力在椭圆内部集中的趋势更加显著，因而促进了 *SDE* 的空间收敛现象。具体的收敛方向主要体现在东北-西南方向，因为地市级空间联系能力 *SDE* 与均衡 *SDE* 的短轴比均小于长轴比。同时短轴的减小速度相对于长轴较大，说明在时间变化时此方向的收敛趋势相对于东南-西北方向较快。④两者之间的差异指数（0.42、0.46、0.49）呈现扩大趋势，这说明湖北省地市级空间联系能力的分布状态越来越偏离均衡状态，通过以上分析可以看出，这种偏离主要体现在地市级空间联系能力的重心逐渐向东移动，空间聚集特征加剧，且在东北-西南方向的聚集现象较为显著。

表 3-34　地市级空间联系能力 *SDE* 结果

时间（年）	面积（千米^2）	中心坐标 X	中心坐标 Y	长半轴（千米）
1990	71 965	19 690 190.51	3 415 285.45	220.38
2000	68 254	19 698 360.33	3 414 091.18	216.52
2010	64 233	19 706 714.85	3 414 504.51	212.32

（续）

时间（年）	短半轴（千米）	短轴/长轴（千米）	方位角	重心位置
1990	103.96	0.472	102°47′	雁门口镇
2000	100.35	0.463	103°25′	钱场镇
2010	96.31	0.454	104°58′	钱场镇

表 3-35 地市级空间联系能力分异格局演化特征

时间（年）	差异指数	重心距离（千米）	面积比	长轴比	短轴比
1990—2000	0.06	8.26	0.95	98.25%	96.53%
2000—2010	0.07	8.36	0.94	98.06%	95.97%
1990—2010	0.13	16.54	0.89	96.34%	92.64%

3.3.1.3 县级空间联系能力空间格局演化特征

1990 年、2000 年和 2010 年，县级空间联系能力的标准差椭圆参数（表 3-36）及其演化特征（表 3-37）主要有：①重心分别位于天门市的石河镇、石河镇、皂市镇，相对于均质椭圆其位置分别偏南 78.18、85.28、91.99；县级空间联系能力的 *SDE* 重心位置变化主要体现在东西方向，1990—2000 年和 2000—2010 年分别移动了 7.17 千米、6.97 千米，以上特征说明县级空间联系相对均衡状态主要聚集东南部地区，且有继续向东部移动的趋势，即椭圆轴线东部地区的空间联系能力聚集速度较快。②县级空间联系能力的 *SDE* 方位角分别为：101°50′、102°33′、104°31′，其随着时间变化，由于湖北省东北部县级的空间联系能力增长速度较快而导致 *SDE* 顺时针向东南方向小幅度旋转。③县级空间联系能力 *SDE* 与均衡 *SDE* 的面积之比分别为 0.75、0.71、0.66，说明其相对于均衡状态具有空间收敛特征，且随着面积的减小聚集趋势逐渐增加。同时，由于县级空间联系能力 *SDE* 与均衡 *SDE* 的短轴比均略小于长轴比，说明了县级的空间联系能力在东北-西南方向的空间聚集现象略显著于东南-西北方向。综上所述，县级空间联系能力的空间分布状态为偏东南方向聚集，且具有增加趋势，其中东北-西南方面的聚集现象较为显著，同时由于东部县级的空间联系能力持续增加较快而促使 *SDE* 重心逐渐向东移动。

以均衡状态为参照物，对比县级和地市级的空间联系能力的空间分布特征，以揭示不同地域尺度的具体差异。①县级比地市级的 *SDE* 重心更偏东南方向，说明了相对于地市级，县级的空间联系能力在东南方向集聚的现象更为显著。②县级与均衡 *SDE* 的面积之比大于地市级，说明了县级比地市级的分布范围更广，这是因为在进行*SDE*处理时均以地级市或者县级市的主城区所在地为节点，同时在客观上县级相对于地市级的数量较多且在空间上分布广泛。③县级与均衡状态的短轴比与长轴比的差异相对于地市级较小，说明地市级空间联系能力的扁平化分布较为显著，说明了两者的空间聚集现象虽然都较多体现在短轴东北-西南方向，但是地市级在这个方向上的空间收敛特征更加明显。

表 3-36　县级空间联系能力 *SDE* 结果

时间（年）	面积（千米^2）	中心坐标 X	中心坐标 Y	中心坐标所在乡镇
1990	84 776	19 698 164.89	3 411 778.46	石河镇
2000	80 077	19 705 300.04	3 411 103.63	石河镇
2010	74 164	19 712 251.84	3 411 546.14	皂市镇

时间（年）	长半轴（千米）	短半轴（千米）	短轴/长轴	方位角
1990	229.79	117.45	0.511	101°50′
2000	224.13	113.74	0.507	102°33′
2010	218.14	108.23	0.496	104°31′

表 3-37　县级空间联系能力分异格局演化特征

时间（年）	差异指数	重心距离（千米）	面积比	长轴比	短轴比
1990—2000	0.06	7.17	0.94	0.98	0.97
2000—2010	0.08	6.97	0.93	0.97	0.95
1990—2010	0.13	14.09	0.87	0.95	0.92

3.3.1.4　乡镇级总人口和流动人口空间格局演化特征

乡镇级总人口和流动人口的标准差椭圆参数（表 3-38）及其比较特征（表 3-39）主要有：

表 3-38　乡镇级总人口和流动人口 *SDE* 结果

特征椭圆		面积（千米^2）	中心坐标 X	中心坐标 Y	重心位置
总人口 *SDE*	1990 年	88 540.85	19 695 674.35	3 411 364.62	荆门雁门口镇
	2000 年	86 551.63	19 700 378.87	3 410 857.90	天门石河镇
	2010 年	83 538.07	19 703 389.91	3 411 679.92	荆门钱场镇
流动人口 *SDE*	1990 年	61 499.50	19 713 071.83	3 411 231.41	天门皂市镇
	2000 年	60 236.75	19 721 354.07	3 411 274.27	天门皂市镇
	2010 年	64 587.23	19 724 810.88	3 409 418.77	天门胡市镇

特征椭圆		长半轴（千米）	短半轴（千米）	短轴/长轴	方位角	密集指数（人/千米）
总人口 *SDE*	1990 年	234.14	120.38	0.51	100°56′	393.06
	2000 年	231.47	119.04	0.51	101°8′	446.06
	2010 年	228.05	116.61	0.51	102°26′	444.39
流动人口 *SDE*	1990 年	205.59	95.23	0.46	110°16′	12.19
	2000 年	203.76	94.11	0.46	108°57′	63.83
	2010 年	209.08	98.34	0.47	107°58′	101.20

表 3-39 湖北省流动人口、总人口 *SDE* 结果对比

空间分布差异	时间（年）	差异指数	重心距离（千米）	面积比
流动人口-总人口	1990	0.305 4	17.40	0.694 6
	2000	0.304 0	20.98	0.696 0
	2010	0.235 4	21.54	0.773 1

（1）总人口和流动人口重心均向东移动较多，且在2000—2010年的位移变化较大，两者的距离逐渐增大。1990年、2000年和2010年，湖北省乡镇级人口和流动人口的标准差椭圆及其重心空间移动轨迹具有三个主要特征。①重心点的空间位置：三个研究年份中，总人口重心分别位于荆门雁门口镇、天门石河镇、荆门钱场镇，流动人口的重心则全部位于天门市，分别是皂市镇、皂市镇、胡市镇，可以看出湖北省的总人口和流动人口重心位于湖北省中部地区偏东，特别是流动人口，说明湖北省的人口多集中于东部。这其中的主要原因是湖北省西部山区社会经济发展落后于中东部平原地区。②重心点位移的空间差异：1990—2010年总人口的重心向东北总位移7.72千米（向东移动7.715千米，向北移动0.315千米）；流动人口的重心向东南总位移11.88千米（向东移动11.739千米，向南移动1.813千米）。总人口和流动人口均向东部移动，其中总人口是东部偏北，流动人口是东部偏南，表明相对于轴线西部的城市，位于椭圆轴线东部的城镇人口和流动人口增长速度加快，对城镇人口总体分布格局的影响作用增大。而在南北方向上总人口和流动人口的中心移动变化不大，且略有差异。③重心点位移的时序差异：总人口在1990—2000年和2000—2010年向东南移动4.732千米（向东移动4.705千米，向南移动0.507千米），向东北移动3.121千米（向东移动3.011千米，向北移动0.822千米）；流动人口则向东北移动8.28千米（向东移动8.282千米，向北移动0.043千

米)；向东南移动 3.923 千米（向东移动 3.457 千米，向南移动 1.856 千米）。两者 1990—2000 年的位移距离均大于 2000—2010 年位移距离，说明两者的增长速度先快后慢。④从表 3-39 可看出，两者之间的距离在增大（17.40 千米、20.98 千米、21.54 千米)，表明总人口和流动人口分布的差异性趋于显著，这主要是因为流动人口的重心移动速度快于总人口移动速度，因而拉大了两者的距离。

（2）总人口的 *SDE* 方位角有所增加，流动人口的 *SDE* 方位角则有所减少。1990 年、2000 年、2010 年湖北省的总人口和流动人口的 *SDE* 方位角见表 3-38。总人口的 *SDE* 方位角略有增加，其 *SDE* 在空间上表现为顺时针向东南方向小幅度旋转（1990 年、2000 年、2010 年的方位角分别为：100°56′、101°8′、102°26′)，说明湖北省东北部的总人口增长速度较快。流动人口的 *SDE* 方位角则呈现出较为稳定的减少趋势，从 1990 年的 110°16′、2000 年的 108°57′减少到了 2010 年的 107°58′，1990—2010 年流动人口的方位角向东北方向逆时针旋转，且在 1990—2000 年旋转幅度较大。这一结果表明湖北省东南部的流动人口增长速度较快，且在 1990—2000 年东南部的增长速度较其他地区更为明显。

（3）总人口相对于流动人口分布较为广泛，但空间收敛趋势明显，两者的空间分布范围的差异在减少。①分布范围大小。1990 年、2000 年、2010 年流动人口和总人口的 *SDE* 面积之比分别为 0.694 6、0.696 0、0.773 1，总人口的 *SDE* 均大于流动人口，所以总人口分布范围更加广泛，流动人口则主要集中在社会经济发展水平较高的核心城镇，这一结论与上文中的规模—位序分析的结论一致。②分布范围演化。总人口的 *SDE* 面积随着时间的增长逐渐缩小（88 540.85 千米、86 551.63 千米、83 538.07 千米)，表明相对于位于总人口 *SDE* 外部的城镇，位于其内部的城市总人口的快速增长导致人口分布更加收敛于椭圆内部。流动人口的*SDE*从1990年的61 499.50千米下降到2000年的60 236.75千米，在2010年则增长到了64 587.23千米，达到了三个年份的最大值，流动人口在2010年分布范围最为广泛。综上所述，在1990—2010年湖北省的总人口空间分布趋于聚集，而流动人口则呈现先聚集后分散的演化规律。③从表3-39可看出，两者之间的差异指数（0.305 4、0.304 0、0.235 4）呈现缩小趋势，这与上文中两者的重心距离趋于增大的结果不相符，产生这一现象的原因是研究期内总人口的*SDE*面积逐渐减小，而流动人口*SDE*则波动增大，以此减小了两者之间的差异性，可见，虽然总人口和流动人口的集中地有所偏差，但是两者的分布范围差异越来越小。

（4）总人口和流动人口的*SDE*长、短轴的变化趋势具有差异性。*SDE*的长、短轴变化主要体现了社会经济空间分布演化的方向性。①长、短轴大小变化。在1990—2010年总人口的*SDE*长轴（234.14千米、231.47千米、228.05千米）和短轴（120.38千米、119.04千米、116.61千米）呈现逐渐减小趋势，说明总人口的空间分布在各个方向上均有收缩，人口进一步向核心区域集中；流动人口的*SDE*长轴（205.59千米、203.76千米、209.08千米）、短轴（95.23千米、94.11千米、98.34千米）在1990—2010年总体增长，其中在1990—2000年减小，而在2000—2010年则显著增大，说明流动人口的空间分布总体上呈现先集中后扩散的趋势。长、短轴的变化与上文中空间分布范围的变化结果具有一致性。②长、短轴之比。总人口和流动人口的*SDE*长、短轴之比均在0.5左右，说明总人口和流动人口的*SDE*长、短轴均差异较大，椭圆形状为西北-东南长、东北-西南短的扁平化现象，因为湖北省的版图形状东西长、南北短，主要城镇密集区宜昌—荆门—荆州、天门—仙桃—潜江、武汉—黄石—黄冈—鄂州等呈现东西分布的格局。同时，总人口的 *SDE* 长、短轴之比在 1990—2000 年和 2000—2010 年两个研究时段呈现先上升后下降的变化特征，说明在 1990—2000 年湖北省的总人口在西北-东南方向上空间收敛现象较为明显，而在 2000—2010 年空间范围收缩，主要体现在西南-东北方向，从而可知总人口的空间演化特征是先东南-西北集聚，后东北-西南集聚。流动人口的 *SDE* 长、短轴之比在 1990—2000 年下降且在 2000—2010 年上升，说明西南-东北方向上的流动人口在 1990—2000 年空间集聚显著，而在 2000—2010 年则空间展布性显著。

（5）总人口的空间密集性指数先增后减，流动人口则增加显著。由表 3-38 可知，1990 年、2000 年和 2010 年湖北省的乡镇总人口密集性指数分别为 393.06 人/千米、446.06 人/千米、444.39 人/千米，说明 1990—2000 年总人口在核心区域集聚程度增加，而 2000—2010 年由于全省人口总数的下降，核心区的密集程度也有所减少。流动人口的空间密集指数在 1990—2000 年和 2000—2010 年则呈现显著的增长趋势，其中后者的增长速度明显大于前者，反映出研究时段内流动人口持续向 *SDE* 所指向的核心区域集聚，核心区域和边缘区域的差距越发拉大，极化效应愈加明显。值得注意的是，2000—2010 年总人口的密集性指数有所减少，流动人口密集性指数反而增大显著，这正是社会经济空间分布和演化差异性的表现。

与均质椭圆 *SDE* 相比较：①乡镇的总人口和流动人口的重心均在均质 *SDE* 的东南方向，1990—2010 年，总人口、流动人口的 *SDE* 重心与均质 *SDE* 的重心之间的距离逐渐增加，且流动人口 *SDE* 重心—均质 *SDE* 重心的距离大于总人口 *SDE* 重心—均质 *SDE* 重心的距离，说明湖北省的总人口和流动人口分布不均衡，东南方向人口相对密集，在 1990—2010 年具有增加趋势，且流动人口相对于总人口其核心聚集区更偏向东南方向，这主要是因为武汉及其周围的黄石—黄冈—鄂州等密集城市群均靠近东南方向，这对湖北省的城镇人口分布具有一定影响。②在分布范围方面，总人口的 *SDE* 面积分别占均质 *SDE* 面积的 78.29%、76.53%、73.87%，流动人口 *SDE* 面积与均质 *SDE* 面积之比更低：54.38%、53.27%、57.11%，充分体现出了湖北省乡镇总人口和流动人口的空间聚集特征。1990 年、2000 年、2010 年总人口与均质状态的 *SDE* 空间差异指数分别为 0.358 7、0.378 2、0.395 6，说明总人口与均质 *SDE* 的重合部分越来越少，两者的差异性呈现增加趋势。流动人口均质状态的 *SDE* 空间差异指数则有一定的波动性：0.523 0、0.541 1、0.527 7，可见流动人口与均质状态之间的差异性在增大，其中 2000—2010 年差异指数减少是因为 2010 年流动人口 *SDE* 面积的增加客观上增加了两者的重合面积。③在分布方向上：总人口与均质 *SDE* 的长轴比例分别为 0.91、0.90、0.88，短轴比例分别为 0.86、0.85、0.84；流动人口 *SDE* 的长轴之比为 0.80、0.79、0.81，短轴之比为 0.68、0.67、0.71，可见相比于均质分布状态，总人口和流动人口的空间集聚主要体现在短轴方向，即东北-西南方向上，主要是因为东北的大悟县、红安县、罗田县以及西南部的利川市、咸丰县、来凤县等都位于山区丘陵地带，社会经济和城镇化水平相对滞后，导致人口向其附近的武汉、宜昌等地集聚。

3.3.2 点、线要素的空间格局比较分析

3.3.2.1 地市级空间联系能力与道路网格局比较

以均质分布格局为参考，地市级空间联系能力 *SDE* 和道路（里程和等级）*SDE* 的比较结果如表 3－40 所示：①道路网的空间分布更接近于均质分布，主要体现在：第一，道路 *SDE* 的重心更接近于均质重心；第二，道路 *SDE* 与均质 *SDE* 的空间面

积、长轴比、短轴比例均接近于1；第三，道路 *SDE* 与均质分布的 *SDE* 空间差异指数均较小。这些特征说明地市级空间联系能力分布比道路分布的空间收敛特征显著，这一定程度上是由地区社会经济发展水平和交通网络的属性特征决定的，因为交通网络不仅仅是为经济发展服务，同时属于社会公共服务设施，为区域发展的公平性服务，需要顾及道路网络的均衡发展与建设，而空间联系能力的聚集与流动则与社会经济的发展水平有关系。②从地市级空间联系能力 *SDE* 和道路（里程和等级）*SDE* 的演化特征发现，第一，地市级空间联系能力的 *SDE* 重心均在道路 *SDE* 的东南方向，且相对于道路等级（14.62千米、19.94千米、26.10千米），距离分布较为均衡的道路里程（42.65千米、45.20千米、50.24千米）的 *SDE* 重心较远，且重心之间的距离均有增加的趋势，即地市级空间联系能力向东移动的速度快于道路里程和道路等级，说明相对于道路网，东南部地级市空间联系能力的增长速度和聚集速度较快。第二，地市级空间联系能力的空间分布范围均小于道路网络，且短轴比均小于长轴比，说明相对于道路网，特别是道路里程，地市级空间联系能力的空间收敛现象较为显著，特别是在东北-西南的短轴方向。

表3-40　地市级空间联系能力与道路网络的空间分异特征比较

比较对象	时间（年）	差异指数	重心距离（千米）	面积比	长轴比	短轴比
均质 *SDE*	1990	0.42	69.63	0.64	0.85	0.75
	2000	0.46	77.87	0.60	0.84	0.72
	2010	0.49	86.00	0.57	0.82	0.69
道路里程 *SDE*	1990	0.34	42.65	0.67	0.87	0.77
	2000	0.36	45.20	0.65	0.85	0.76
	2010	0.39	50.24	0.62	0.85	0.74

（续）

比较对象	时间（年）	差异指数	重心距离（千米）	面积比	长轴比	短轴比
道路等级 *SDE*	1990	0.74	14.62	0.74	0.90	0.82
	2000	0.71	19.94	0.71	0.89	0.80
	2010	0.68	26.10	0.68	0.88	0.77

3.3.2.2 县级空间联系能力与道路网格局比较

县级的空间联系能力 *SDE* 和道路（里程和等级）*SDE* 的比较结果如表 3-41 所示：①县级空间联系能力的 *SDE* 重心均在道路 *SDE* 的东南方向，距离道路里程 *SDE* 重心为 51.19 千米、52.60 千米、56.27 千米；距离道路等级重心为 23.25 千米、27.39 千米、32.16 千米，可见，东部的县级空间联系能力相对于道路里程和道路等级增长较快而导致其重心向东移动较远。②县级空间联系能力与道路里程的 *SDE* 面积比分别为 0.79、0.76、0.72，与道路里程的 *SDE* 面积比为 0.87、0.84、0.78，说明了相对于道路网，县级的空间联系能力在空间上更加集聚，特别是在东北-西南的短轴方向较为显著，因为县级与道路网的短轴比均小于长轴比。

表 3-41　县级空间联系能力与道路网络的空间分异特征比较

比较对象	时间（年）	差异指数	重心距离（千米）	面积比	长轴比	短轴比
均质 *SDE*	1990	0.38	78.18	0.75	0.89	0.84
	2000	0.41	85.28	0.71	0.87	0.82
	2010	0.45	91.99	0.66	0.85	0.78
道路里程 *SDE*	1990	0.28	51.19	0.79	0.90	0.87
	2000	0.30	52.60	0.76	0.88	0.86
	2010	0.33	56.27	0.72	0.87	0.83

（续）

比较对象	时间（年）	差异指数	重心距离（千米）	面积比	长轴比	短轴比
道路等级 *SDE*	1990	0.16	23.25	0.87	0.94	0.92
	2000	0.19	27.39	0.84	0.92	0.91
	2010	0.24	32.16	0.78	0.91	0.87

3.3.2.3 乡镇级空间联系能力与道路网格局比较

乡镇级的空间联系能力 *SDE* 和道路（里程和等级）*SDE* 的比较结果如表 3-42 所示，主要结论如下。

（1）以均质分布格局为参考，人口（总人口和流动人口）*SDE* 和道路（里程和等级）*SDE* 中，后者更接近于均质分布。这是因为相对于人口分布，第一，道路 *SDE* 的重心更接近于均质重心；第二，道路与均质 *SDE* 的空间面积、长轴、短轴比例均接近于 1；第三，道路与均质 *SDE* 空间差异指数均较小。这些特征说明人口分布比道路分布的空间收敛特征显著，这一定程度上是由人口和交通网络的属性特征决定的，因为交通网络不仅是为经济发展服务，同时属于社会公共服务设施，为区域发展的公平性服务，需要顾及道路网络的均衡发展与建设，而人口的聚集与流动则与社会经济的发展水平有关系。

（2）比较人口（总人口和流动人口）*SDE* 和道路（里程和等级）*SDE* 的演化特征发现：①人口的 *SDE* 重心均在道路 *SDE* 的东南方向，由于流动人口的空间分布较总人口更偏东南，所以流动人口距离道路 *SDE* 重心相对较远，尤其是分布较为均衡的道路里程。且在时间变化上，流动人口与道路里程（65.89 千米、68.32 千米、68.99 千米）、道路等级（37.84 千米、43.07 千米、44.86 千米）的 *SDE* 重心距离逐渐增大，总人口与道路里程 *SDE* 重心的距离（48.87 千米、47.88 千米、47.63

千米）逐渐减少，而与道路等级 *SDE* 重心的距离（21.03 千米、22.76 千米、23.65 千米）逐渐增大，总体上看，各个年份人口与道路的分布重心之间的距离变化不大，说明两者的重心位移具有一定的同步性。②人口的空间分布范围均小于道路网络，且短轴比均小于长轴比，说明人口相对于道路的空间收敛现象主要发生在短轴方向，即东北-西南方向。

表 3-42 乡镇级人口与道路网络的空间分异特征比较

比较分析	总人口				流动人口		
	时间（年）	差异指数	重心距离（千米）	面积比	差异指数	重心距离（千米）	面积比
均质 *SDE*	1990	0.358 7	75.85	0.782 9	0.523 0	92.86	0.543 8
	2000	0.378 2	80.54	0.765 3	0.541 1	100.98	0.532 7
	2010	0.395 6	83.29	0.738 7	0.527 7	104.73	0.571 1
道路里程 *SDE*	1990	0.257 4	48.87	0.824 7	0.458 5	65.89	0.572 8
	2000	0.256 0	47.88	0.820 9	0.461 7	68.32	0.571 3
	2010	0.261 1	47.63	0.812 5	0.426 5	68.99	0.628 2
道路等级 *SDE*	1990	0.129 2	21.03	0.907 0	0.380 0	37.84	0.630 0
	2000	0.133 8	22.76	0.906 5	0.380 5	43.07	0.630 9
	2010	0.150 3	23.65	0.884 1	0.344 9	44.86	0.683 5

3.4 本章小结

在借鉴以往研究的基础上，本章从多尺度的视角分别将湖北省 17 个地级市、85 个县级及县级市和 1 035 个主城区和乡镇分别作为空间网络的节点，利用 1990 年、2000 年、2010 年的社会经济数据对上述节点的空间联系能力进行综合测度与分析。本章将 1990 年、2000 年、2010 年的道路网数据作为空间网络的线要素，基于线要素对多尺度节点进行了距离可达性和机会可达性分析，以实现点要素以线要素为基础的空间移动能力的多层面测度。最后借助标准差椭圆对点、线要素的空间演化格局及其差异特征进行了深入探讨。主要结论如下。

首先，通过构建指标体系分别评价了地市级和县级的空间联系能力，利用人口和流动人口表征乡镇级的空间联系能力，并从统计特征和空间分布两方面进行了分析。从分析结果来看：①地市级层面，武汉、宜昌等在联系能力及其增长量、增长率方面均排名靠前，恩施、天门、潜江、神农架等则空间联系能力较小且增长速度较慢。②县级单元中，空间联系能力较强的地区主要分布在襄阳—宜昌一线以东的城镇密集区，其中武汉辖区内的东西湖区、江夏区、蔡甸区等地增长速度较快，而西部边缘的部分县级单元出现了负增长。③在乡镇级人口规模中，总人口的规模出现了先升后降的趋势，而流动人口则增长迅速，中东部地区的地级市和县级单元城区增长最为显著。

其次，基于1990年、2000年、2010年的道路网数据对各个尺度单元分别进行了距离可达性和机会可达性分析。研究结果表明：①湖北省城镇的距离可达性呈现从中心向外围递减的格局，东部城镇的可达性状况好于西部；乡镇级单元由于分布较为分散且所连接的道路网里程和等级不及核心城区，所以其距离可达性较地市级和县级较差。②在基于距离可达性的基础上计算了加权平均旅行时间、日可达性、潜能可达性三类机会可达性指数，研究发现机会可达性较好的地区主要集中在中东部的武汉市周围的城镇密集区。利用数据包络分析法和主成分分析法分别对以上三个指标进行综合研究，研究表明两种综合方法的结果具有较好的一致性。

最后，采用标准差椭圆的方法对点、线要素的空间格局演化特征及其两者的空间差异进行了深入分析。主要研究结论有：

①相对于均质椭圆，地市级、县级和乡镇级的空间联系能力等点要素以及道路里程和道路等级线要素的椭圆重心均相对偏东南且向东移动的趋势显著，大部分点、线要素呈现逐渐聚集的态势，主要体现在东北-西南的短轴方向。乡镇级的流动人口则出现了分散趋势。②各类要素中，点要素、道路网（里程和等级）的分布范围较广且重心较靠近均质 *SDE*；在点要素内部，相对于县级、地市级的空间联系能力，一方面，乡镇级总人口的分布最为分散，流动人口的聚集特征最显著；另一方面，地市级的 *SDE* 中心更靠近均质椭圆，流动人口则最远。在线要素内部，道路等级相对于道路里程更偏向于东南方向，且空间收缩较为显著。

4 湖北省社会经济空间网络构建

本章节分别以 17 个地市级单元（包含神农架林区）、85 个县级单元和 1 035 个乡镇级单元构建不同尺度的社会经济功能网络。城镇间的社会经济联系强度是城镇空间网络构建的基础，在缺乏 O－D 实测数据的情况下，本章分别采用重力模型、辐射模型和改进辐射模型对不同尺度内各个单元之间的联系强度进行模拟分析，并对三个模型的模拟结果进行比较分析，同时在乡镇单元利用实测数据进行了验证，证明了改进辐射模型的优越性。在模拟空间联系强度的基础上，选择合适的阈值和连接方式对空间网络进行构建，并构建了与实体网络相匹配的随机网络和空间规则网络，为下文中实体网络的比较分析提供参考。

4.1 空间网络构建技术

4.1.1 空间联系模拟方法

空间网络的连接边主要源于空间联系，由于缺少不同区域之间的 O－D 联系数据，且在大规模的全网络中展开点对点的调查工作，工作量较大，比较耗费人力、物力和时间成本。在缺乏实测联系数据的情况下，空间数理模型模拟方法得到了最为广泛的应用。将物理定律引入空间联系研究中的重力模型是具有代表性的模型之一；介入机会模型假定两地间的人口流动强度正比于目的地提供的机会，反比于目的地距离半径内的其他机会；随机效用模型通过比较不同地区产生的综合效用大小决定目的地选择。上述模型的一些假设条件缺少量化基础，参数设置需要大量的经验数据进行标定，计算过程也较为复杂，有待进一步改进。辐射模型能够较好地解决上述问题，它通过出发地、目的地、影响范围（以出发地为圆心、两地距离为半径的圆，出发地和目的地除外）的人口分布确定两地之间的人口流动强度。需要指出的是，在 Simini 等学者的研究中，辐射模型影响范围的确定基础是均质的理想空间（图 4－1a），实际上，空间联系以真实的地理空间为载体，各流要素的空间联系受到交通条件、地形地貌、土地利用状况等多种因素的综合影响（图 4－1b）。当时间成本一定时，流要素在各个方向上的空间移动距离各不相同（图 4－1c）。空间可达性基于地理本底的空间异质特征，可反应流要素在空间上的移动能力，对准确度量不同区域之间的空间联系具有重要影响。本节尝试利用空间可达性方法，考虑综合交通的时间成本，通过划定出发地的等时圈确定两地空间联系的异质性影响范围，即若 i 地到 j 地的时间成本为 t_{ij}，则 i 的等时圈 t_{ij} 为 i，j 两地之间空间相互作用的影响范围（i，j 两地除外）。范围的总质量 S'_{ij} 为其内部各乡镇的综合实力总和（i，j 两镇的质量除外）。本节通过空间可达性中的时间距离确定辐射模型的异质性影响范围，对区域之间的空间联系进行综合测度，同时与重力模型、传统辐射模型的结果进行对比研究，并从结果统计特征、空间联系的方向性两方面进行比较分析，揭示不同测度方法的异同以及原因，以期为区域空间联系测度研究提供方法借鉴。

4.1.2 网络构建技术流程

根据网络分析方法，将各个乡镇抽象为节点、乡镇之间空间

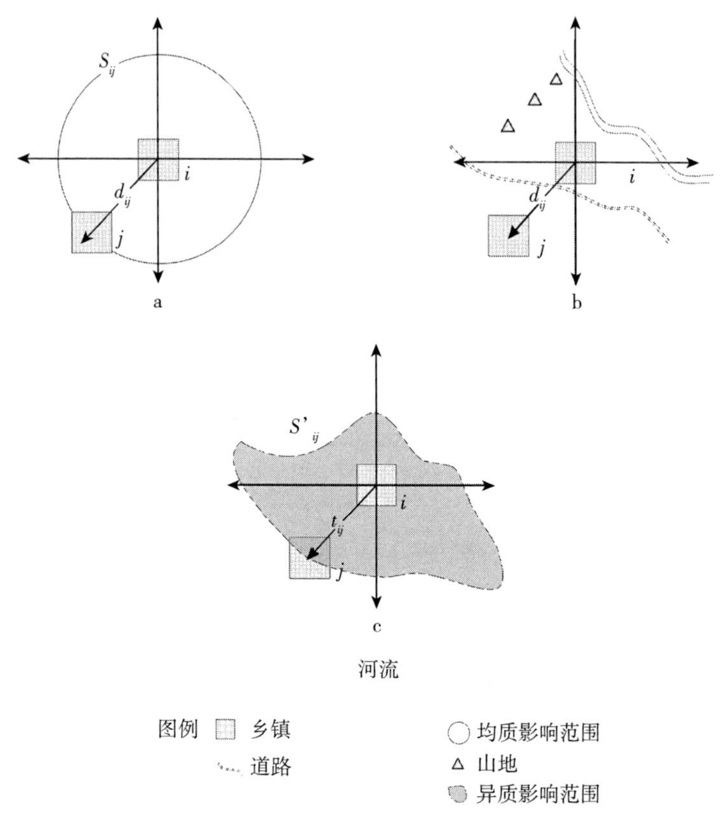

图 4-1　辐射模型改进思路

a. 均质影响范围　b. 空间地域差异　c. 异质影响范围

相互作用强度设为连接边，构建城镇社会经济空间网络。具体构建步骤如下：

（1）网络节点定位。将节点设置在各乡镇的镇政府所在地。

（2）城镇联系强度矩阵。基于可达性的测度结果，异质性影响范围及其质量的计算过程如下：①从 i 镇的空间可达性分布图中提取点 i 到点 j 的时间成本 t_{ij}，确定 i 镇的等时圈 t_{ij}。②将 t_{ij} 设为参数对点 i 空间可达性进行重分类，并将可达性分布图转为矢量数据。③利用 t_{ij} 等时圈切割空间联系能力分布图，并对 t_{ij} 圈内的综合实力统计求和，得到影响范围的总质量 S'_{ij}（属于 i，j 的图斑不予统计）。综上所述，通过改进的辐射模型和各地统计数据求得两两乡镇的联系强度矩阵，经极值标准化获得各个有效单元（自身联系除外）。

（3）矩阵标准化。为消除不同人口规模带来的影响，将乡镇人口流动强度矩阵进行标准化处理。

（4）网络简化。联系强度矩阵的结果为全连网络，虽然全连网络包含了所有节点之间的联系，但是其不可避免地包含了一些没有统计意义的数据，同时加大了网络特征分析和网络可视化的难度，所以需要对全连网络进行简化。在网络的简化中，关于阈值的选取主要分为两个方面：从全局出发在全网络中确定一个阈值，现有研究多用均值表示；根据每个节点的连接线权重的大小和统计特征确定每个节点联系的不同阈值，具有代表性的方法是 n－NNG（n－Nearest Neighbor Graph）（Eppstein，Paterson & Yao，1997）。现有研究中网络提取考虑的因素主要有突出网络的主体结构、保证网络的连通性（没有孤立点和孤岛）、节点间联系的相对大小不改变。本节采用全局阈值的方法，以三个研究年份中各个节点之间空间相互作用的平均值，即 3×1 035×1 035 个数的平均值作为分割点，得到了阈值网络。这样做的主要原因有：第一，节点阈值的方法注重联系强度的位序而非大小，一般情况下不同时期节点间联系强度的大小变化相对于排序较为显著，有利于更好地显示城镇网络的演化特征。第二，三个年份采用一个阈值，衡量的标准一致，可以使三个年份的结果具有可比性。为了保证网络的连通性，本节分别求取了三个年份全网络的最小生成树（the Minimum Spanning Tree，MST），继而计算阈值网络与相应 MST 的并集。

（5）对称化处理。乡镇间的空间联系过程具有方向性，即两地间的人流、物流、资金流等从出发地流向目的地。本节旨在讨论乡镇之间的空间联系及其空间网络结构演化，两地之间一旦发生要素流，无论方向如何，既建立了空间联系，又对两地产生影响。因此在文本中忽略要素流的方向性差异，采取对称化处理的方式。

（6）拓扑矩阵转化。转换规则是当 i 镇和 j 镇之间的人口流动强度大于 1 时，则对称矩阵单元（i，j）的数值转换成 1，反之则为 0。

4.2 多尺度区域空间联系测度与比较

本节分别利用重力模型、辐射模型和改进辐射模型对地市级、县级和乡镇级的空间联系强度进行模拟预测，同时为了突出不同模拟结果的差异性，分别从模拟结果的统计特征和连接边的方向性两个方面进行了比较。根据现有的实测数据，本节在乡镇尺度，利用大冶市的实际调查数据对三个模型的结果进行了验证分析。

4.2.1 基于多方法的区域空间联系结果比较

4.2.1.1 模拟结果总体特征比较分析

使用重力模型、辐射模型和改进辐射模型对湖北省城镇之间的空间相互作用结果进行处理，一共有三个年份的数据，分别得到各个模型下地市级、县级和乡镇级在各个年份的模拟结果。为了使各个年份之间的数据具有可比性，本节利用三个年份中的最大值对各个连接边权重进行极值标准化处理。对标准化后的连接边权重进行统计特征分析，即得到平均数、标准差和变异系数，结果见表 4-1至表 4-3。同对各个模型的基本参数也进行了相应的统计以分析城镇联系强度离散特征的具体原因。①1990—

2010 年基于重力模型的城镇联系强度中，其平均数、标准差和变异系数的变化趋势与区域空间联系能力的相关系数具有一致性，这充分说明了重力模型基于直线距离导致了结果的静态性。由于区域间直线距离的不变性，重力模型只能通过区域空间联系能力反映城镇空间联系强度的变化。因此，在区域空间联系的时序变化分析中，仅以直线距离为参数的重力模型缺乏研究意义。②在乡镇级单元中，基于辐射模型和改进辐射模型结果的各项指标变化具有一定的波动性，主要取决于变化幅度较大的参数。例如，2000—2010 年湖北省城镇总人口的平均值从 57 441 人下降到 55 249 人，但是基于辐射模型和改进辐射模型结果的联系强度仍在增加，因为在这一时期，辐射模型中的直线距离保持不变，改进辐射模型中的可达性有所下降，同时，值得注意的是，流动人口有了较为明显的上升，所以导致了两模型结果中空间相互作用强度均值的增长。在现实生活中流动人口的增加、空间可达性的减少，这些因素很大程度上会推动城镇间交流和联系的增强，可见在模拟空间相互作用时考虑流动人口的规模和空间可达性的状况是有必要的。③通过地市级、县级、乡镇级在各个年份的空间联系可以看出，重力模型结果中的短距离连接边权重相对较大，而辐射模型和改进辐射模型中则出现了相对较多的、联系较为紧密的长距离连接边权重。

表 4-1 不同模型下地市级空间联系结果统计

地市级	平均值			标准差			变异系数		
	1990 年	2000 年	2010 年	1990 年	2000 年	2010 年	1990 年	2000 年	2010 年
重力模型	0.64	1.13	1.84	3.48	5.89	9.04	4.905	5.225	5.414
辐射模型	0.70	3.54	5.70	1.85	8.92	13.67	2.397	2.521	2.631

（续）

地市级	平均值			标准差			变异系数		
	1990年	2000年	2010年	1990年	2000年	2010年	1990年	2000年	2010年
改进辐射模型	0.68	3.44	5.54	1.79	9.05	14.12	2.550	2.634	2.613
能力指数	13.68	17.90	23.41	8.73	12.86	21.91	0.57	0.66	0.88
欧式距离（千米）		207.42			52.55			0.253	
时间距离（分）	331.90	274.56	214.90	80.51	72.10	58.27	0.243	0.263	0.271

表 4-2　不同模型下县级空间联系结果统计

县级	平均值			标准差			变异系数		
	1990年	2000年	2010年	1990年	2000年	2010年	1990年	2000年	2010年
重力模型	0.11	0.19	0.34	0.46	0.98	2.56	4.151	5.048	7.420
辐射模型	0.05	0.26	0.42	0.33	1.51	2.61	6.176	5.848	6.534
改进辐射模型	0.12	0.58	0.95	0.72	3.45	5.05	5.316	5.946	6.241
能力指数	3.37	5.95	10.84	0.77	1.07	1.55	0.77	1.07	1.55
欧式距离（千米）		243.24			53.75			0.221	
时间距离（分）	396.96	334.62	260.46	85.93	75.20	62.35	0.216	0.225	0.239

表 4-3　不同模型下乡镇级空间联系结果统计

乡镇级	平均值			标准差			变异系数		
	1990年	2000年	2010年	1990年	2000年	2010年	1990年	2000年	2010年
重力模型	0.006 2	0.007 6	0.007 1	0.115 9	0.164 0	0.218 0	18.80	21.64	30.65
辐射模型	0.000 4	0.001 8	0.003 0	0.017 4	0.090 1	0.173 9	47.93	48.83	57.10
改进辐射模型	0.000 8	0.004 1	0.006 8	0.034 7	0.188 4	0.275 1	42.99	45.87	40.57
总人口（人）	52 095	57 441	55 249	124 276	160 527	201 009	2.39	2.79	3.64
流动人口（人）	1 123	5 741	9 544	11 002	59 315	93 162	9.79	10.33	9.76
直线距离（米）	248 110.03			138 638.85			0.56		
时间 *SA*（分）	439.20	370.04	293.36	98.92	83.73	70.23	0.23	0.23	0.24

4.2.1.2　空间联系的方向性比较

相对于重力模型，辐射模型和改进辐射模型结果中地区之间的空间相互作用具有方向性，即在重力模型结果中，同一地区的空间联系流出量与流入量相等，在（改进）辐射模型中则具有差异。这是因为，首先，重力模型从区域自身质量和区域间的欧氏距离两方面定义空间相互作用强度，虽然源自物理学中的万有引力定律，但是其在社会、经济研究领域缺乏理论基础。在实际应用中无法体现空间相互作用的方向性。辐射模型借鉴固体物理学中物质运动的发散和吸收过程，通过出发地、目的地以及影响范围确定两地之间的空间联系，影响范围的引入体现了空间联系中不同目的地的竞争效应。其次，在辐射模型中，两地之间各方向上联系强度的差异则主要源于相同辐射范围（两地之间的距离相同，所有辐射范围的面积相同）内空间联系能力的分布不同。再次，本节借助空间可达性方法，通过出发地到目的地的阻碍距离确定异质性影响范围，改变了原辐射模型中均质影响范围的大小和形状。因此，改进辐射模型的结果中两地之间不同方向上联系强度的差异不仅取决于辐射范围内的地区的空间联系能力大小，而且取决于出发地的可达性程度，即由可达性决定影响范围的大小。当两地之间的规模和可达性水平具有较大差异时，这种方向性差异越明显。本节将出发地到目的地之间的联系称为流出联系，反之为流入联系，并以乡镇级单元中黄石大冶市内具有代表性的金湖—刘仁八之间的联系为例通过表 4 - 4 进行具体说明。

1990 年、2000 年和 2010 年在大冶市乡镇空间联系中，重力模型对金湖—刘仁八之间联系的模拟结果分别为 0.15、0.23、0.22，在方向上没有差异。辐射模型和改进辐射模型的模拟结果在两个方向上具有差异性，其中根据辐射模型的模拟结果，金湖流出量和流入量之比分别为 0.70、2.92、1.11；改进辐射模型对应的结果为 0.05、0.23、0.09，可以看出在改进辐射模型中流出量小于流入量，在辐射模型中则具有波动性。根据实际情况调研发现，改进辐射模型结果更符合实际情况，因为金湖是大冶市面积最大、工业基础最雄厚的工业园区，所以对周围的吸引力比较大，刘仁八镇则社会经济发展相对滞后，主要以农业生产为主，对周围的辐射能力有限，农村剩余劳动力多流向附近的发达城镇，所以对于金湖—刘仁八的联系来说，金湖的流入量应该大于其流出量。

金湖的可达性以及总人口规模、流动人口的规模均占有优势。在改进辐射模型中主要体现在两个方面：①影响范围面积方面：三个年份中金湖的时间距离可达性（413.46、339.66、

269.51）均好于刘仁八镇（429.50、369.72、300.13）：当时间成本一定时，前者的等时圈范围明显大于后者。因为前者地处平原且靠近全市交通枢纽，而后者多低山丘陵，且只有一条县道通过，出行时间受到严重影响。②影响范围质量方面：金湖靠近大冶市区，周围乡镇发展水平较强，刘仁八、殷祖等处于低水平乡镇聚集区，周围乡镇的分流作用较小。以金湖—殷祖联系对为例对相应的等时圈及影响范围进行研究，可以看出金湖的等时圈主要沿 316 国道、315 省道向北、东南、西南三个方向延伸，且在东边由于受大冶湖的阻隔呈现明显的凹陷。刘仁八镇四面环山，其影响范围为殷祖镇，明显小于金湖影响范围。对于重力模型，辐射模型引进影响范围因素有利于识别乡镇在一定区域内的吸引力（集聚）和辐射力（扩散）之间的差别，从而准确定位各个乡镇在城镇体系中的地位和功能。

改进辐射模型能够体现交通网络变化对城镇空间联系的影响。重力模型和辐射模型主要是以城镇规模和欧式距离为基础，虽然城镇规模会随着时间而变化，但是欧式距离不变，所以在反映城镇空间相互作用的时间变化方面略显不足。改进的辐射模型以城镇规模和综合距离可达性为主，很好地弥补了以上缺陷。例如，从 1990 年、2000 年到 2010 年，金湖的流出量与流入量的比例先上升后下降。主要是因为，相对于刘仁八镇，金湖的总人口规模、流动人口规模以及可达性均占有优势。2000 年，刘仁八镇—金湖的部分县道改造为省道，两地之间的距离缩短，相应的两地之间的等时圈缩小，刘仁八镇—金湖的影响范围还是殷祖镇，金湖—刘仁八镇的影响范围则从 1990 年的 10 个乡镇变为 9 个，同时 2000 年金湖的流动人口显著多于刘仁八镇，所以金湖的流入量上升较快。2000—2010 年金湖的流出量与流入量的比例有所下降，是因为 2010 年大广高速开通且经过金湖境内，使得其可达性显著提高，但是刘仁八镇—金湖的距离没有发生显著变化，所以相对于 2000 年，2010 年金湖的等时圈扩大，增加了三溪镇和金山店镇，导致影响范围变大，而刘仁八镇—金湖的影响范围不变，仍为殷祖镇；同时金湖的流动人口从 2000—2010 年增加比例低于刘仁八镇，综合导致金湖—刘仁八镇的联系强度有所下降，刘仁八镇—金湖的联系强度有所下降。

表 4-4　重力模型、辐射模型、改进辐射模型模拟结果统计特征

模　型	指　标	刘仁八镇—金湖（116-110）			金湖—刘仁八镇（110-116）			方向比（116-110/110-116）		
		1990 年	2000 年	2010 年	1990 年	2000 年	2010 年	1990 年	2000 年	2010 年
总人口（万人）		6.72	9.79	8.31	2.85	3.13	3.54	2.36	3.12	2.34
流动人口（万人）		0.06	1.37	1.57	0.02	0.13	0.29	2.36	10.53	5.41
重力模型	结　果	0.15	0.23	0.22	0.15	0.23	0.22	1.00	1.00	1.00
辐射模型	结　果	0.001 9	0.05	0.05	0.003	0.02	0.05	0.70	2.92	1.11
	距离（米）				14 887.54				1.00	
	影响范围	35.79	40.29	45.17	17.99	19.59	17.65	1.99	2.06	2.56
改进辐射模型	结　果	0.000 8	0.03	0.02	0.02	0.12	0.27	0.05	0.23	0.09
	时间 *SA*（分）	33.81	31.88	31.88	33.81	31.88	31.88	1.00	1.00	1.00
	影响范围	58.30	61.53	71.69	3.80	3.81	3.56	15.36	16.14	20.12

4.2.2　乡镇级空间联系检验

本节主要对乡镇级的改进辐射模型模拟结果进行实测数据验证。检验数据来源于 2013 年 1～4 月小组实地调查，主要分为以下内容：①样本选取：第一阶段，在全市抽取 6 个乡镇。由于大冶市乡镇经济发展水平较高，各个乡镇之间的空间相互作用机制复杂，掌握各个乡镇的人流、物流、信息流、经济流等所有空间相互作用要素具有较大难度。考虑到大冶市城镇的发展态势及地形特征，选择金湖、陈贵、还地桥、金牛、大箕铺、刘仁八 6 个乡镇作为检验样本。第二阶段，在样本乡镇中抽取行政村总数的 1/4，共 41 个行政村作为样本。将行政村按照与镇政府所在地的距离进行排序，采用等距抽样的方法随机抽取。②调查方式：调查员分为三组，第一组采取每隔 5 户抽取 1 户的方法抽取样本家庭；第二组在村内或者村口的交通要道对过往路人进行调查，每隔 10 人抽取 1 人，并避免在同一家庭内抽取 2 名受访者，调查采取一对一形式，共发放问卷 1 600 份，回收有效问卷 1 563 份，有效回收率达 97.7%，平均从每个镇获得 250～260 份有效问卷；第三组深入到大冶市以及 6 个乡镇的城镇规划、客运站、卫生、教育和工商管理等部门进行走访和资料收集，并对收集到的城镇规划数据、客流量数据、卫生所和学校的布局及主要服务范围、规模以上企业的原料来源地及产品销售地等资料进行分类整理，作为调查问卷数据处理和校对的参考资料。③调查内容：通过定类或定序的方式调查经济来源与消费、生产生活资料、日常出行、社会关系、通信联系、科教文卫 6 个方面社会服务的相互作用地点、频次、方式等信息。④数据处理：首先，采用多因素综合分析法从以上 6 个方面构建指标体系并根据专家打分法确定各个指标的权重；其次，根据调查问卷统计出 i 乡镇在 p 方面与 j 乡镇的平均联系频次*指数$\overline{x_p^{ij}}$；最后，计算 i 乡镇到 j 乡镇的联系强度 I_{ij}，$I_{ij}=\sum_{p=6}\overline{x_p^{ij}}\times w_p$。以此得到 6 个样本乡镇与其他乡镇之间的空间相互作用联系强度数据库，有效联系 90 对（自身联系除外），并得到空间相互作用模型模拟结果的检测度模型与方法。

利用实地调研数据对上述三种方法的模拟结果进行检验。由于不同地区之间的联系数据分布不满足正态分布的特点，因而采

* 本次调查中的联系频次一般分为 6 个等级，调查内容不同，各个等级的具体含义不同。——编者注

用非参数 Spearman 秩相关分析方法。为了消除不同量纲或级数的影响，分别对 6 个样本的模拟和实测数据进行极值标准化。将每组联系从大到小排列，得到各个分析变量的等级排序。利用 SPSS 软件进行 Spearman 相关分析，结果如表 4－5 所示：①改进辐射模型的平均相关系数为 0.851 7，明显高于重力模型（0.535）和传统辐射模型（0.679），说明改进辐射模型的模拟效果整体较好。②三模型的相关系数在金湖、还地桥、陈贵等平原地区的差异较小，在金牛、大箕铺、刘仁八等山地丘陵地区，重力模型、辐射模型的相关性系数明显低于改进辐射模型。这是因为重力模型和辐射模型均采用欧式距离，是对复杂地理环境的均一化表达；改进辐射模型中引入影响范围，体现了出发地周围的地区综合实力对空间联系的竞争效用，同时本节利用空间可达性确定影响范围，更好地刻画了地形、交通等真实地理环境对空间联系的影响。由此可见，改进辐射模型的模拟精度与重力模型、辐射模型相比有了较大改善，且在复杂地域格局中具有优势，能够较好地模拟真实地理环境中的乡镇空间相互作用的客观规律。

表 4－5　模型模拟结果与实测数据 Spearman 等级相关系数及检验

乡镇名称	相关系数		
	重力模型	辐射模型	改进辐射模型
金湖	0.612	0.636	0.785
还地桥	0.567	0.648	0.810
陈贵	0.621	0.658	0.821
金牛	0.509 2*	0.637	0.811
大箕铺	0.479	0.650 3*	0.806
刘仁八	0.488	0.590 7*	0.799
平均数	0.535	0.679	0.851 7*

注：* 表示在 0.05 显著性水平下通过显著性检验，其余相关系数均在 0.01 显著性水平下通过显著性检验。

4.3 地市级空间联系分析与空间网络构建

4.3.1 地市级空间联系分析

4.3.1.1 空间格局及其演化特征

本节以改进辐射模型的模拟结果为基础，对地市级的空间联系格局和联系强度进行分析。①地市级之间权重较大的连接边形成以武汉、襄阳、宜昌为顶点的三角形（△），并从各个顶点向周围辐射，其中在武汉附近与周围的孝感、鄂州、黄石、黄冈、咸宁形成了星形的放射状结构，三个年份中连接边权重排名前三的联系均存在于武汉与咸宁、孝感、鄂州之间。宜昌与附近的荆州、荆门联系强度相对较大，襄阳与其西北部的十堰连接边权重较大。各个时段中各个边权的变化量与边权的空间分布具有一致性，增加量较大的连接边仍围绕核心城市武汉、襄阳、宜昌分布。由此可见武汉、襄阳、宜昌省会城市和副省级省会城市对于全省的空间联系结构具有重要影响。②以连接边权重为基础求得各个时间段的边权变化量和变化率，由表 4-6 可知，地级市之间空间联系强度呈现不断上升趋势，1990—2000 年和 2000—2010 年的边权重增加量平均值分别为 2.75、2.10，增长率分比为 419%、62%，可见地市级空间联系强度在 1990—2000 年这个时间段内在增加的绝对量和相对量方面均较 2000—2010 年显著。在数值分布的离散程度方面，与 1990—2000 年相比，2000—2010 年变化量、变化率的变异系数呈现上升趋势，说明各个连接边的权重变化呈现出逐步离散的特征，边权变量之间的差异将逐渐增大。增加量的变异系数相对于增长率较大，说明边权的增加量比增加速度分布特征较为离散。

表 4-6 地市级空间连接边权重的变化特征

地市级变化	平均值			标准差			变异系数		
	1990—2000年	2000—2010年	1990—2010年	1990—2000年	2000—2010年	1990—2010年	1990—2000年	2000—2010年	1990—2010年
变化量	2.75	2.10	4.85	7.42	6.35	12.47	2.70	3.02	2.57
变化率	4.19	0.62	7.19	1.84	1.04	5.54	0.44	1.67	0.77

4.3.1.2 空间联系强度分析

将各个地级市的连接边权重求和，以此得到其各自的空间联系权重，按照各个年份联系权重平均值的 1.5 倍、1 倍、0.5 倍为分割点将各地级市分为一、二、三、四等级。①三个年份中，武汉市的空间联系强度均处于首位，其次为 1990 年的荆州、2000 年的荆州和孝感，以及 2010 年的襄阳，以上地市级单元的空间联系强度在相应年份均高于平均值的 1.5 倍；中部地区天门、潜江、仙桃三个省直辖县以及西南部的恩施、神农架的空间联系强度则均在平均值的 0.5 倍以下，这些地级市的空间联系强度较小，在全省地市级层面的社会经济交流与和作用中处于劣势；其他地级市，例如荆门、咸宁、黄冈、黄石等地的空间联系强度则主要分布在平均值附近。②在空间联系强度的变化方面，1990—2010 年武汉、荆州、孝感、荆州四个市的联系强度增加量最大，比其他地区的连接边权重增加较为明显，即这四个市与其他市之间人员、物资、信息等的要素流传输量增长较大。恩施、随州、孝感、十堰等地空间联系的增长率较高，特别是恩施和随州，虽然两者的空间联系强度和增长量较低，但是其增加速度较快，发展潜力较大，出现这一现象是因为两者的社会经济发展基础相对其他地方薄弱，随着高速公路和动车的开通，其空间可达性有了显著改善，进而推动其与其他地区空间联系强度增大。

4.3.2 地市级空间网络构建

本节以 17 个地市级为节点，以改进辐射模型的模拟结果为连接边构建地市级社会经济空间网络（表 4－7）。①实体网络构建：首先求得 1990 年、2000 年、2010 年三个年份的连接边权重平均值为 3.22，如果各个年份中连接边权重大于 3.22 则保留原值，小于 3.22 则为 0。此处需要说明的是，并不意味着网络中权重为 0 的连接边两端的地区不存在联系，而是两地之间的联系较小，不在本节研究的范围之内，因此可以忽略不计。经过阈值分割之后全连接网络分别保留了 30、50、72 条连接边，网络密集分别为 0.110 3、0.183 8、0.264 7。在此基础上的网络不具有连通性，存在孤立点或者孤立的组团，对下文中的网络分析具有影响。因此本节在全连接网络的基础上生成了各个年份的最小生成树，生成原则是连接边的倒数之和最小，求最小生成树网络和阈值分割网络的并集，以此得到最后的网络构建结果，最后的连接边数分别为 32、52、74，网络密度为 0.117 7、0.191 2、0.272 1。②在实体网络构建的基础上生成实体网络的拓扑形式，表示节点之间连接边的有无，即在构建的实体网络中权重大于 0 则为 1，表示连接边具有研究意义，否则为 0，表示连接边没有研究意义。③基于实体网络的拓扑形式生成与实体网络在规模和密度方面相匹配的随机网络和空间规则网络（以下简称规则网络），以此比较湖北省社会经济空间网络与构建规则不同的网络之间的异同。规则网络的构建中，为了突出空间对地区联系的约束能力，根据地区的空间邻近关系使网络中“每个节点之和最近的 N 个邻居节点相连”，其中 1990 年、2000 年、2010 年 N 的取值分别为 1、2、3，即分别取每个节点的空间距离最近的 1、2、

3个节点。同时在所有节点的空间距离矩阵中生成空间MST，与N节点网络进行合并，以此得到空间规则网络，网络的连接边分别为28、50、66，密度分别为0.102 9、0.183 8、0.242 6，以上参数均接近于实体网络，具有可比性。

表4-7 地市级网络构建结果

网络名称	类型	时间（年）	阈值分割后			分割结果与MST合并后			网络属性
			节点数	边数	密度	节点数	边数	密度	
地市级网络	实体网络	1990	17	30	0.110 3	17	32	0.117 7	拓扑、加权
		2000	17	50	0.183 8	17	52	0.191 2	
		2010	17	72	0.264 7	17	74	0.272 1	
匹配网络	随机网络	1990	17	30	0.110 3	17	30	0.110 3	拓扑
		2000	17	40	0.147 1	17	40	0.147 1	
		2010	17	72	0.264 7	17	72	0.264 7	
	空间规则网络	1990	17	28	0.102 9	17	32	0.117 6	
		2000	17	50	0.183 8	17	50	0.183 8	
		2010	17	66	0.242 6	17	66	0.242 6	

4.4 县级空间联系分析与空间网络构建

4.4.1 县级空间联系分析

4.4.1.1 空间格局及其演化特征

改进辐射模型下1990年、2000年、2010年县级的空间联系强度与空间分布格局主要具有以下三点特征。①县级之间权重较大的连接边主要存在于武汉、襄阳、宜昌市辖区与其附近的县级区域之间，围绕各个核心市辖区形成了放射状结构，其中武汉市辖区附近的连接边权重较高，其次是宜昌市辖区附近，襄阳市辖区由于地理位置在湖北省北部边缘偏西，且附近社会经济发展水平较高的县级单元较少，其所属的连接边权重相对于宜昌和武汉较低。同时在三个放射状结构之间具有权重较大的少数长距离连接，以此将三个较大权重的连接边聚集成为一个整体，这些长距离连接主要出现在武汉—宜昌、武汉—襄阳、武汉—十堰、荆门—襄阳等核心地级市辖区之间。②为了更清楚地表达县级空间联系权重在不同时段的变化量，本节将各个时段中增加量的前/后300（Top300、Last300）以及中间值（Middle Value）分别进行单独研究。可以看出1990—2000年和2000—2010年的增加量较高的连接边空间分布格局较为相似，中东部在武汉市辖区附近呈放射状，同时以武汉及其附近县级单元为顶点向西部辐射，主要存在于西北方向的十堰—襄阳—武汉市辖区一线以及西南方向的恩施—宜昌—武汉的市辖区一线，在这两条主要连接带之间则存在一定的中空现象。两个时间段的Last300连接权重空间差异较大，1990—2000年权重减少的连接边主要分布在随县、神农架、宣恩县、五峰县、罗田县等边缘县级单元之间；2000—2010年的Last300连接边均出现了权重减少量，其中北部的枣阳市、广水市、中部地区的京山县、仙桃市与其附近县级单元的连接边权重减少现象较为显著。③由表4-8可知，县级之间空间联系强度整体呈现增长趋势，1990—2000年和2000—2010年的连接边权重增加量平均值分别为0.47、0.37，增长率分别为447.08%、114.57%，说明县级的空间联系强度在1990—2000年的绝对增加量和增长速度均较2000—2010年显著，这一趋势与地市级空间联系权重变化具有一致性，但是县级的增长速度相对较快。变化量、变化率的变异系数均大于1且呈现上升趋势，变化量的变异系数较大，说明连接边权重的绝对变化量和变化程度均处于离散状态，且各个连接边之间的差异程度不断增加，其中绝对变化量的离散程度相对突出。

4.4.1.2 空间联系强度分析

通过计算各个县级的空间联系强度及其在各个时段中的变化量，并根据平均值的1.5倍、1倍、0.5倍为分割点分为一、二、三、四等级。各等级的空间分布具有一定的差异性，空间联系强度的一级单元主要分布在中东部的核心地级市辖区以及发展水平较高的江夏区、大冶市、枣阳市等地，二级单元则主要分布在一级单元的邻近位置或者多个一级单元之间。三级单元主要分布在中西部地带，特别是襄阳、随州、十堰附近以及东部边缘少数县级单元。四级单元则主要分布在神农架、恩施以及东北边缘和咸宁、荆州南部边缘。县级空间联系强度的变化量空间分布与联系强度本身具有一定的一致性，可见县级空间联系大体上呈现联系强度高的地方其增加量也较大。

表4-8 县级联系边权重的变化特征

县级变化	平均值			标准差			变异系数		
	1990—2000年	2000—2010年	1990—2010年	1990—2000年	2000—2010年	1990—2010年	1990—2000年	2000—2010年	1990—2010年
变化量	0.47	0.37	0.84	2.85	2.91	4.51	6.13	7.86	5.40
变化率	4.47	1.15	9.51	4.69	5.69	22.36	1.05	4.96	2.35

4.4.2 县级空间网络构建

本章节以85个县级为节点，以改进辐射模型的模拟结果为连接边构建县级社会经济空间网络（表4-9）。①实体网络构建：首先求得1990年、2000年、2010年三个年份的连接边权重平均值为 0.548 6，以此为阈值对全连接网络进行简化，最后三个年份保留的连接边数分别为 284、622、820，对应的密度为 0.039 8、0.087 1、0.114 8。在县级全联通空间联系矩阵中生成各个年份的 MST 并与上述分割结果进行合并，只有 1990 年增加了 16 条，网络规模变为 300，密度增加到 0.042 0，2000 年、2010 年分割后的矩阵具有联通特征，因此与 MST 合并后规模和密度不变。②在实体网络构建的基础上生成对应实体网络的拓扑形式。③在县级空间规则网络的构建过程中，1990 年、2000 年、2010 年分别选取了各个节点距离最近的 3、6、8 条边，并进行了对称化处理，分别包含 330、606、812 条边。其中由于 1990 年的连接边不联通，将其与县级欧式距离矩阵的 MST 进行合并，连接边增加至 332，密度为 0.046 5。

表 4-9 县级网络构建结果

<table>
<tr><th rowspan="2">网络名称</th><th rowspan="2">类型</th><th rowspan="2">时间（年）</th><th colspan="3">阈值分割后</th><th colspan="3">分割结果与 MST 合并后</th><th rowspan="2">网络属性</th></tr>
<tr><th>节点数</th><th>边数</th><th>密度</th><th>节点数</th><th>边数</th><th>密度</th></tr>
<tr><td rowspan="3">县级网络</td><td rowspan="3">实体网络</td><td>1990</td><td>85</td><td>284</td><td>0.039 8</td><td>85</td><td>300</td><td>0.042 0</td><td rowspan="3">拓扑、加权</td></tr>
<tr><td>2000</td><td>85</td><td>622</td><td>0.087 1</td><td>85</td><td>622</td><td>0.087 1</td></tr>
<tr><td>2010</td><td>85</td><td>820</td><td>0.114 8</td><td>85</td><td>820</td><td>0.114 8</td></tr>
<tr><td rowspan="6">匹配网络</td><td rowspan="3">随机网络</td><td>1990</td><td>85</td><td>298</td><td>0.041 7</td><td>85</td><td>298</td><td>0.041 7</td><td rowspan="6">拓扑</td></tr>
<tr><td>2000</td><td>85</td><td>620</td><td>0.086 8</td><td>85</td><td>620</td><td>0.086 8</td></tr>
<tr><td>2010</td><td>85</td><td>818</td><td>0.114 6</td><td>85</td><td>818</td><td>0.114 6</td></tr>
<tr><td rowspan="3">空间规则网络</td><td>1990</td><td>85</td><td>330</td><td>0.046 2</td><td>85</td><td>332</td><td>0.046 5</td></tr>
<tr><td>2000</td><td>85</td><td>606</td><td>0.084 9</td><td>85</td><td>606</td><td>0.084 9</td></tr>
<tr><td>2010</td><td>85</td><td>812</td><td>0.113 7</td><td>85</td><td>812</td><td>0.113 7</td></tr>
</table>

4.5 乡镇级空间联系分析与空间网络构建

4.5.1 乡镇级空间联系总体格局

通过上文比较可知，改进辐射模型在体现空间相互作用的方向性、地理空间的异质性（人口、交通）等方面具有显著优势，因这一小节依据改进辐射模型对湖北省城镇空间相互作用的模拟结果，对城镇相互联系的整体格局从空间分布、数量结构、时空演化以及“1＋8”城市圈四个方面进行深入分析。

4.5.1.1 乡镇级联系的空间分布

湖北省城镇空间相互作用格局从东到西主要以黄石—武汉—宜昌—襄阳—十堰5个中心城市为主要节点，以这些节点之间的相互联系为主要骨架，在水平方向上呈横着的V形，开口向西，分别以武汉、十堰、宜昌为顶点，其他地方则有零星的强作用连接边的存在，特别是在黄石—黄冈—鄂州城镇密集区以及宜昌和武汉之间的天门、仙桃、潜江之间及其附近城镇。在十堰、襄阳以南、荆门—宜昌以东这一地区连接边的值普遍较低，主要是因为：第一，在区位因素方面，这一地区处于湖北省的边缘地带，到其他地方的空间距离本来就比全省其他地区相对较远；第二，在自然因素方面，这一地区多山地丘陵，地形地貌复杂；第三，在社会经济因素方面，这里城镇、人口、交通等密度较低，城镇化水平相对滞后。这些因素综合导致了湖北省的城镇空间相互作用量在西南部出现了低谷。在1990年、2000年、2010年三个研究年份中武汉主城区与武汉市内的江夏区、蔡甸区和东西湖区的连接边权重始终处于全省前三的位置，其他连接边，如蔡甸区—汉南区、东西湖区—江夏区、江夏区—汉南区、武汉主城区—仙桃主城区、武汉主城区—襄阳主城区、鄂州主城区—黄石主城区等连接边权重均处于研究年份的前列。全省城镇相互作用边中权重最小的则主要出现在西北部、西南部的城镇与鄂东地区之间的联系，特别是鄂东的林场或者农场，例如，西北部的十堰境内的槐树林乡、景阳乡、关防乡、鄂坪乡和西南部恩施境内的小南海镇、三胡乡、谋道镇与黄石境内的阳新原种场、半壁山农场、荆头山农场。

4.5.1.2 乡镇级联系的数量结构

为了进一步研究连接边数量结构的变化，本节将连接边权重的系数（权重/权重平均数）按照（1.5，+∞）、（1，1.5]、（0.5，1]、（0，0.5] 的原则将连接边分为一、二、三、四等级，并统计各个等级内的连接边个数以及在全省连接边中所占的比重，结果如表 4-10 所示：①湖北省城镇空间相互作用量大多数低于整体平均值，且主要集中在平均数的一半以下。低于平均数的第三、四等级连接边数量较多，且第四等级在四个等级中含有最多的连接边。1990 年、2000 年、2010 年第三、四等级的连接边数量总数（比例）分别为：1 049 045 条（98.02%）、1 050 607 条（98.17%）、1 050 414 条（98.15%）。其中第四等级（（0，0.5]）在三个研究年份中所包含的连接边数（比例）分别为 1 040 773 条（97.25%）、1 043 091 条（97.47%）、1 043 024 条（97.46%），占全省城镇间的连接边总数中占有绝对优势。相比较而言，高于平均数的第一、二等级中的连接边总数及其比例则较小，分别为 21 145 条（1.98%）、19 583 条（1.83%）、1 977 条（1.85%）。②湖北省城镇连接边权重的离散程度较大。这是因为极值等级（第一、四等级）中的连接边数量较多，三个研究年份中两个等级的连接边总数分别占全省连接边总数的 98.87%、98.98%、99.00%，且第一、四等级分别在高于平均数和低于平均数的等级中占有优势，可见大量偏离平均值而存在的权重不仅拉大了较大值和较小值之间的差异，而且拉大了平均值周围的数据与极值之间的差异，因此湖北省城镇空间相互作用连接边的权重具有较高的标准差和变异系数。③在时间顺序上，从 1990—2010 年湖北省城镇相互作用量的数量结构变化不明显，第一、二、三等级的连接边数量虽然有所波动，总体呈现下降趋势，第四等级连接边数量则有所上升。

表 4-10 乡镇级空间联系分级统计

连接边级别	全省			比例分布		
	1990 年	2000 年	2010 年	1990 年	2000 年	2010 年
(1.5，+∞)	17 293	16 171	16 511	0.016 2	0.015 1	0.015 4
(1，1.5]	3 852	3 412	3 265	0.003 6	0.003 2	0.003 1
(0.5，1]	8 272	7 516	7 390	0.007 7	0.007 0	0.006 9
(0，0.5]	1 040 773	1 043 091	1 043 024	0.972 5	0.974 7	0.974 6

4.5.1.3 乡镇级联系的时空演化特征

正如上文所预测的结果，从 1990—2010 年湖北省城镇的空间相互作用量逐渐递增，在两个研究时段的增加速度和空间分布上具有差异性。①增长速度具有差异性：表 4-11 中 1990 年、2000 年和 2010 年湖北省城镇空间相互作用量（平均值）分别为 433（0.000 8）、2 198（0.004）、3 628（0.007），可见提高程度较为明显。具体到各个连接边的提高率，1990—2000 年、2000—2010 年、1990—2010 年各个时段全省各个连接边权重的平均提高率分别为 6.93、1.36、14.14，可见 2010 年湖北省各个城镇之间的空间联系强度比 1990 年增加了 1.04 倍，这是流动人口规模的迅速增加和交通、通信等基础设施逐步完善等因素综合作用的结果，其中前十年的增长速度要快于后十年，近年来城镇相互作用的提高程度有所减缓。②变化的空间分布具有差异性。为了更加直观地表达各个研究时段湖北省城镇连接边权重在空间上的变化，本节将连接边权重的提高率进行空间化表达，同时由于数据量庞大，只抽取了每个研究时段内空间相互作用量提高率从大到小排名前 10 000、后 10 000 名和没有变化的三类数据进行空间化表达，并将前/后 10 000 名以前/后 10、前/后 100、前/后 1 000 为阈值分成四个等级，如表 4－12 所示。第一，1990—2010 年之间连接边权重中有 924 526 条（86.39％）连接边处于增长趋势，145 664 条（13.61％）连接边的权重有所下降。整体来看增长显著的连接边主要分布在湖北省边缘的县级单元主城区与其他地区，特别是与其距离较远的地区之间，例如，十堰市内的郧西县主城区、竹溪县城区、恩施境内的利川城区、鹤峰县城区、咸丰城区以及咸宁境内的崇阳城区等与其他地区之间，其中连接边权重的提高率排名前五的有柳林乡—停前镇（30 128.22）、鹤峰县城区—金果坪乡（22 592.81）、河口镇—管窑镇（19 076.98）、鹤峰县城区—椿木营乡（16 653.10）、建设乡—花山镇（15 142.27）。整个研究时段中城镇空间联系连接边权重下降较快的连接边主要是东南部的官塘驿林场、西南部的牛庄乡与其他乡镇之间的连接边，以及西北部的竹溪县、竹山县、神农架境内及其周围的乡镇之间的连接边，例如，官塘驿林场—陆水湖街道（－0.999 6）、羊尾镇—五峰乡（－0.997 4）、贺胜桥镇—湖泗镇（－0.997 3）、羊尾镇—夹河镇（－0.996 2）、官塘驿林场—老埫回族乡（－0.994 9）。变化不显著的区域主要分布在湖北省的西北部和东北部的城镇之间。第二，1990—2000 年连接边权重上升、下降的数量分别为 918 758 条（85.85％）、151 432 条（14.15％）。其中上升较为明显的连接边主要分布在郧西县城区、利川市城区、咸丰县城区与其他地区之间以及竹溪县城区、竹溪县城区与其东北方面的城镇之间、恩施东北部与宜昌西南部的交接地带等。连接边权重下降较为显著的城镇对主要是湖北省的北部小林镇、彭店乡、木兰乡和南部棋盘乡、网市镇等这些乡镇与南北方面的联系，还有西北部的谭山镇、汇湾乡等与其他乡镇的联系。第三，2000—2010 年中连接边权重上升、下降的数量分别为 631 626 条（59.02%）、438 564 条（40.98%）。这一时期权重上升较为明显的区域与 1990—2000 年权重减少的区域具有一定的一致性，主要分布在中部的棋盘镇、桥市镇、木兰乡和西北部的鸳鸯乡、向坝堤乡等乡镇与其他地区之间。2000—2010 年权重下降较显著的连接边主要存在于西北部十堰境内的竹溪县、竹山县内的乡镇之间以及咸宁市内的官塘驿林场与其他地区。

表 4-11　湖北省、“1+8”城市圈城镇空间联系及变化特征

统计指标	规模（个）	边数（万条）	作用量			平均作用量			提高率平均值		
			1990 年	2000 年	2010 年	1990 年	2000 年	2010 年	1990—2000 年	2000—2010 年	1990—2010 年
全省	1 035	1 070	433	2 198	3 628	0.000 8	0.004	0.007	6.93	1.36	14.14
城市圈	447	199	204	1 069	1 834	0.002 0	0.011	0.018	9.22	1.50	17.70
比例	0.43	0.19	0.47	0.49	0.51	2.53	2.61	2.71	1.33	1.11	1.25

表 4-12　乡镇级空间联系边权变化特征

时间（年）	变化	边数（条）	比例	主要连接边
1990—2000	上升	918 758	0.858 5	郧西县城区、利川市城区、咸丰县城区与其他地区之间以及竹溪县城区、竹溪县城区与其东北方面的城镇之间、恩施东北部与宜昌西南部的交接地带等

（续）

时间（年）	变化	边数（条）	比例	主要连接边
1990—2000	下降	151 432	0.141 5	北部小林镇、彭店乡、木兰乡和南部棋盘乡、网市镇等与南北方面的联系，西北部的谭山镇、汇湾乡等与其他乡镇的联系
2000—2010	上升	631 626	0.590 2	中部的棋盘镇、桥市镇、木兰乡和西北部的鸳鸯乡、向坝堤乡等乡镇与其他地区之间
	下降	438 564	0.409 8	竹溪县、竹山县内的乡镇之间以及官塘驿林场与其他地区
1990—2010	上升	924 526	0.863 9	郧西县主城区、竹溪县主城区、利川主城区、鹤峰县城区、咸丰主城区、崇阳主城区等与其他地区之间
	下降	145 664	0.136 1	官塘驿林场、牛庄乡与其他乡镇之间，竹溪县、竹山县、神农架境内及其周围的乡镇之间

4.5.1.4 武汉“1+8”城市圈区域一体化格局

武汉“1+8”城市圈（以下简称城市圈）是指武汉及其周围的黄石、鄂州、黄冈、孝感、咸宁、仙桃、天门、潜江8个大中型城市所组成的城市群，是中国中部最大的城市组团之一。城市圈以武汉为中心城市，黄石为副中心城市，仙桃为西翼中心城市。武汉“1+8”城市圈不仅是湖北经济发展的核心区域，也是中部崛起的重要战略支点。为了深入研究“1+8”城市圈内各个城镇之间空间联系的紧密程度，本节特地对城市圈内部联系进行了深入分析，并与全省城镇联系进行了对比研究。表4-13统计结果中采用了“1+8”城市圈中各个连接边权重平均数1.5倍、1倍、0.5倍为间隔点进行分级统计。城市圈包含447个城镇节点，共有 199 362 条连接边，分别占全省总数的 43.19%、18.63%。城市圈在三个研究年份的空间相互作用总量分别为 204、1 069、1 834，分别占全省作用总量的 47%、49%、51%，可见作用总量占全省的百分比远大于连接边的百分比，说明城市圈内各个连接边的权重相对于全省较高。三个年份城市圈内每条连接边的权重平均值分别为 2.689 2、14.101 4、24.193 4，是全省连接边权重平均的 2.529 5 倍、2.610 5 倍、2.713 1 倍，说明了城市圈内的城镇空间联系紧密程度要高于全省平均水平，整个城市圈是一个密切合作的有机整体。在连接边的数量结构方面，虽然其第四等级的连接边数量同样占大多数，但是比例小于相应全省比例，第一、二、三等级的连接边比例明显多于全省的相应等级。同时城市圈的连接边在全省的第一、二、三等级中占有 35%～40%的比例，且呈现增长趋势，说明城市圈的连接边权重在全省处于较高水平。在连接边权重的提高水平方面，其提高率在 1990—2000 年、2000—2010 年、1990—2010 年三个研究时段的平均值分别为 9.22、1.50、17.70，可以看出城市圈不仅内部联系紧密而且呈现增长趋势，且是全省提高水平的 1.33 倍、1.11 倍、1.25 倍，增长速度高于全省水平。

表 4-13　“1+8”城市圈连接边分级统计

联系对级别	“1+8”城市圈			比例分布			在全省各等级中的比例		
	1990 年	2000 年	2010 年	1990 年	2000 年	2010 年	1990 年	2000 年	2010 年
(1.5,+∞)	6 764	6 468	6 625	0.03	0.03	0.03	0.39	0.40	0.40
(1, 1.5]	1 338	1 255	1 208	0.01	0.01	0.01	0.35	0.37	0.37
(0.5, 1]	3 047	2 683	2 740	0.02	0.01	0.01	0.37	0.36	0.37
(0, 0.5]	188 213	188 956	188 789	0.94	0.95	0.95	0.18	0.18	0.18

4.5.2 乡镇级空间联系强度特征

为了进一步分析各个城镇的空间相互作用能力的大小，本节进一步计算了城镇空间联系强度，即一个城市与其他城市空间相互作用的总和，并利用 ArcGIS10.0 的空间分析模块，采用距离倒数权重法进行栅格的内插分析，研究各个节点的空间联系强度等值线分布情况。同时，本节计算了各个城镇联系强度的系数，并按照（1.5，+∞)、(1，1.5]、(0.5，1]、(0，0.5] 的标准将其分为一、二、三、四等级，具体的统计结果和分级情况如表 4-14、表 4-15 所示。

表 4-14 乡镇级节点空间联系强度统计特征

联系强度	全省			地市级		
	1990 年	2000 年	2010 年	1990 年	2000 年	2010 年
最大值	123.067	667.437	1 024.846	123.067	667.437	1 024.846
最小值	0.004	0.029	0.045	0.967	12.199	19.579
平均值	0.836	4.247	7.011	16.536	94.392	152.886
标准差	4.265	22.840	36.322	28.974	151.980	230.167
变异系数	5.102	5.378	5.180	1.752	1.610	1.505
联系强度	县级			乡镇级		
	1990 年	2000 年	2010 年	1990 年	2000 年	2010 年
最大值	17.379	118.055	243.019	4.603	23.896	44.980
最小值	0.166	1.099	1.788	0.004	0.029	0.045
平均值	2.126	13.411	28.678	0.478	2.064	2.981
标准值	3.622	18.542	41.468	0.567	2.575	3.385
变异系数	1.704	1.383	1.446	1.188	1.248	1.136

表 4-15　乡镇级节点空间联系强度分级统计

联系强度级别	全省						地市级					
	1990 年		2000 年		2010 年		1990 年		2000 年		2010 年	
(0, 0.5]	780	0.75	858	0.83	891	0.86	0	0	0	0	0	0
(0.5, 1]	147	0.14	78	0.08	55	0.05	4	0.25	0	0	0	0
(1, 1.5]	57	0.06	30	0.03	15	0.02	1	0.06	0	0	0	0
(1.5, +∞)	51	0.05	69	0.07	74	0.07	11	0.69	16	1	16	1

联系强度级别	县级						乡镇级					
	1990 年		2000 年		2010 年		1990 年		2000 年		2010 年	
(0, 0.5]	25	0.36	8	0.12	5	0.07	755	0.80	850	0.895	886	0.933
(0.5, 1]	18	0.26	8	0.12	4	0.06	125	0.13	70	0.074	51	0.054
(1, 1.5]	11	0.16	12	0.17	7	0.10	45	0.05	18	0.019	8	0.008
(1.5, +∞)	15	0.22	41	0.59	53	0.77	25	0.03	12	0.013	5	0.005

（1）镇域人口空间联系格局呈现中东部强于西部的特征，且高联系强度城镇空间分布逐渐分散。①湖北城镇联系强度的空间分布差异性较为显著，作用能力较强的第一、二、三等级城镇主要分布在湖北省的中东部地区，西部则多为第四级城镇，这种格局特征主要是湖北省的城镇数量、总人口和流动人口规模以及空间可达性从东部向西部逐渐减少的分布格局综合作用的结果。②第一、二级城镇多为地级市和县级单元的主城区，可见市、县的主城区由于其总人口和流动人口规模以及空间可达性的优势，对其他地区具有强大的辐射和带动作用，在城镇体系的建设和发展中具有重要作用。在空间相互作用强度较强的城镇中同样存在一些具有特殊性的乡镇，其本身规模较

小，但是其距离规模较大的城镇较近，可得到中心城镇或者城区较多的社会经济辐射作用，因此这些乡镇的空间相互作用总强度在全省处于领先水平，具有代表性的乡镇有荆州市的联合乡和立新乡（在荆州市主城区附近）、大冶市的金湖（在大冶市主城区附近）、汉川市的马口镇（靠近武汉市的东西湖区和蔡甸区）。③从各个级别的空间分布来看，相互作用强度较高的第一、二、三级乡镇随着时间变化空间分布格局逐渐分散。在 1990 年，第一级乡镇主要集中分布在东部的武汉、黄石、黄冈、鄂州主城区及其附近，以及零星分布在十堰、襄阳、荆州、宜昌、荆门、潜江的主城区及其周围；第二、三级城镇则主要分布上述主城区的附近；空间联系较紧密的城镇除了在武汉市集聚外，在中部地区（襄阳、荆州、宜昌、荆门、潜江）也形成了密集的集中连片分布。到 2000 年和 2010 年武汉市内第一级城镇集中分布的现象依然存在，但是中部则逐渐分散化，特别是第一级城镇遍布全省各个地方，从东部的黄梅县到西部的咸丰县，从南部的石首市到西北部的郧西县，这主要是因为从 1990—2010 年湖北省的路网系统特别是高速公路逐渐普及和完善，使得偏远地区城镇的空间可达性程度大大增加，同时由于对县级的政策扶持和引导，这些城镇的社会经济逐渐发展，与其他地方的相互作用能力有了很大的提高。

（2）镇域人口空间联系强度两极分化现象逐渐严重。由表 4－14 可知：①1990 年、2000 年、2010 年湖北省各个城镇相互作用强度的变异系数分别为 5.102、5.378、5.180，同时不同城镇类型的变异系数均小于全省的整体情况，说明湖北省城镇空间联系强度在全省范围内差异显著，但是在各个类型内部则差异较小，即不同类型的城镇之间差异较大。②通过对比作用强度系数的极端节点个数（（1.5，＋∞）、（0，0.5]）可知（表 4-15），三个研究年份中作用强度最低的第四级城镇数量最多，且在全省占有绝对优势（780、75%；858、83%；891、86%），远远多于相互作用强度最好的第一级城镇（51、5%；69、7%；74、7%），绝大部分城镇的作用强度较低，从而增大了与其他城镇相互作用强度的差异，由此说明相互作用分布的不均衡特征主要是由作用强度低的节点数量较多这一现象导致的。③通过比较作用强度系数的极端节点个数（（1.5，+∞）、（0，0.5]）与平均值附近的节点个数（（1，1.5]、（0.5，1]），即第一、四级与第二、三级的城镇节点的变化趋势可知，从 1990 年、2000 年到 2010 年第一、四级的城镇数量在逐渐增加，而第二、三级的城镇数量在逐渐减少，说明城镇相互作用的两极分化现象越来越严重，越来越多城镇与其他城镇之间拉开了正向（一级与二、三级）或者负向（四级与二、三级）的差距，导致相互作用的标准差逐渐增大。④本节中进一步统计地市级、县级和乡镇级单元在各个等级中的分布，发现地市级单元在 1990 年主要分布在第一、二、三、四等级的个数分别为 11、1、4、0，到 2000 年和 2010 年全部属于第一等级；县级单元在研究年份内，第一级城镇数量显著增加，三、四级城镇数量逐渐减少，第二级城镇数量则处于波动状态；乡镇级单元则绝大多数属于第四等级，且属于第四等级的城镇数量逐渐增加，其他三个等级的城镇数量均逐渐减少。可见第一级城镇数量的增加主要来自县级单元，第四级城镇数量则主要来自乡镇级单元。

（3）镇域人口空间联系整体提高显著，且在时间和空间上具有差异性。通过表 4-16 可知：①在时间顺序上，1990—2000 年的提高程度比 2000—2010 年显著。1990—2000 年和 2000—2010 年两个研究期各个城镇相互作用强度提高率的平均值分别为 399.42%、250.10%，1990—2010 年的平均提高率为 785.37%，可见平均每个城镇比 1990 年的联系强度增加了将近 7 倍，且前十年的增长速度要快于后十年，这一增长过程和结果与流动人口的增长趋势和过程具有一致性：其在 1990—2000 年、2000—2010 年、1990—2010 年的平均增长率分别为 399.26%、249.90%、698.10%，可见城镇流动人口规模对城镇间的相互作用具有重要的影响作用。1990—2000 年，随着我国生产力的飞速提高和市场经济的蓬勃发展，社会分工更加细化，农村剩余劳动力大量出现，在农村与城镇以及城镇与城镇之间涌现出大量的流动人口，加上交通、通信等基础设施的改善，为城镇间的相互交流与合作奠定了基础。2000—

表 4-16　乡镇级空间联系强度、人口及可达性提高率统计表

提高率	全　省			地市级		
	1990—2000 年	2000—2010 年	1990—2010 年	1990—2000 年	2000—2010 年	1990—2010 年
联系强度	3.994 2	2.501 0	7.853 7	7.184 1	11.084 2	13.955 5
总人口	0.065 1	−0.101 8	0.274 3	0.453 2	0.174 9	0.160 1
流动人口	3.992 6	2.499 0	6.981 0	19.000 6	0.836 7	19.999 2
可达性	0.156 3	0.207 3	0.331 9	0.175 0	0.216 1	0.353 7

提高率	县　级			乡镇级		
	1990—2000 年	2000—2010 年	1990—2010 年	1990—2000 年	2000—2010 年	1990—2010 年
联系强度	3.888 7	2.777 8	8.694 5	3.948 1	2.336 3	7.689 9
总人口	0.272 5	0.172 5	0.228 6	0.043 1	−0.127 0	0.267 5
流动人口	14.192 6	2.005 0	11.824 0	2.960 5	2.563 2	4.800 8
可达性	0.156 8	0.222 0	0.344 8	0.156 3	0.206 7	0.331 4

2010 年，虽然湖北省的总人口有所减少，但其流动人口规模仍在增加，特别是高速公路的建设以及高铁、动车等高等级铁路的开通，大大提高了湖北省境内的空间可达性状况，所以湖北省城镇相互作用程度仍然处于上升趋势，但是由于 2000 年以后湖北省各地区经济发展趋于稳定，所以相互作用增长速度有所减缓。②在地域尺度上，地市级单元的提高程度最为显著，其次为县级单元，提高程度最不显著的是乡镇层次。1990—2000 年、2000—2010 年以及 1990—2010 年市城区作用强度的平均提高率分别为 718.41%、1 108.42%、1 395.55%；县级的平均提高率分别为 388.87%、277.78%、869.45%，乡镇级单元则相对较低，分别为 394.81%、233.63%、768.99%。主要是因为地市级的人口规模和空间可达性均增长较快，而乡镇级单元则由于自身发展有限，总人口规模甚至在 2000—2010 年出现了下降趋势，同时流动规模增加程度不明显，从而导致了空间相互作用强度的降低。

湖北城镇空间联系强度在 1990—2000 年和 2000—2010 年两个研究期内地级市普遍处于增长状态；县级单元中只有洪湖市区（—0.09）、老河口市区（—0.15）在 1990—2000 年有所减少，其他县级单元在两个研究时段均有所增长；乡镇级在研究年份内部分单元出现了负增长，其中在 1990—2000 年有 150 个乡镇空间联系强度负增长，到 2000—2010 年增加至 300 个。1990—2000 年相互作用强度提高较为显著的城镇分布相对分散，主要是各个市、县的主城区及其附近，特别是东部的武汉城区附近、中部的沙洋城区附近以及西部的恩施与宜昌之间的城镇，随州市南部、荆州市北部以及咸宁市的东北部等大部分地区在 1990—2000 年增长较慢。增长最快和最慢的地市级、县级和乡镇级单元（提高的倍数）分别为仙桃市区（77.47）和黄石（1.90）、云梦县（49.56）和随县（0.88）、八里湖农场（38.96）和洛阳镇

(－0.99)。2000—2010 年增长较快的城镇则主要集中在湖北省的边缘地区，主要有西北部和西南部的十堰和恩施地区、南部的荆州境内公安县和监利县、咸宁东南的崇阳县和通山县、随州市的随县、孝感市内大悟县和安陆市等，这些地区一定程度上与 1990—2000 年增长速度较慢的地区相吻合，从中可以看出湖北省城镇发展过程中的分阶段和谐发展战略。在黄冈的东北部以及中部的荆门、宜昌、襄阳等地其增长速度较慢。增长最快和最慢的地市级、县级和乡镇级单元（提高的倍数）分别为恩施城区（3.21）和潜江（0.05）、安陆城区（17.93）和老河口城区（－0.15）、罗阳镇（360.024 751 ）和官塘驿林场(－0.89)。

4.5.3 乡镇级空间网络构建

本节以 1 035 个县级为节点，以改进辐射模型的模拟结果为连接边构建县级社会经济空间网络（表 4－17）。①实体网络构建：首先求得 1990 年、2000 年、2010 年的连接边权重平均值为 0.047 6，以此为阈值对全连接网络进行简化，最后三个年份保留的连接边数分别为 11 410 条、22 984 条、28 738 条，对应的密度为 0.010 7、0.021 5、0.026 9。在乡镇级全联通空间联系矩阵中生成各个年份的 MST 并与上述分割结果进行合并，只有 1990 年增加了 2 条，网络规模变为 11 412 条，密度变化不大，2000 年、2010 年分割后的矩阵具有联通特征，因此与 MST 合并后规模和密度不变。②在实体网络构建的基础上生成对应实体网络的拓扑形式。③在乡镇级空间规则网络的构建过程中，1990 年、2000 年、2010 年分别选取了各个节点距离最近的 11、22、28 条边，并进行了对称化处理，分别包含 11 574、23 174、28 502 条边，其均具有联通特征，空间规则网络的密度为 0.010 8、0.021 7、0.026 6，与实体网络相差较小，具有可比性。

表 4-17　乡镇级网络构建结果

网络名称	类型	时间（年）	阈值分割后			分割后与 MST 合并后			网络属性
			节点数	边数	密度	节点数	边数	密度	
地市级网络	实体网络	1990	1 035	11 410	0.010 7	1 035	11 412	0.010 7	拓扑、加权
		2000	1 035	22 984	0.021 5	1 035	22 984	0.021 5	
		2010	1 035	28 738	0.026 9	1 035	28 738	0.026 9	
匹配网络	随机网络	1990	1 035	11 418	0.010 7	1 035	11 418	0.010 7	拓扑
		2000	1 035	22 984	0.021 5	1 035	22 984	0.021 5	
		2010	1 035	28 746	0.026 9	1 035	28 746	0.026 9	
	空间规则网络	1990	1 035	11 574	0.010 8	1 035	11 574	0.010 8	
		2000	1 035	23 174	0.021 7	1 035	23 174	0.021 7	
		2010	1 035	28 502	0.026 6	1 035	28 502	0.026 6	

4.6　本章小结

网络构建是网络分析的基础，空间联系强度的度量是空间网络构建的重要内容。在空间联系强度模拟层面，本章首先提出了改进的辐射模型并与传统模型进行比较和验证；在空间联系分析层面，主要从空间联系格局和节点的空间联系强度两方面分析；在空间网络的构建层面主要包含全联系矩阵的简化处理以及同规模随机网络和规则网络的构建等主要步骤。具体结论如下。

首先，基于点要素的空间联系能力和空间可达性对各个尺度上节点的空间联系边权进行模拟测度。①本章针对现有模型对空间异质性考虑较少的不足提出了基于空间可达性的改进辐射模型，用于测度不同节点之间空间联系的边权大小，同时将模拟结果与重力模型和传统辐射模型进行比较与验证。②改进辐射模型能够突出联系的方向性，该模型下两地之间不同方向上联系边权的差异不仅取决于辐射范围分流作用的大小，而且取决于出发地的可达性，即辐射范围的大小，当两地之间的规模和可达性水平具有较大差异时，这种方向性差异越明显。③通过与实测数据的相关性分析，发现改进辐射模型的模拟精度与重力模型、传统辐射模型相比有了较大改善，且在复杂地域格局中具有优势，能够较好地模拟真实地理环境中的不同地区间空间联系的客观规律。

其次，基于改进辐射模型的结果对多尺度空间联系格局进行分析。①在地市级尺度，高权重连接边形成以武汉、襄阳、宜昌为顶点的三角形（△）格局，其中武汉与周围的孝感、鄂州、黄石、黄冈、咸宁形成了星形结构。②在县级尺度，高权重连接边具有局部聚集整体联通的特征：强联系主要聚集于武汉、襄阳、宜昌市辖区与其附近的县级单元之间，围绕各个核心市辖区形成了显著的簇状放射状结构，同时在这三个局部聚集簇之间存在少数权重较大的长距离连接边，以此保证了各个局部聚集之间的有效联系。③在乡镇级尺度，高权重连接边总体格局呈现横着开口向西的V形结构，从东到西主要以黄石—武汉—宜昌—襄阳—十堰等核心发达城市为主要节点，以这些节点之间连接边为主要骨架；同时，中东部城镇密集区武汉“1+8”城市圈内各个节点之间的联系强度显著高于全省的平均水平，城市圈区域一体化格局已经初步形成。

最后，基于多尺度节点间的空间联系矩阵构建社会经济空间网络。①全矩阵简化。选择各个尺度中1990年、2000年、2010年所有联系的平均值作为阈值对连接边的全矩阵进行分割，多个年份采用统一的阈值使生成的网络具有时间序列上的可比性。②网络的连通性。将分割后的网络与各个联系矩阵的最小生成树进行合并（边权的倒数最小）以保证网络中没有孤立的节点或者成分。③不同类型网络的构建。本章保留了各个连接边上的权重，为了研究网络的拓扑结构，生成了加权网络对应的拓扑二值矩阵；为了在下文分析中突出实体网络与其他网络的特征差异，本章同时构建了与各个实体网络同规模、同密度的随机网络和规则网络，在规则网络的构建中加入了空间约束的条件。

5 湖北省社会经济空间网络分析

基于上文构建的地市级、县级和乡镇级空间网络，利用复杂网络的分析方法，分别从网络的整体特征、社团特征和节点角色三个方面进行分析，在分析过程中运用了比较的分析方法：第一，将空间网络的拓扑形式、与其相匹配的随机网络和规则网络作为参考，揭示地市级空间网络与其他构建原则所生成的网络的异同，从而阐述地市级空间网络的形成机制和结构特征。第二，将实体网络的拓扑形式与加权形式进行比较，主要是从社团连接方面分析网络连接边及其权重在局部连接中的差异特征。第三，比较地市级网络与县级网络的异同，从而发现湖北省不同尺度网络结构的差异性。在此基础上对湖北省的城镇体系规划提出具体的指导措施。

5.1 地市级社会经济空间网络分析

5.1.1 网络的整体特征

本节主要从网络的节点度、点权、介数、平均路径距离和簇系数以及上述指标之间的相关性特征分析地市级网络的整体结构，同时计算了各个指标（点权除外）在匹配随机网络和规则网络中的平均值，用以比较各个网络之间的差异，结果如表 5－1、表 5－2 所示。主要结论如下：①节点度较高的地区，其点权和介数也较高。武汉、襄阳、十堰、荆州等地的节点度、点权和介数均在全省处于较高水平。湖北省的地市级网络主要是围绕武汉、襄阳和荆州主城，这些地区不仅与周围地级市联系紧密，而且在不同组成部分的地区联系中具有“桥梁”作用。②地市级节点度差异较大，网络存在择优联接现象。1990 年、2000 年、2010 年地市级的平均节点度分别为 1.88、3.29、4.35，说明在 1990—2010 年中每个地级市平均与 2～4 个地区有联系，同时随着连接边数量的增加，节点的平均度呈现增加趋势。本节进一步分析了节点度的累计分布规律，如图 5 - 1 所示，图 5 - 1a 至图 5 - 1c 分别表示实体网络（real network）、随机网络（random network）和规则网络（regular network）的节点度 k 的分布图。图 5 - 1d 至图 5 - 1f 分别为 1990—2000 年、2000—2010 年、1990—2010 年实体网络中节点度增加量 Δk 的分布图。图 5 - 1g 至图 5 - 1i 分别为上述时间段随机网络中节点度增加量 Δk 的分布图。图 5 - 1j 至图 5 - 1l 分别为上述时间段规则网络中节点度增加量 Δk 的分布图。由于网络规模较小，不适合用多数研究中采取的函数拟合方法判断网络的无标度特征，但是由图 5 - 1a 可以看出，从网络的节点度分布分析，大部分地级市的节点度均较低，在 2000 年和 2010 年出现的最大值 11、15 相对于其他值较高，说明网络中开始存在部分热点地级市，其与多数地区均有联系。而随机网络和规则网络（图 5 - 1b、图 5 - 1c）中各节点的节点度差异相对较小。造成不同网络类型节点度分布差异的原因主要是网络增长的特征不一样，从图 5 - 1d 至图 5 - 1f 可以看出，实体网络中在各个年份节点度较高的节点，其节点度的提高量也较大，说明地市级实体网络的增长特性存在择优连接，地级市总是偏向于和辐射能力较强的地区建立联系，所以在 2000 年、2010 年出现了武汉市这个异常点。随机网络和规则网络节点度的增加量一般随着节点度的增加而减少（图 5 - 1g 至图 5 - 1l）。③网络存在小世界特征。1990 年、2000 年、2010 年地市级的平均路径距离分别为 3.14、2.02、1.70，说明地市级节点之间的联系平均需要经过 2～3 个连接边，即经过 1～2 个中转点。地市级中实体网络与随机网络的平均路径比值分别为 0.84、0.91、0.90，说明相对于同规模同密度的随机网络，地市级空间网络的平均路径近似于相对应的随机网络，且略小，可见地市级的网络具有随机网络中的短路径特征，人员、物资、信息技术等社会经济要素在地市级和县级网络中的运行效率较快。这一特征的存在主要得益于网络中少数长距离连接边的存在，例如武汉—襄阳、武汉—恩施、武汉—宜昌等，这些连接边受到空间约束作用较小。簇系数是网络局部聚集程度的体现，地市级在 1990 年、2000 年、2010 年簇系数均为 0.00、0.44、0.72，1990 年由于网络较为稀疏，节点度为 1 的节点较多，这种情况不存在邻居节点之间的联系，所以簇系数接近于 0。随着连接边的增加，网络的簇系数不断增加，节点的局部连接聚集特征越发显著。在不同网络类型中，地市级的网络平均簇系数均大于相匹配的随机网络和规则网络，其中与规则网络的比值接近于 1，说明了地市级网络的局部聚集特征显著。综合平均路径距离和簇系数的结果说明地市级网络都具有小世界特征，即同规则网络一样存在较为显著的局部聚集，同随机网络一样具有较高的网络传输速度。

表 5-1　地市级网络节点度、点权、介数结果

地市级	节点度			点权			介数		
	1990 年	2000 年	2010 年	1990 年	2000 年	2010 年	1990 年	2000 年	2010 年
恩施	1	1	3	1.45	7.82	34.54	0.00	0.00	0.00
黄石	1	3	3	3.74	36.11	64.42	0.00	0.00	0.00
荆州	4	5	7	19.04	100.09	133.47	91.00	10.17	5.17
宜昌	2	5	5	10.41	62.81	97.84	15.00	15.00	0.67
荆门	2	4	5	10.65	61.02	78.01	48.00	0.00	0.50
鄂州	1	3	3	2.64	28.53	47.72	0.00	0.00	0.00

（续）

地市级	节点度			点权			介数		
	1990 年	2000 年	2010 年	1990 年	2000 年	2010 年	1990 年	2000 年	2010 年
潜江	3	2	4	3.52	14.38	29.62	29.00	0.50	1.00
黄冈	2	3	3	10.54	68.78	105.19	15.00	0.00	0.00
咸宁	1	1	1	12.69	37.48	82.12	0.00	0.00	0.00
十堰	2	2	6	5.56	21.72	72.62	15.00	15.00	15.67
神农架	1	1	1	0.30	0.67	0.80	0.00	0.00	0.00
随州	1	3	3	1.81	23.66	52.89	0.00	1.50	0.00
仙桃	1	2	3	1.27	11.86	19.96	0.00	3.83	0.00
孝感	1	2	2	9.53	83.04	108.17	0.00	0.00	0.00
天门	1	1	3	0.55	3.08	13.16	0.00	0.00	0.00
襄阳	3	6	7	11.55	81.33	150.93	41.00	30.33	4.67
武汉	5	12	15	33.86	218.04	391.62	64.00	79.67	81.33
平均值	1.88	3.29	4.35	8.18	50.61	87.24	1.88	3.29	4.35
随机网络	2.00	3.18	4.24	—	—	—	23.76	10.82	8.00
规则网络	1.88	2.94	3.88	—	—	—	26.94	17.65	13.53

表 5-2　地市级网络平均路径距离、簇系数结果

地市级	平均路径距离			簇系数		
	1990 年	2000 年	2010 年	1990 年	2000 年	2010 年
恩施	3.59	2.53	1.76	0.00	0.00	1.00
黄石	3.88	2.00	1.76	0.00	1.00	1.00
荆州	1.94	1.65	1.47	0.00	0.60	0.57
宜昌	2.71	1.65	1.65	0.00	0.60	0.80
荆门	2.35	1.71	1.59	0.00	1.00	0.90
鄂州	3.12	2.00	1.76	0.00	1.00	1.00
潜江	2.59	2.41	1.71	0.00	0.00	0.67

（续）

地市级	平均路径距离			簇系数		
	1990 年	2000 年	2010 年	1990 年	2000 年	2010 年
黄冈	3.00	2.00	1.76	0.00	1.00	1.00
咸宁	3.12	2.12	1.88	0.00	0.00	0.00
十堰	3.65	2.29	1.53	0.00	0.00	0.53
神农架	4.53	3.18	2.41	0.00	0.00	0.00
随州	3.76	1.88	1.71	0.00	0.67	1.00
仙桃	3.47	2.00	1.76	0.00	0.00	1.00
孝感	3.12	2.06	1.82	0.00	1.00	1.00
天门	3.47	2.12	1.76	0.00	0.00	1.00
襄阳	2.88	1.53	1.47	0.00	0.47	0.57
武汉	2.24	1.24	1.00	0.00	0.17	0.20
平均值	3.14	2.02	1.70	0.00	0.44	0.72
随机网络	3.74	2.21	1.88	0.00	0.13	0.27
规则网络	4.11	3.02	2.53	0.00	0.36	0.56
实体/随机	0.84	0.91	0.90	—	3.52	2.67
实体/规则	0.76	0.67	0.67	—	1.22	1.28

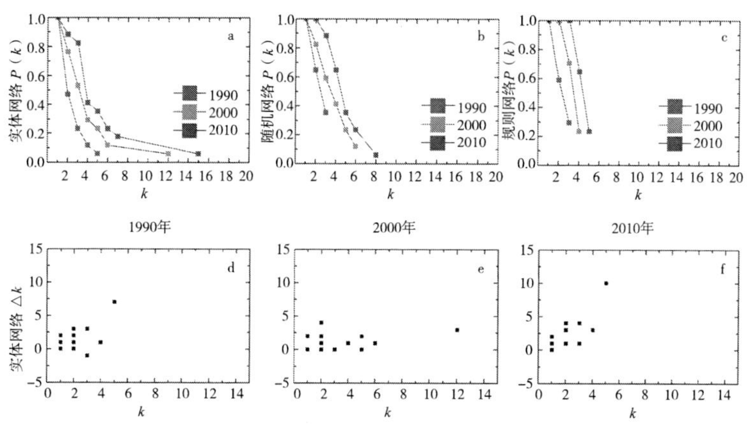

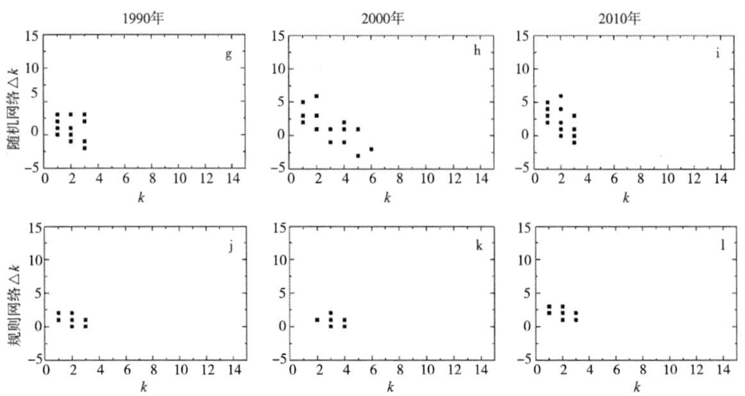

图 5-1　地市级不同网络类型中节点的分布与增长特征

5.1.2　网络的社团特征

本节对湖北省地市级网络进行社团划分，结果如表 5-3 所示。①1990 年、2000 年和 2010 年地市级的 Q 值分别为 0.543 0、0.317 6、0.274 3，这一数据说明：第一，实体网络的 Q 值与随机网络相差不大而小于规则网络，说明实体网络相对于规则网络联系较为松散；第二，Q 值逐年减少，说明节点联系的范围逐步增大，网络的局部聚集结构被打破。②实体加权网络的 Q 值均大于拓扑网络，说明地市级网络中权重较大的连接边主要聚集在局部区域，连接松散的长距离边权重较低，体现了空间距离对联系强度的影响。不同年份之间以及拓扑和加权网络中，地级市的社团格局变化不大，具体包括：东部社团以武汉为中心，包括孝感、黄冈、黄石、鄂州、咸宁，如 1990 年拓扑社团和加权社团中的 M2，2010 年加权社团中的 M2；中部社团包含天门、潜江、仙桃，如 1990 年拓扑社团和加权社团中的 M4，2010 年拓扑社团和加权社团中的 M3；东部和中部社团刚好是武汉市“1+8”城市圈所含地区；西北部社团以襄阳为中心，包含荆门、随州、十堰、神农架，如 1990 年拓扑社团和加权社团中的 M3；西南部社团以宜昌为中心，包含荆州和恩施，如 1990 年拓扑社团和加权社团中的 M1；同时各个社团连接地区如孝感、荆门等地在社团归属中有一定的波动性。通过计算社团的内外部联系发现（表 5－4、表 5－5），东部的武汉社团在各个年份中其内外部联系强度均在全省处于较高水平，特别是在加权网络中，内外部联系强度的优势更为显著，说明东部地区各地级市之间具有密切的相互交流与合作关系。

表 5－3 地市级不同网络类型社团划分统计

网络类型	实体拓扑网络			实体加权网络		
	1990 年	2000 年	2010 年	1990 年	2000 年	2010 年
Q	0.543 0	0.317 6	0.274 3	0.543 0	0.385 2	0.396 4
内联系	0.855 1	0.635 1	0.653 4	0.855 1	0.874 1	0.777 3
外联系	0.144 9	0.364 9	0.346 6	0.144 9	0.125 9	0.222 7
社团数	4	5	4	4	3	4
最大值（个）	6	6	5	6	8	6
最小值（个）	3	2	3	3	2	3
平均值（个）	4.250 0	3.400 0	4.250 0	4.250 0	5.666 7	4.250 0
标准差（个）	1.299 0	1.743 6	0.829 2	1.299 0	2.624 7	1.089 7
变异系数	0.305 7	0.512 8	0.195 1	0.305 7	0.463 2	0.256 4
网络类型	随机网络			规则网络		
	1990 年	2000 年	2010 年	1990 年	2000 年	2010 年
Q	0.534 6	0.332 6	0.241 1	0.556 6	0.495 2	0.502 8
内联系	0.823 5	0.666 7	0.444 4	0.812 5	0.760 0	0.848 5
外联系	0.176 5	0.333 3	0.555 6	0.187 5	0.240 0	0.151 5
社团数	4	3	5	4	4	3
最大值（个）	6	6	4	5	5	7
最小值（个）	3	5	3	3	3	5

（续）

网络类型	随机网络			规则网络		
	1990年	2000年	2010年	1990年	2000年	2010年
平均值（个）	4.250 0	5.666 7	3.400 0	4.250 0	4.250 0	5.666 7
标准差（个）	1.089 7	0.471 4	0.489 9	0.829 2	0.829 2	0.942 8
变异系数	0.256 4	0.083 2	0.144 1	0.195 1	0.195 1	0.166 4

表 5-4　地市级拓扑网络社团基本特征

年份	名称	社团范围	规模	社团密度	内联系			外联系		
					强度	百分比	排名	强度	百分比	排名
1990	M1	宜昌、恩施、荆州	3	0.67	4	0.15	3	3	0.50	1
	M2	孝感、武汉、黄冈、鄂州、黄石、咸宁	6	0.33	10	0.38	1	1	0.17	2
	M3	十堰、神农架、襄阳、荆门、随州	5	0.40	8	0.31	2	1	0.17	2
	M4	天门、潜江、仙桃	3	0.67	4	0.15	3	1	0.17	2
2000	M1	襄阳、宜昌、荆门、荆州、恩施	5	0.70	14	0.41	2	7	0.35	4
	M2	武汉、黄冈、鄂州、黄石、咸宁、天门	6	0.53	16	0.47	1	7	0.35	1
	M3	潜江、仙桃	2	1.00	2	0.06	3	2	0.10	3
	M4	十堰、神农架	2	1.00	2	0.06	3	1	0.05	5
	M5	随州、孝感	2	1	2	0.06	3	3	0.15	2
2010	M1	宜昌、恩施、荆州	4	0.83	10	0.25	2	10	0.29	2
	M2	武汉、黄冈、鄂州、黄石、咸宁	5	0.70	14	0.35	1	11	0.32	1
	M3	天门、潜江、仙桃	3	1.00	6	0.15	4	4	0.12	4
	M4	十堰、神农架、襄阳、荆门、随州、孝感	5	0.50	10	0.25	2	9	0.26	3

表 5-5 地市级加权网络社团基本特征

年份	名称	社团范围	规模	内联系			外联系		
				强度	百分比	排名	强度	百分比	排名
1990	M1	宜昌、恩施、荆州	3	20.82	0.18	3	10.08	0.50	1
	M2	孝感、武汉、黄冈、鄂州、黄石、咸宁	6	70.80	0.60	1	2.20	0.11	3
	M3	十堰、神农架、襄阳、荆门、随州	5	23.69	0.20	2	6.18	0.31	2
	M4	天门、潜江、仙桃	3	3.64	0.03	4	1.70	0.08	4
2000	M1	襄阳、宜昌、荆门、荆州、恩施、十堰、神农架	7	285.82	0.38	2	49.65	0.46	1
	M2	宜昌、恩施、荆州、孝感、武汉、黄冈、天门、随州	8	451.59	0.60	1	47.13	0.43	2
	M3	潜江、仙桃	2	14.66	0.02	3	11.58	0.11	3
2010	M1	宜昌、恩施、荆州、孝感	4	253.95	0.22	2	89.91	0.27	3
	M2	武汉、黄冈、鄂州、黄石、咸宁、随州	6	679.20	0.59	1	120.04	0.36	1
	M3	天门、潜江、仙桃	3	34.52	0.03	4	28.22	0.09	4
	M4	十堰、神农架、襄阳、荆门、孝感	4	185.07	0.16	3	92.17	0.28	2

5.1.3 网络节点角色识别

本节根据各个节点的 P、Z 值，即节点的社团内外联系状况，对地市级的节点角色进行识别，以此确定各个地级市在社会经济网络中的功能定位。从地市级的节点角色统计结果（表 5-6）可知，①节点主要属于 R1、R2、R3，网络中不存在 $Z \geq 2.5$ 的热点地区以及外部联系显著的 R4，说明地市级网络中社团内部的核心地区不突出，社团内部的各个节点之间多为环状的连接结构，东部社团中围绕武汉表现出一定的放射状结构，但是武汉的 Z 值为 2.11，仍低于理想值。②随着时间变化，R2 和 R3 中的地级市数量逐渐增多，而 R1 中地级市的数量逐渐减少，说明网络中越来越多的节点倾向于社团外部连接，网络连接的分散化程度逐渐显著，这和 Q 值的结果具有一致性。③在各个地级市中（表 5-7、表 5-8），1990 年荆州市属于 R3，其 P、Z 值分别为：0.75、−0.71，可见其外部联系较强，而内部联系则低于其社团内的平均值。荆州市位于其所在社团东边，是西北部社团与中部和东部社团联系的门户，在网络连接中具有区域联系“踏脚石”的作用。2000 年增加了武汉和襄阳两个地级市，两地的 P、Z 值均较高，说明其不仅在社团内部有一定的核心作用，而且在社团对外联系中也具有重要影响。2010 年除上述地级市外荆门和潜江的 P 值比较突出，而 Z 值则相对较低，主要发挥所在社团与其他社团的连接作用。

表 5-6 地市级不同网络类型节点角色统计与比较

节点角色		实体拓扑网络			实体加权网络		
		1990 年	2000 年	2010 年	1990 年	2000 年	2010 年
非热点	R1	13	7	5	13	9	5
	R2	3	7	8	3	8	12
	R3	1	3	4	1	0	0

（续）

节点角色		实体拓扑网络			实体加权网络		
		1990 年	2000 年	2010 年	1990 年	2000 年	2010 年
非热点	R1	11	7	1	12	8	9
	R2	6	9	5	4	7	8
	R3	0	1	11	1	2	0

表 5-7 地市级拓扑网络节点角色识别

地市级	1990 年			2000 年			2010 年		
	P	*Z*	R	*P*	*Z*	R	*P*	*Z*	R
恩 施	0.00	−0.71	1	0.00	−1.84	1	0.44	−1.00	2
黄 石	0.00	−0.60	1	0.00	0.24	1	0.00	0.20	1
荆 州	0.75	−0.71	3	0.56	0.20	2	0.69	1.00	3
宜 昌	0.00	1.41	1	0.32	1.22	2	0.56	1.00	2
荆 门	0.50	−0.75	2	0.38	0.20	2	0.64	−1.00	3
鄂 州	0.00	−0.60	1	0.00	0.24	1	0.00	0.20	1
潜 江	0.44	1.41	2	0.50	0.00	2	0.63	0.00	3
黄 冈	0.00	0.30	1	0.00	0.24	1	0.00	0.20	1
咸 宁	0.00	−0.60	1	0.00	−1.21	1	0.00	−1.84	1
十 堰	0.00	0.50	1	0.50	0.00	2	0.61	1.12	2
神农架	0.00	−0.75	1	0.00	0.00	1	0.00	−1.12	1
随 州	0.00	−0.75	1	0.67	0.00	3	0.44	0.00	2
仙 桃	0.00	−0.71	1	0.50	0.00	2	0.44	0.00	2
孝 感	0.00	−0.60	1	0.50	0.00	2	0.50	−1.12	2
天 门	0.00	−0.71	1	0.00	−1.21	1	0.44	0.00	2
襄 阳	0.00	1.75	1	0.67	0.20	3	0.61	1.12	2
武 汉	0.32	2.11	2	0.68	1.70	3	0.75	1.22	3

表 5-8　地市级加权网络节点角色识别

地市级	1990 年			2000 年			2010 年		
	P	*Z*	R	*P*	*Z*	R	*P*	*Z*	R
恩　施	0.00	−1.40	1	0.00	−1.17	1	0.26	−1.43	2
黄　石	0.00	−0.84	1	0.00	−0.38	1	0.00	−0.63	1
荆　州	0.65	0.52	3	0.34	1.38	2	0.50	1.14	2
宜　昌	0.00	0.88	1	0.18	0.55	2	0.31	0.69	2
荆　门	0.49	−0.07	2	0.15	0.54	2	0.48	−0.41	2
鄂　州	0.00	−0.96	1	0.00	−0.53	1	0.00	−0.85	1
潜　江	0.50	1.17	2	0.50	0.00	2	0.61	0.72	2
黄　冈	0.00	−0.13	1	0.00	0.23	1	0.00	−0.10	1
咸　宁	0.00	0.09	1	0.00	−0.36	1	0.00	−0.40	1
十　堰	0.00	0.21	1	0.00	−0.68	1	0.36	0.35	2
神农架	0.00	−1.14	1	0.00	−1.42	1	0.00	−1.44	1
随　州	0.00	−0.75	1	0.48	−0.80	2	0.38	−0.22	2
仙　桃	0.00	0.10	1	0.47	0.00	2	0.44	0.69	2
孝　感	0.00	−0.24	1	0.00	0.50	1	0.14	−0.17	2
天　门	0.00	−1.27	1	0.00	−1.01	1	0.49	−1.41	2
襄　阳	0.00	1.75	1	0.35	0.79	2	0.57	1.32	2
武　汉	0.12	2.07	2	0.29	2.34	2	0.46	2.16	2

5.2　县级社会经济空间网络分析

5.2.1　网络的整体特征

本节从统计特征、相关性两个方面对网络的节点度、节点权、介数、平均路径距离和簇系数进行分析。在指标的统计特征方面：①县级网络各指标的基本统计特征如表 5－9 和表 5－10 所示，县级空间网络的平均节点度分别为 3.53、7.32、9.65。比较不同网络类型中的节点度分布情况（图 5－2），实体网络中节点度分布的峰值明显偏右（图 5－2a 至图 5－2c），而随机网络中（图 5－2d）则近似于正态分布，规则网络（图 5－2e）中随着节点度的增加分布比例逐渐下降，这一特征说明县级网络中大部分节点具有较少的连接节点，而少数县级单元与大部分节点均有联系，网络的节点度分布不均衡。本节进一步对节点度及其累计分布概率进行函数拟合，所得结果分别为：$P(k)=1.5302k^{-1.429}$（$R^2=0.9175$）、$P(k)=2.9887k^{-1.298}$（$R^2=0.882$）、$P(k)=3.9277k^{-1.28}$（$R^2=0.8478$），在双对数坐标中为一条下降的直线（图 5－2f 至图 5－2h），节点度具有幂律分布特征，县级网络属于无标度网络。从图 5－2 可以看出，网络的无标度特征主要来自节点的择优连接偏好，随着节点度的增大，其增加量逐步增大，形成了“富者愈富”的马太效应，因而增大了县级单元节点度的差异性。②县级单元实体网络的平均介数为 113.91、49.11、39.55，均小于其对应的随机网络和规则网络，这种现象说明各个节点作为其他两地间最短路径拐点的概率较小，即网络中两点之间存在较多的直接联系。③县级实体网络的平均路径距离接近于随机网络，簇系数接近于规则网络，说明县级同地市级网络一样具有短距离和高簇系数的小世界特征，网络中县级单元之间在局部范围内进行经济交流与合作的现象较为显著，同时由于不同聚集地之间长距离连接和门户节点、踏脚石节点等的存在，网络之间人流、物流、信息流等的传输效率较高。由表 5－9、表 5－10 可知，平均路径距离较大的节点主要位于省级边缘地带，特别是西部的山地丘陵地区。而这些平均路径距离较大的地区则更容易形成局部聚集，簇系数的高值和平均路径距离的高值具有一定的空间一致性。

表 5-9 县级网络中心性统计

中心性	节点度			介数		
	1990年	2000年	2010年	1990年	2000年	2010年
实体网络	3.53	7.32	9.65	113.91	49.11	39.55
随机网络	3.53	7.29	9.62	110.02	60.05	49.26
规则网络	3.91	7.13	9.55	234.60	146.27	112.44

表 5-10 县级网络聚集特征统计

聚集性	平均路径距离			簇系数		
	1990年	2000年	2010年	1990年	2000年	2010年
实体网络	3.67	2.14	1.92	0.44	0.70	0.74
随机网络	3.58	2.40	2.15	0.04	0.07	0.12
规则网络	6.51	4.43	3.63	0.40	0.58	0.60
实体/随机	1.03	0.89	0.89	11.31	9.73	6.30
实体/规则	0.56	0.48	0.53	1.08	1.20	1.22

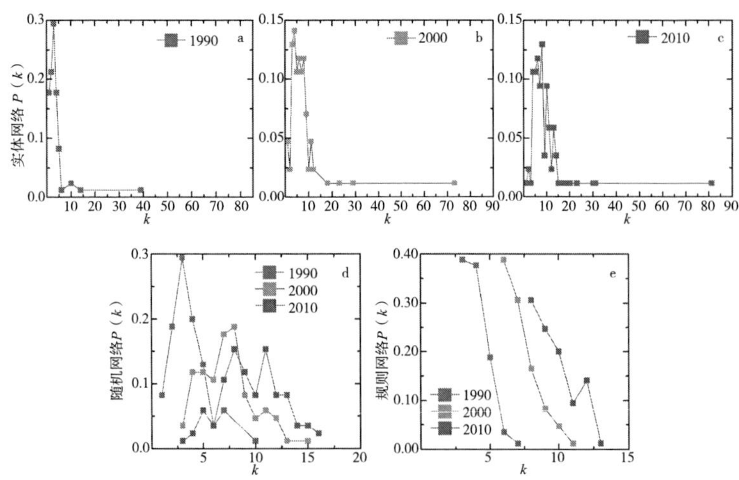

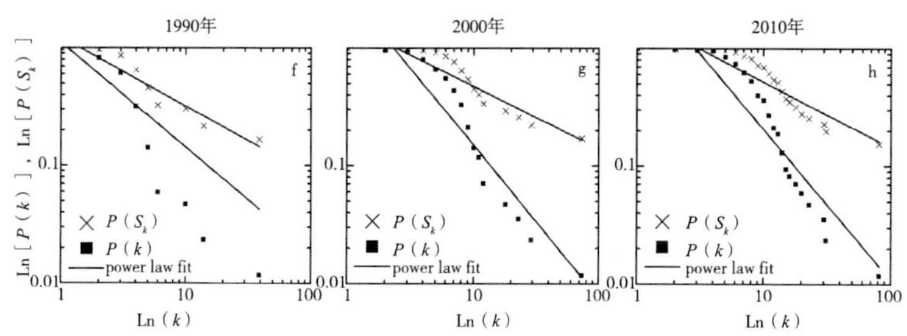

图 5-2 县级节点度、点权分布特征

在指标的相关性方面：①通过度-度相关性可知（图 5-3、图 5-4），县级网络属于异配网络。在县级网络中（图 5-3a），随着节点度的增大，节点度对应的最邻近节点的平均度呈现下降趋势，即网络中节点度较高的节点，其邻居节点的节点度较低，在具体的城镇联系中，欠发达地区趋向于同核心发达地区直接建立联系，以获得更好的辐射带动作用。在随机网络（图 5-3b）和规则网络（图 5-3c）中随着节点度的增加，最邻近节点的平均度变化不大。②节点度与点权之间具有幂律关系（图 5-3d 至图 5-3f）。县级单元的节点度与点权的函数拟合结果为：$S=0.96k^{1.4818}$（$R^2=0.6734$）、$S=2.28487k^{1.4105}$（$R^2=0.8117$）、$S=2.3225k^{1.4578}$（$R^2=0.7844$），随着节点度的增加，节点的联系强度呈现幂律增长，联系强度的增长速度快于节点度的增长速度。③节点度与介数之间具有一定的正向特征（图 5-5a 至图 5-5c），节点度大的地方介数也较大，例如，武汉、襄阳、宜昌、荆州等地，其节点度和点权均在全省排名靠前。从图中可以看出，在随机网络（图 5-5d）和规则网络（图 5-5e）中，介数一般随着节点度的增加而减少。需要注意的是，县级网络中存在一部分节点，其节点度较小但是介数相对较大。研究发现，这些节点主要分布在湖北省的边缘地区，如西北部的竹溪县、竹山县，西南部的来凤县，东部的黄梅县等，这些地区虽然节点度较低，但是却是边缘地区与其他地方连接的主要通道。④县级网络具有一定的层次性。为了表明节点度与簇系数之间的关系，对节点度所对应的节点的平均簇系数进行了散点图展示。由图 5－6a 可知，在县级网络中随着节点度的增加簇系数集聚下降，而在随机网络（图 5－6b）和规则网络（图 5－6c）中的变化特征不显著。节点度与对应簇系数的函数拟合结果为 $CC=1.4893k^{-0.883}$（$R^2=0.9555$）、$CC=2.33k^{-0.663}$（$R^2=0.877$）、$CC=2.4756k^{-0.65}$（$R^2=0.8781$），在双对数坐标中为斜率为负的直线（图 5－6d 至图 5－6f），说明网络具有层次性，节点度较高的城镇由于联系的地区较多，区域较广，导致各个邻居节点之间的联系较少，所对应的簇系数较小。

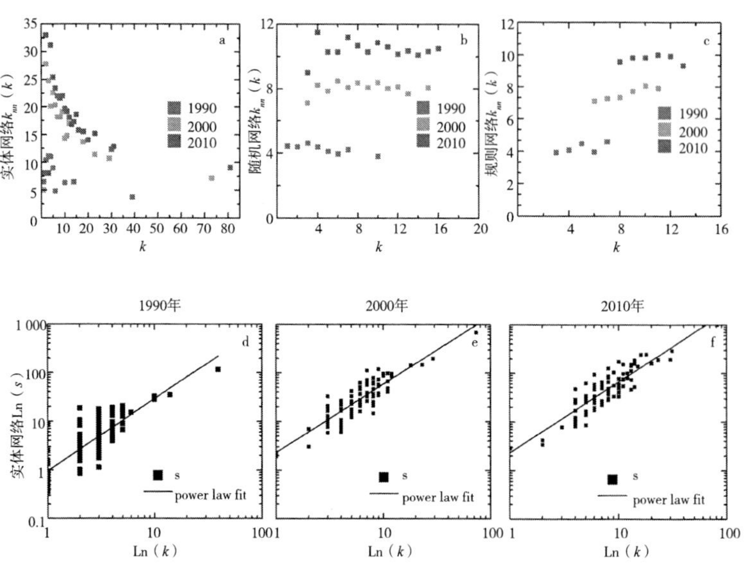

图 5－3　县级度-度、度-权相关性

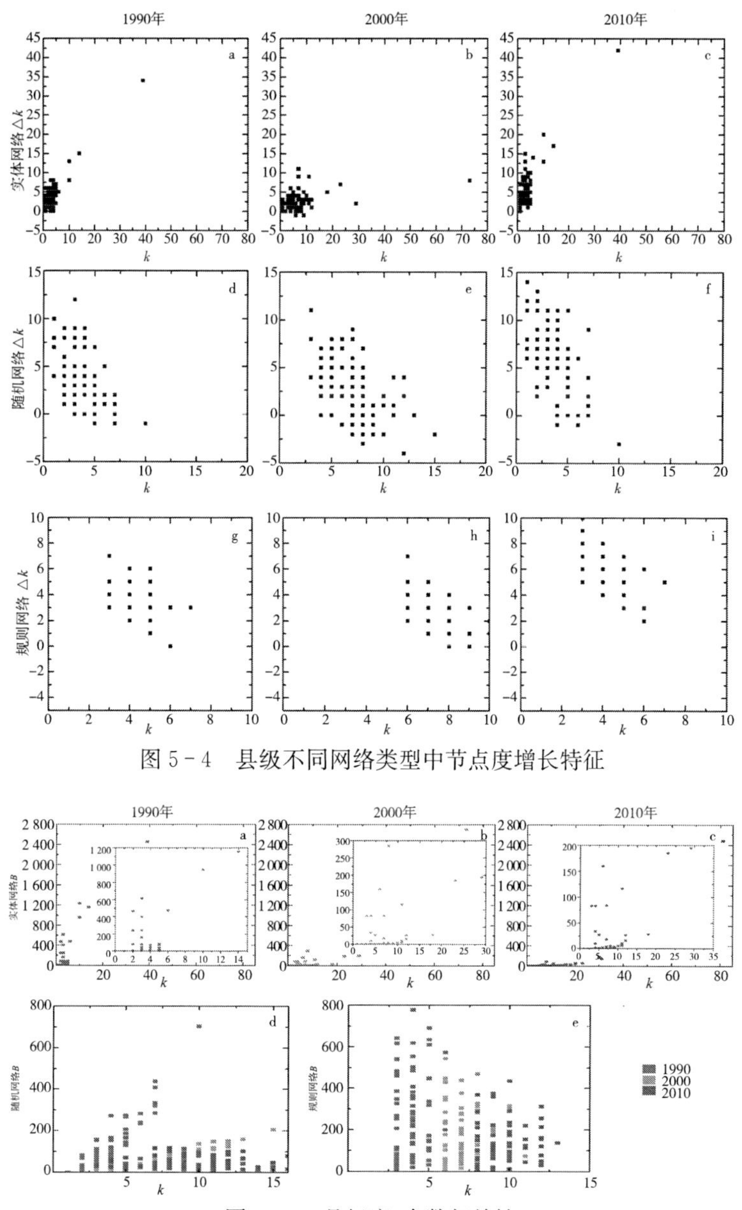

图 5-4　县级不同网络类型中节点度增长特征

图 5-5　县级度-介数相关性

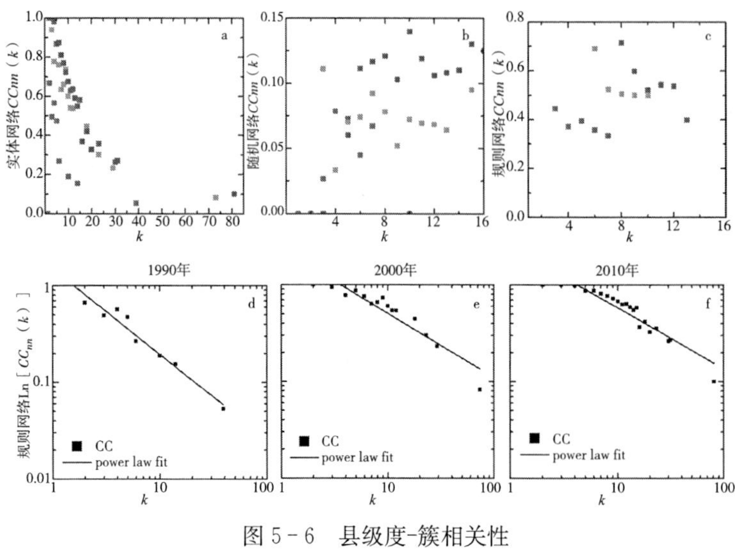

图 5-6　县级度-簇相关性

5.2.2　网络的社团特征

对县级网络进行社团划分，结果如表 5-11 所示，主要结论有：①县级的社团划分结果相对于地市级较为理想。1990 年、2000 年、2010 年县级拓扑网络的 Q 值分别为 0.582 3、0.477 7、0.451 4，加权网络 Q 值为 0.631 0、0.552 7、0.528 1，均在理想 Q 值 0.3～0.7，说明相对于地市级，县级的社团特征较为显著，各个单元之间更倾向于局部连接。从时间顺序看，随着 Q 值的减少，网络的连接趋向于分散化。②县级社团划分结果的空间结构与地市级具有相似之处，一定程度上是地市级社团的拆分。县级社团大致以十堰、襄阳、武汉、荆州、宜昌、恩施、武汉等市辖区为中心进行分布。以 1990 年的拓扑网络为例，地市级中的 M1 社团在县级中拆分成了 M1 和 M3，M2 社团划分为县级中的 M2、M4、M6、M7，地市级社团中的 M3 社团分为了县级中的 M9、M8、M5，位于中心位置的地市级社团 M4 中的天门、潜江和仙桃则分别融合到了就近的县级社团中去。③综合表 5 - 12 和表 5 - 13 可知，以武汉、宜昌、襄阳市辖区为中心的社团，如拓扑社团中，1990 年的 M2、M3、M8，2000 年的 M2、M3、M5，2010 的 M2、M3、M5；加权社团中，1990 年的 M5、M3、M9，2000 年的 M5、M3、M7，2010 的 M4、M3、M6，其内外部联系均在全省占有较大比重，是全省最主要的核心社团。④社团之间的联系中，武汉与西北方面的襄阳社团之间的联系逐渐加强，这主要是因为 1990 年湖北省西北部由于多低山丘陵而交通不便，近年来随着高速公路的建设和武汉到随州、襄阳、十堰的动车的开通，有效地推动了武汉及其周边地区与西北部县之间的联系。

表 5 - 11　县级不同网络类型社团划分统计

网络类型	实体拓扑网络			实体加权网络		
	1990 年	2000 年	2010 年	1990 年	2000 年	2010 年
Q	0.582 3	0.477 7	0.451 4	0.631 0	0.552 7	0.528 1
内联系	0.282 4	0.255 8	0.239 5	0.153 8	0.208 6	0.294 1
外联系	0.717 6	0.744 2	0.760 5	0.846 2	0.791 4	0.705 9
社团数	9	6	6	10	7	7
最大值	25	21	23	20	19	85
最小值	5	7	7	3	6	3
平均值	9.444 4	14.166 7	14.166 7	8.500 0	12.142 9	24.285 7
标准差	6.584 7	5.273 1	5.304 6	4.801 0	4.940 5	25.566 2
变异系数	0.697 2	0.372 2	0.374 4	0.564 8	0.406 9	1.052 7
网络类型	随机网络			规则网络		
	1990 年	2000 年	2010 年	1990 年	2000 年	2010 年
Q	0.510 0	0.303 7	0.274 6	0.739 1	0.681 7	0.645 0
内联系	0.633 3	0.432 3	0.425 4	0.885 5	0.868 0	0.822 7
外联系	0.366 7	0.567 7	0.574 6	0.114 5	0.132 0	0.177 3
社团数	9	8	7	8	6	6

（续）

网络类型	随机网络			规则网络		
	1990 年	2000 年	2010 年	1990 年	2000 年	2010 年
最大值	13	13	17	18	20	18
最小值	7	9	9	6	7	8
平均值	9.444 4	10.625 0	12.142 9	10.625 0	14.166 7	14.166 7
标准差	2.266 2	1.317 0	2.747 9	4.029 2	4.487 6	3.184 2
变异系数	0.240 0	0.123 9	0.226 3	0.379 2	0.316 8	0.224 8

表 5-12　县级拓扑网络社团基本特征

年份	名称	社团核心区域	规模	社团密度	内联系			外联系		
					强度	百分比	排名	强度	百分比	排名
1990	M1	恩施市辖区	9	0.22	16	0.07	4	1	0.02	7
	M2	武汉市辖区	25	0.16	96	0.40	1	18	0.30	1
	M3	宜昌市辖区、荆州市辖区	14	0.24	44	0.18	2	9	0.15	3
	M4	咸宁市辖区、仙桃市	5	0.50	10	0.04	6	8	0.13	4
	M5	荆门市辖区	6	0.47	14	0.06	5	11	0.18	2
	M6	英山县、黄梅县	6	0.33	10	0.04	6	4	0.07	6
	M7	通山县、崇阳县	3	0.67	4	0.02	9	1	0.02	7
	M8	襄阳市辖区、十堰市辖区、随州市辖区	13	0.26	40	0.17	3	7	0.12	5
	M9	神农架、竹山县	4	0.50	6	0.03	8	1	0.02	7
2000	M1	恩施市辖区	9	0.39	28	0.06	5	7	0.04	6
	M2	武汉市辖区	20	0.36	136	0.31	1	59	0.32	1
	M3	宜昌市辖区、荆门市辖区、荆州市辖区	21	0.31	130	0.30	2	44	0.24	2
	M4	咸宁市辖区	7	0.57	24	0.05	6	9	0.05	5
	M5	襄阳市辖区、十堰市辖区、随州市辖区	16	0.28	68	0.15	3	34	0.19	3
	M6	孝感市辖区	12	0.41	54	0.12	4	29	0.16	4

（续）

年份	名称	社团核心区域	规模	社团密度	内联系			外联系		
					强度	百分比	排名	强度	百分比	排名
2010	M1	恩施市辖区	11	0.42	46	0.09	5	20	0.07	5
	M2	武汉市辖区	23	0.40	200	0.37	1	89	0.32	1
	M3	宜昌市辖区、荆门市辖区、荆州市辖区	19	0.41	140	0.26	2	59	0.21	2
	M4	咸宁市辖区	7	0.67	28	0.05	6	15	0.05	6
	M5	十堰市辖区、襄阳市辖区	13	0.41	64	0.12	3	42	0.15	4
	M6	孝感市辖区	12	0.47	62	0.11	4	55	0.20	3

表 5-13　县级加权网络社团基本特征

年份	名称	社团核心区域	规模	内联系			外联系		
				强度	百分比	排名	强度	百分比	排名
1990	M1	恩施市辖区	9	10.03	0.02	9	0.21	0.00	10
	M2	黄石市辖区	5	46.29	0.08	5	16.74	0.15	3
	M3	宜昌市辖区、荆州市辖区	12	115.27	0.20	2	10.29	0.09	4
	M4	荆门市辖区	10	55.53	0.10	4	20.59	0.19	2
	M5	武汉市辖区、孝感市辖区	20	217.74	0.37	1	40.03	0.36	1
	M6	英山县、黄梅县	6	10.40	0.02	8	3.40	0.03	7
	M7	通山县、崇阳县	3	2.67	0.00	10	0.63	0.01	9
	M8	咸宁市辖区	3	16.22	0.03	7	9.13	0.08	5
	M9	襄阳市辖区、随州市辖区	10	77.51	0.13	3	6.88	0.06	6
	M10	十堰市辖区	7	32.03	0.05	6	2.26	0.02	8
2000	M1	恩施市辖区	9	75.57	0.02	7	6.12	0.01	7
	M2	黄石市辖区、英山县、黄梅县	12	357.09	0.12	4	144.14	0.17	2

（续）

年份	名称	社团核心区域	规模	内联系			外联系		
				强度	百分比	排名	强度	百分比	排名
2000	M3	宜昌市辖区、荆州市辖区、荆门市辖区	16	681.99	0.22	2	111.16	0.13	4
	M4	天门市、仙桃市、潜江市	6	136.90	0.04	5	134.00	0.15	3
	M5	武汉市辖区、孝感市辖区	19	1 107.74	0.36	1	346.59	0.40	1
	M6	通山县、崇阳县、咸宁市辖区	6	117.97	0.04	6	55.71	0.06	6
	M7	十堰市辖区、襄阳市辖区、随州市辖区	17	575.48	0.19	3	73.66	0.08	5
2010	M1	恩施市辖区	9	211.04	0.04	5	25.00	0.02	6
	M2	黄石市辖区、英山县、黄梅县	12	542.69	0.10	4	240.15	0.19	2
	M3	宜昌市辖区、荆州市辖区、荆门市辖区、天门市、仙桃市、潜江市	22	1 224.56	0.23	2	219.71	0.18	3
	M4	武汉市辖区、孝感市辖区、咸宁市辖区	20	2 271.24	0.43	1	571.26	0.46	1
	M6	通山县、崇阳县	3	63.39	0.01	6	35.15	0.03	5
	M7	十堰市辖区、襄阳市辖区、随州市辖区	19	1 018.79	0.19	3	156.27	0.13	4

5.2.3 网络的节点角色识别

对县级拓扑网络和加权网络的节点进行角色识别，并将识别结果与规格网络和随机网络进行比较，如图 5－7、图 5－8

所示。在角色识别的基础上，对各个年份中各个节点的角色进行数量统计，结果如表 5 - 14 所示，①节点中出现了 R5、R6、R7 热点，这些节点不仅对其所在社团具有核心辐射作用，而且 R6、R7 节点在加强不同社团的节点之间的联系方面具有重要作用。总体上热点和非热点的数量变化较小，且在拓扑网络和加权网络之间的差异较小。同时非热点内部 R1 的数量逐渐减小，而 R2 和 R3 的数量逐渐增大；R5、R6、R7 的数量则具有较小的波动性。②县级网络中的热点地区主要为武汉、襄阳、宜昌、恩施等地区。其中拓扑网络中 1990 年武汉市辖区和襄阳市辖区属于 R6，宜昌市辖区为 R5，前者不仅在社团内部具有较强的联系，而且对于促进所在社团与其他社团之间的联系具有重要作用，2000 年武汉市上升为 R7，其外部联系强度进一步提高，宜昌由 R5 转变为 R6，这是因为 1990—2000 年武汉到宜昌以及宜昌到襄阳高速的开通对于增强宜昌的空间联系能力具有重要作用。

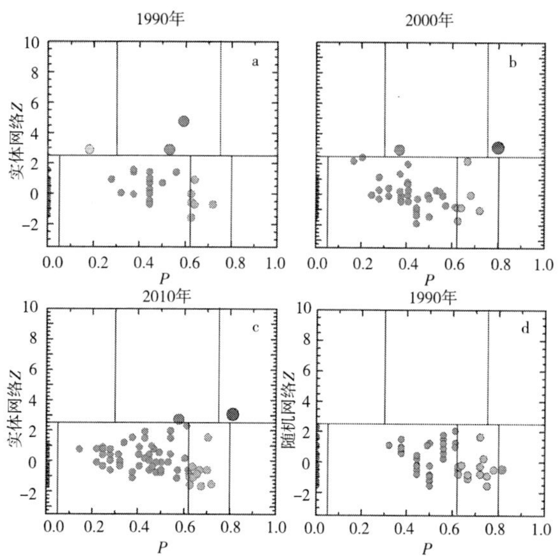

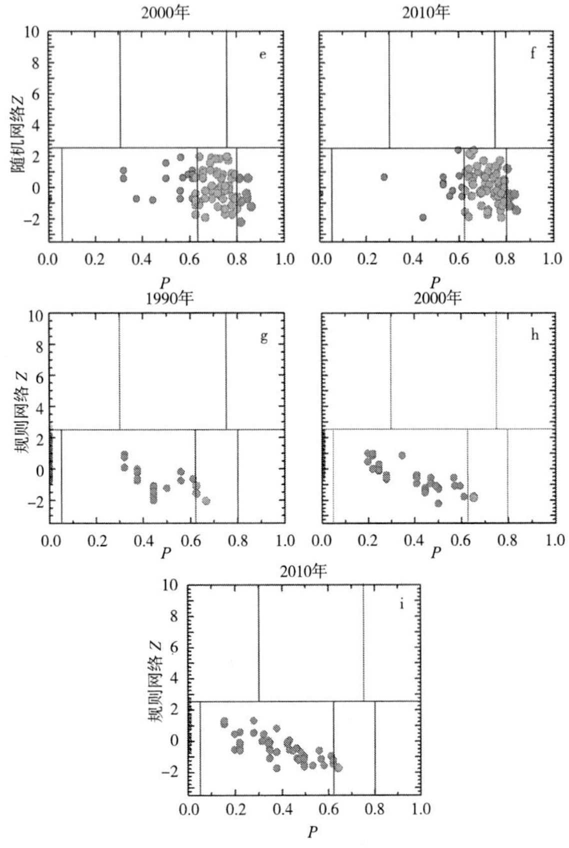

图 5-7　县级拓扑网络节点角色识别

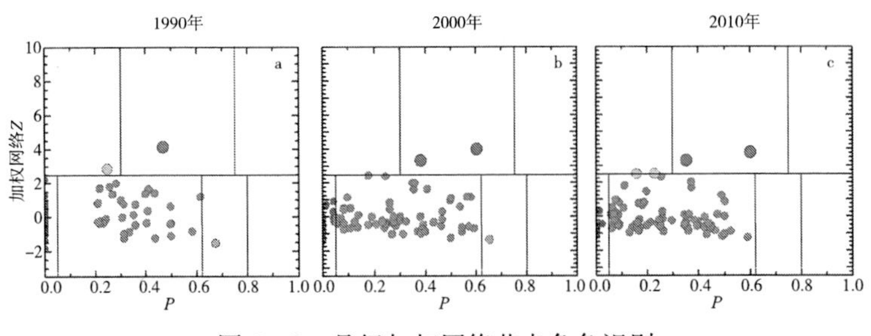

图 5-8　县级加权网络节点角色识别

表 5-14　县级不同网络类型节点角色统计与比较

网络类型		实体网络			加权网络		
		1990 年	2000 年	2010 年	1990 年	2000 年	2010 年
非热点	R1	57	27	18	49	23	7
	R2	19	50	55	33	59	74
	R3	6	6	10	1	1	0
	R4	0	0	0	0	0	0
	共计	82	83	83	83	83	81
热　点	R5	1	0	0	1	0	2
	R6	2	1	1	1	2	2
	R7	0	1	1	0	0	0
	共计	3	2	2	2	2	4

网络类型		随机网络			规则网络		
		1990 年	2000 年	2010 年	1990 年	2000 年	2010 年
非热点	R1	27	1	1	54	43	28
	R2	38	18	13	27	40	54
	R3	19	59	64	3	2	2
	R4	1	7	7	0	0	0
	共计	85	85	85	84	85	84
热　点	R5	0	0	0	1	0	1
	R6	0	0	0	0	0	0
	R7	0	0	0	0	0	0
	共计	0	0	0	1	0	1

5.3 乡镇级社会经济空间网络分析

5.3.1 网络的无标度特征

5.3.1.1 网络节点度分析

本节分别根据 1990 年、2000 年和 2010 年湖北省的城镇空间联系网络，得到不同时期各个节点的度数及其各个时段的变化量，三个研究年份湖北省城镇网络的平均节点度分别为 11.03、22.21、27.77，说明三个年份中，每个城镇节点平均有 11.03、22.21、27.77 个城镇与其具有直接联系。为了进一步研究城镇节点度的空间分布及其演化规律，分别将节点度和节点度的变化值以其各自均值的 1.5 倍、1 倍、0.5 倍为间隔点分成一、二、三、四级，并对各个等级中的城镇个数进行了统计。研究发现，不同级别的城镇之间节点度及其变化程度差异较大。地市级单元的节点度最高且提高显著，其次为县级单元，乡镇级单元的节点度最低且增长趋势不明显。具体特征如下。

(1) 节点度大小。对各个尺度单元的节点度统计如表 5 - 15 所示。①地市级单元的节点度均高于均值 1.5 倍，属于一级城镇，其在 1990 年、2000 年和 2010 年的平均节点度分别为 141.38、271.44、322.13，显著高于全省的平均水平，其中武汉城区 (936、1 031、1 033)、宜昌城区 (274、484、592)、襄阳城区 (229、579、659)、十堰城区 (158、378、476)、荆州城区 (150、352、376) 排名靠前且稳定，以上地区属于湖北省的核心城市，其在人口规模和空间可达性方面具有双重优势，因而具备与多数乡镇进行空间联系的条件。②县级单元节点度中绝大多数属于一级城镇，三个时间段的均值分别为 19.86、56.70、86.62，其中武汉市的新洲区 (62、113、159)、蔡甸区 (59、108、244)、黄陂区 (52、152、179)、江夏区 (40、156、459)、东西湖区（31、122、281）在县级单元中节点度较高，除此之外，当阳市区（38、106、132）、沙洋县区（34、61、66）、大冶市区（31、107、134）等城镇的节点度也具有优势；但是部分位于边缘地区的县城区多属于二级城镇，例如远安县（15、36、39）、团风县（15、32、45）、大悟县（14、32、78）。③乡镇级单元的节点度均值（8.19、15.50、18.53）整体上显著小于主城区，但是有少数邻近市城区的乡镇节点度较高，属于第一、二级，例如，荆州市的联合乡（28、74、78）和郢城镇（24、45、51）、赤壁市的蒲圻街办（28、74、79）等，这些地区已经成为近郊区或者开发区，得益于主城区空间可达性的便捷程度和社会经济发展的辐射带动作用，易与其他地区产生联系。大多数乡镇属于三、四等级，多数位于全省的边缘地带，特别是东北、西南和西北的山地丘陵地带，空间可达性较差且周围和核心城镇分布较少，例如，阳新原种场（1、4、3）、陶家河乡（1、4、3）、九道乡（1、3、3）、十八里长峡自然保护区（1、2、3）、九合垸原种场（1、2、4）。

表 5-15　不同尺度单元节点度统计

区　域	年　份	最大值	平均值	最小值	标准差	变异系数
全省	1990	936	11.03	1	32.28	2.93
	2000	1 031	22.21	2	46.16	2.08
	2010	1 033	27.77	2	54.23	1.95
地市级	1990	936	141.38	22	218.88	1.55
	2000	1 031	271.44	87	243.93	0.90
	2010	1 033	322.13	94	246.35	0.76
县级	1990	62	19.86	7	10.97	0.55
	2000	156	56.70	14	31.93	0.56
	2010	459	86.62	25	64.4	0.74
乡镇级	1990	28	8.19	1	4.47	0.55
	2000	77	15.50	2	8.24	0.53
	2010	78	18.53	2	9.18	0.50

节点度变化如表 5 - 16 所示。1990—2010 年湖北省城镇节点度平均增长 16.74，其中 1990—2000 年和 2000—2010 年分别增长 11.18、5.56。地市级单元在三个时段的节点度增加值分别为 180.75、130.06、50.69，其中增长最明显的为襄阳城区（430、350、80）、宜昌城区（318、210、108）、十堰城区（318、220、98）。县级的节点度增加均值为 66.77、36.84、29.93，江夏区（419、116、303）、东西湖区（250、91、159）、枣阳城区（157、119、38）增长最多。乡镇级的节点度增长均值为 10.34、7.31、3.03，可见不同的级别之间差距较大。在节点度变化的空间差异上，1990—2010 年整体上节点度增长显著的地区主要集中在中东部地区，特别是武汉市附近的城镇。在增长程度上，地市级、县级和乡镇级三个层次的节点度在 2000—2010 年的增长速度显著小于 1990—2000 年，有部分县级和乡镇级甚至出现了减少的现象。

表 5 - 16　不同尺度单元节点度变化统计

区　域	年　份	最大值	平均值	最小值	标准差	变异系数
全　省	1990—2000	350	11.18	−5	20.99	1.88
	2000—2010	303	5.56	−19	15.82	2.85
	1990—2010	430	16.74	−4	32.39	1.94
地市级	1990—2000	350	130.06	40	78.53	0.6
	2000—2010	135	50.69	1	44.57	0.88
	1990—2010	430	180.75	47	102.81	0.57
县　级	1990—2000	119	36.84	5	23.96	0.65
	2000—2010	303	29.93	−8	42.1	1.41
	1990—2010	419	66.77	15	57.63	0.86
乡镇级	1990—2000	58	7.31	−5	5.8	0.79
	2000—2010	41	3.03	−19	5.16	1.7
	1990—2010	51	10.34	−4	6.95	0.67

（2）节点度分布特征将实体网络与随机网络和规则网络比较分析，结果如表 5－17 所示。三个年份断面中湖北省城镇社会经济空间网络的节点度变异系数分别为 2.93、2.08、1.95，与其相匹配（规模和平均节点度相同）的随机网络的变异系数分别为 0.29、0.22、0.19，相应的规则网络结果为 0.17、0.16、0.16，可见实体网络的节点度离散程度较高。同时地市级主城区（1.55、0.90、0.76）、县级（0.55、0.56、0.74）和乡镇级（0.55、0.53、0.50）三个层次的变异系数均较全省指标较小，说明节点度的差异主要体现在不同层次的城镇节点之间。

表 5－17　随机网络与规则网络节点度统计

统计指标	随机网络节点度			规则网络节点度		
	1990 年	2000 年	2010 年	1990 年	2000 年	2010 年
最大值	22	39	47	13	26	32
平均值	11.03	22.21	27.77	11.18	22.39	27.54
最小值	2	9	13	3	6	6
标准差	3.19	4.83	5.36	1.86	3.65	4.46
变异系数	0.29	0.22	0.19	0.17	0.16	0.16

如表 5－18 所示，在不同网络之间，三个年份断面极值集中的一、四级城镇比例之和分别为 38.07%、42.22%、39.71%，均大于相应的随机网络（7.92%、1.64%、1.16%）和规则网络（1.45%、2.13%、1.84%）结果；在实体网络的不同级别之间，第一等级的城镇数量（10.05%、9.37%、9.37%）最少，其次是第二等级（16.33%、14.40%、13.04%），且两者均有减少趋势，第三（45.60%、43.38%、47.25%）、第四等级（28.02%、32.85%、30.34%）的数量相对较多，且在波动中增加。说明湖北省城镇空间网络的节点度分布较不均匀，越来越集中于低值。在不同城镇类型中，地市级和县级单元在第一等级中占有重要比

重，而乡镇级单元则主要分布在第三和第四等级（表 5 - 19）。

表 5 - 18　乡镇级不同类型网络中节点度分级统计

等级	实体网络			随机网络			规则网络		
	1990 年	2000 年	2010 年	1990 年	2000 年	2010 年	1990 年	2000 年	2010 年
一	104	97	97	53	9	8	0	0	0
二	169	149	135	385	472	514	550	620	649
三	472	449	489	568	546	509	470	393	367
四	290	340	314	29	8	4	15	22	19

表 5 - 19　乡镇级不同类型节点的节点度分级统计

等级	1990 年			2000 年			2010 年		
	地市级	县级	乡镇级	地市级	县级	乡镇级	地市级	县级	乡镇级
一	16	39	49	16	54	27	16	58	23
二	0	16	153	0	9	140	0	8	127
三	0	14	458	0	6	443	0	3	486
四	0	0	290	0	0	340	0	0	314

为了进一步分析实体网络的节点度分布，并与其相应的随机网络和规则网络相比较，本节分别生成了不同年份以上三种网络的节点度分布散点图（图 5 - 9），在分布范围上，实体网络跨度（1～936，2～1 031，2～1 033）较大、随机网络（2～22，9～39，13～47）其次，幅度最小的为规则网络（3～13，6～26，6～32），这与上文中实体网络的极值现象较多的结果相符合。峰值的位置方面，随机网络的节点度分布属于典型的泊松分布，峰值出现在均值附近，说明大多数节点度接近或者近似于均值，实体网络的峰值则偏左，说明其节点度主要集中在低值区域，规则网络中随着节点度的增加分布百分比逐渐增加。

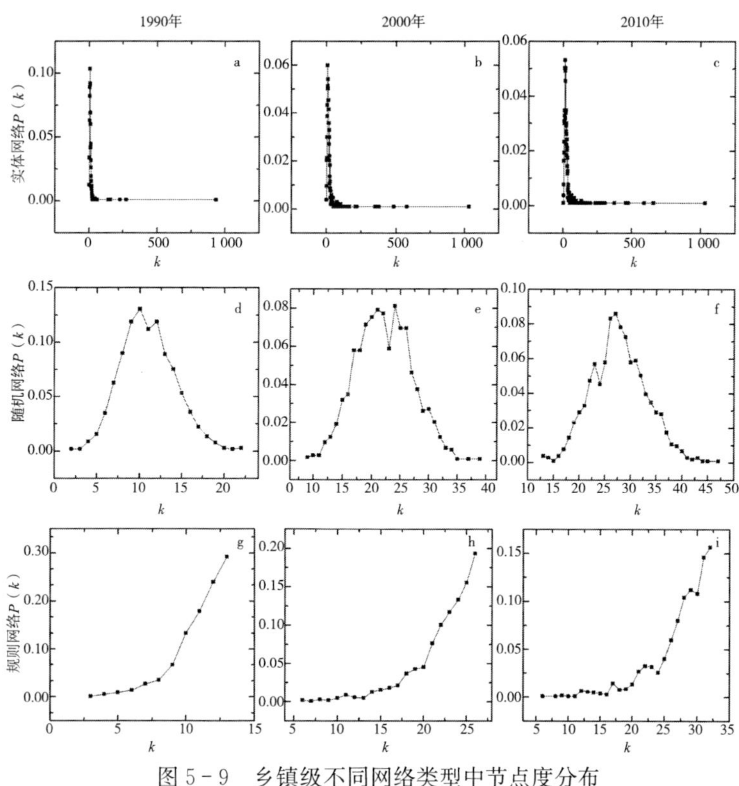

图 5-9　乡镇级不同网络类型中节点度分布

（3）节点度幂律拟合特征。通过对节点度 k 及其累计百分比 P（k）进行函数拟合（表 5-20），发现其符合典型的幂律分布特征，且幂律指数（1.398、1.391、1.314）均在 1～2，在双对数坐标中基本呈线性特征（图 5-10），说明湖北省城镇空间网络属于典型的无标度网络，节点度分布不均衡，网络中存在少数城镇拥有大量的连接（高值较大且较少），而大多数节点则只与少数其他城镇相联系（低值较小且较少）；同时幂律指数不断减少，这主要是由于高节点度城镇的比例不断上移所致，说明了从 1990—2010 年网络的连接边越来越多地集中于少数城镇节点中。

表 5-20　乡镇级节点度分布拟合结果

指　标	1990 年	2000 年	2010 年
节点度分布	$P(k)=4.149\,9k^{-1.398}$ $R^2=0.907\,7$	$P(k)=12.728k^{-1.381}$ $R^2=0.961\,9$	$P(k)=13.774k^{-1.314}$ $R^2=0.961\,9$
点权分布	$P(s_k)=1.525\,5k^{-0.368}$ $R^2=0.93$	$P(s_k)=2.091k^{-0.355}$ $R^2=0.941\,9$	$P(s_k)=2.167\,6k^{-0.332}$ $R^2=0.911\,3$

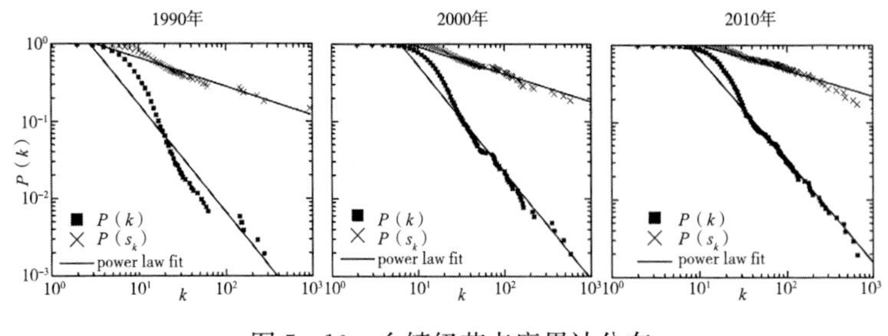

图 5-10　乡镇级节点度累计分布

（4）无标度网络的形成原因。无标度网络属于复杂网络的一种，现有研究认为无标度网络的形成主要来源于两个条件：①增长特征，即网络规模的不断扩大；②优先连接特征，即新的节点具有与较高连接度节点建立联系的偏好。

为了进一步分析湖北省城镇空间网络的演化过程，本节分别对 1990—2000 年、2000—2010 年、1990—2010 年三个时段的节点度变化量（k）与其基期年的节点度值（Δk）之间的关系进行研究，生成了相应的散点图，并与其随机网络和规则网络进行比较分析，如图 5-11 所示。①三个研究年份中湖北省的城镇空间网络规模（1035）没有变化，但是随着社会经济的发展，网络密度从 1990 年的 0.010 7、2000 年的 0.021 5 增加到了 2010 年的 0.026 9，说明网络内的连接边数逐渐增加。②在连接特征方面，从图 5-11a 至图 5-11c 可以看出，随着 k 的增加，Δk 增加显著，可见 k 越大，其 Δk 越大。需要注意的是，城镇空间网络的增长同时受连接成本、地理因素、政府因素等多因素的共同作用，由于网络规模的限制，城镇节点的度数不可能无限制增加；由于存在地理距离和连接成本的约束，过长的距离也会对节点择优连接造成影响，从而产生局部择优现象，促使新增连接选择其所在区域而不是全网络的核心节点。在区域社会经济发展中规模经济效应和拥挤效应也是城镇空间网络需要考虑的问题。所以在2000—2010 年部分高节点度的 Δk 则相对较低，其中武汉市的 Δk 仅为 2；随机网络中随着 k 的增加其 Δk 逐渐减少；规则网络中 k 越接近均值 Δk 越大。由此可见在湖北省城镇空间网络的增长过程中，网络的连接结构并非完全规则也非完全随机，是具有一定的偏好依附性。城镇体系中的核心城镇对地区经济的发展起着至关重要的作用，其吸引力要比其他节点大，所以其他节点的新增连接更易与之相连。这是因为：第一，本节的研究单元中城镇等级跨度较大，从省会城市、地市级、县级到乡镇级，不同等级的城镇之间社会经济发展水平较大，等级较高的城镇由于具有较好的经济、医疗、卫生、教育等条件而吸引越来越多的人力、资本等聚集，形成强者愈强的效应；第二，湖北省像其他省份一样，虽然交通基础设施条件近年来有了很多改善，但是道路网和道路等级仍然不完善，全省只有约 172 个（16.63%）城镇有高速公路和铁路通过，这必然加大其他城镇与这些地方的空间可达性差异，这种网络形态将会导致“富则更富”的马太效应。

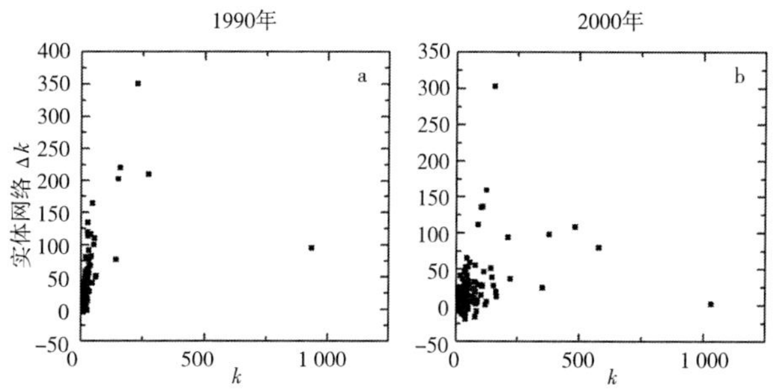

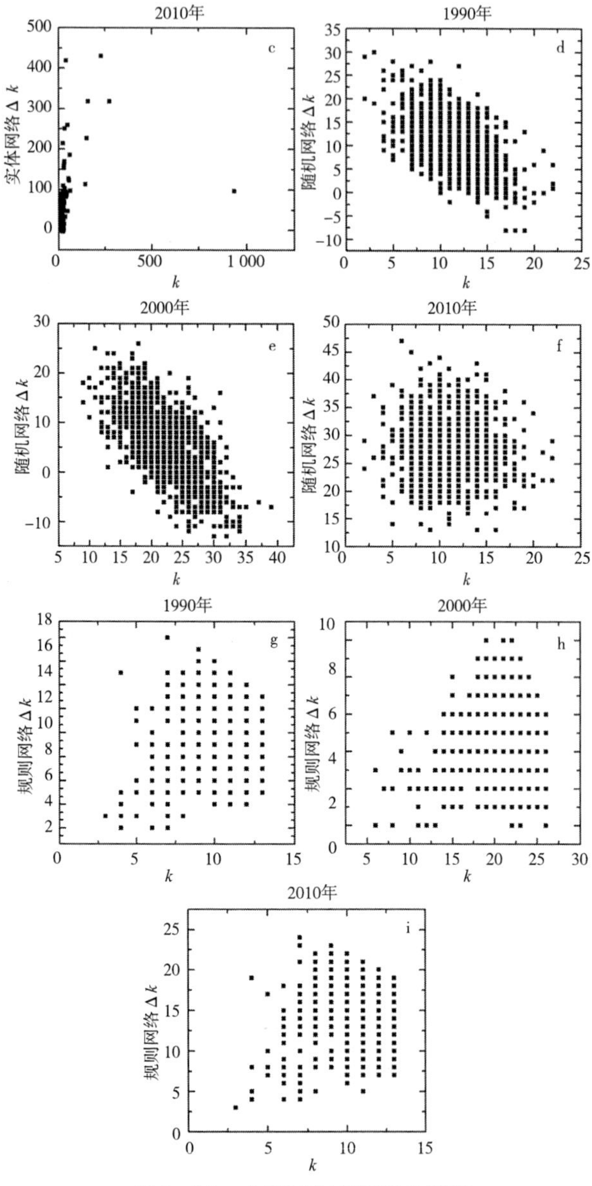

图 5-11　乡镇级节点度增长特征

5.3.1.2 网络点权分析

(1) 武汉、襄阳、宜昌等核心主城区附近城镇点权及其增量较大。本节将湖北省城镇空间网络的点权及变化量按照其各自均质的 1.5 倍、1 倍、0.5 倍为间隔点分成一、二、三、四级，并对各个等级中的城镇个数进行了统计（表 5-21）。

表 5-21 乡镇级不同城镇类型点权分级统计

等级	1990年				2000年				2010年			
	全省	地市级	县级	乡镇级	全省	地市级	县级	乡镇级	全省	地市级	县级	乡镇级
一	114	14	27	73	112	16	43	53	103	16	49	38
二	73	2	10	61	65	0	5	60	59	0	11	48
三	195	0	15	180	180	0	15	165	172	0	6	166
四	653	0	17	636	678	0	6	672	701	0	3	698

在不同点权等级的空间分布上：一级点权节点主要分布在武汉、宜昌、襄阳、荆州、荆门等核心城市的主城区周围，其中武汉市周围分布最多，在西北部的十堰和襄阳之间也有零星的一级城镇分布；二、三级点权城镇主要分布在一级城镇附近以及距离较近的核心城区之间；四级点权城镇分布范围最广且多连片分布，湖北省的东北和东南、东部的边缘地带以及西北的神农架附近和西南的恩施大部分地区均属于四级城镇。

在不同城镇层次上（表 5-22）：1990 年、2000 年、2010 年，湖北省点权均值分别为 0.201、1.053、1.746，其在不同层次的城镇之间差异较大，地市级单元的点权均值分别为 4.100、23.656、38.372，县级单元为 0.517、3.330、7.161，乡镇级单元的点权均值为 0.113、0.506、0.736；以上结果说明湖北省城镇空间网络的点权呈现逐年上升趋势，且地市级单元的点权均值最大，县级其次，乡镇级最小。三个年份断面中，武汉城区（30.94、168.15、258.20）、襄阳城区（7.21、36.22、53.28）

一直位于前两位，天门城区（0.29、3.37、4.86）和恩施城区（0.22、2.99、12.79）则排名靠后；县城区中点权排名靠前的主要集中在武汉市内，其中黄陂区（4.32、29.57、32.32）、江夏区（4.10、18.20、60.99）较为突出，西北和西南山地丘陵地区的县级单元点权较低，其中点权较低的主要在神农架周围和恩施市内，竹溪县区（0.03、0.41、1.20）、兴山县区（0.08、0.26、0.89）、神农架林区（0.07、0.37、0.43）分别在三个年份点权最低。乡镇级单元中点权排名靠前的节点主要为核心城区的城乡接合部或者开发区，例如联合乡（1.07、5.63、6.59）、蒲圻街办（0.66、5.98、11.28）等，点权较低的乡镇则多为农场、茶园等，其中十八里长峡自然保护区（0.000 8、0.005 5、0.009 7）在三个年份中点权最低。

表 5-22　不同区域点权统计特征

区　域	年　份	最大值	平均值	最小值	标准差	变异系数
全　省	1990	30.944	0.201	0.001	1.068	5.306
	2000	168.154	1.053	0.005	5.747	5.459
	2010	258.202	1.746	0.010	9.140	5.235
地市级	1990	30.944	4.100	0.224	7.285	1.777
	2000	168.154	23.656	2.990	38.311	1.619
	2010	258.202	38.372	4.855	58.018	1.512
县　级	1990	4.322	0.517	0.032	0.901	1.741
	2000	29.567	3.330	0.262	4.639	1.393
	2010	60.992	7.161	0.432	10.406	1.453
乡镇级	1990	1.132	0.113	0.001	0.140	1.245
	2000	5.980	0.506	0.005	0.644	1.272
	2010	11.282	0.736	0.010	0.848	1.152

点权变化量（表 5-23）与点权的空间分布总体上具有一致

性，在点权较高的地区，点权的增长量也较高，尤其是地市级及其附近城镇点权增量较为显著，其中武汉主城区（137.21、90.05、227.26）及其所辖市区的点权增量较高。1990—2010 年湖北省城镇空间网络的点权平均增长 1.54，其中 1990—2000 年和 2000—2010 年分别增长 0.85、0.69。地市级在三个时段的增加量分别为 34.27、19.56、14.72，县级为 6.64、2.81、3.83，乡镇级为 0.62、0.39、0.23。以上数据说明，第一，地市级单元的点权增量最大，乡镇单元最小；第二，1990—2000 年点权增长相对于 2000—2010 年较快。

表 5-23　不同区域点权变化特征

区　域	年　份	最大值	平均值	最小值	标准差	变异系数
全　省	1990—2000	137.21	0.85	−0.08	4.69	5.51
	2000—2010	90.05	0.69	−2.87	3.69	5.32
	1990—2010	227.26	1.54	−0.11	8.11	5.25
地市级	1990—2000	137.21	19.56	2.77	31.10	1.59
	2000—2010	90.05	14.72	0.90	20.25	1.38
	1990—2010	227.26	34.27	4.57	50.88	1.48
县　级	1990—2000	25.24	2.81	0.19	3.82	1.36
	2000—2010	42.8	3.83	0.06	6.93	1.81
	1990—2010	56.9	6.64	0.36	9.57	1.44
乡镇级	1990—2000	5.32	0.39	−0.08	0.53	1.35
	2000—2010	5.30	0.23	−2.87	0.43	1.89
	1990—2010	10.62	0.62	−0.11	0.75	1.21

（2）点权分布呈现幂律特征，且比节点度分布更离散。湖北省城镇空间网络的点权变异系数分别为 5.306、5.459、5.235，说明点权在城镇节点之间离散分布，且较节点度分布更为不均衡。但是不同层次的城镇内部差异相对较小，地市级单元的变异

系数为 1.777、1.619、1.512，县级为 1.741、1.393、1.453，乡镇级内部差异更小，为 1.245、1.272、1.152。以上结果说明，点权在不同层次的城镇之间分布差异显著，同一层次内部相对均衡；在时间顺序上，城镇点权差异具有减小趋势；与节点度相比较分布相对离散。通过对点权各个等级的城镇数量进行统计发现，与均值差距较大的第一、四等级城镇数量占全省总城镇量的绝大多数，为 74.11%、76.33%、77.68%，且比例随着时间变化呈现上升趋势，四级城镇在所有等级中比例最大，为 63.09%、65.51%、67.73%，由此可知，点权分布的不均衡性主要是因为：第一、四等级的城镇数量较多，大量极值特别是第四等级的极值，拉大了与其他节点之间的距离，导致点权不均衡现象的存在。

利用点权 S_k 及其分布百分比 P（S_k）生成散点图，如图 5 - 12 所示：其中由于武汉主城区的节点度和点权均较大，为了更清楚地显示其他节点的点权分布特征，图中进一步对除武汉主城区之外的其他节点进行了分析。从图 5 - 12 可看出，点权分布的峰值均在低节点度上，具体为 1990 年的 13、4.82%、2000 年的 23、2.71%、2010 年的 18、1.91%，然后分布曲线的尾部出现了上扬现象，甚至高过了左边的峰值，即高节点度的城镇点权比例也较高。但是这两种分布百分比的高值形成原因不同，前者主要是节点度在 13、23、18 附近的城镇个数较多，因而相对应的具有相同节点度的点权之和较大，后者则是因为具有高节点度的点权本身较大，虽然与其具有相同节点度的城镇个数较少，例如，1990 年中节点度为 13 的城镇有 46 个，节点度 13 对应的点权分布为 4.82%，节点度为 274 的城镇只有 1 个，其对应点权的百分比为 3.28%，这一现象说明湖北省城镇空间网络中大部分城镇的点权较低，且单个城镇之间的点权差异较大。

本节对节点度（k）及其对应点权的累计百分比 P（k）进行

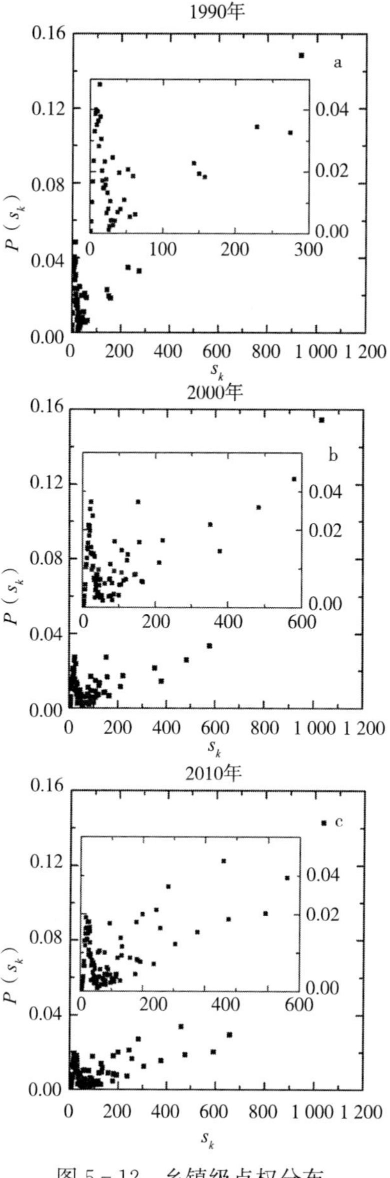

图 5-12 乡镇级点权分布

函数拟合，并对其进行双对数显示，结果如图 5－13 和表 5－20 所示。节点度与其对应点权的累计百分比呈现幂律分布特征，幂律指数分别为 0.368、0.355、0.332，呈现逐年下降的趋势，在图 5－13 中表现为双对数拟合直线的尾部出现了上扬现象，这说明高节点度所对应的点权百分比逐渐增大，点权向高节点度城镇集中的趋势越来越明显。同时，点权幂指数与节点度幂指数相比均较小，即由于高节点度所对应的点权分布百分比大于节点度所占的百分比，所以随着节点度的增加，点权分布直线逐渐高于节点度分布直线，以上结果说明湖北省的城镇空间网络节点度和点权分布均具有离散特征，少数节点不仅具有大量的连接边，而且连接边的权重较大，同时，点权比节点度更集中于核心节点中。

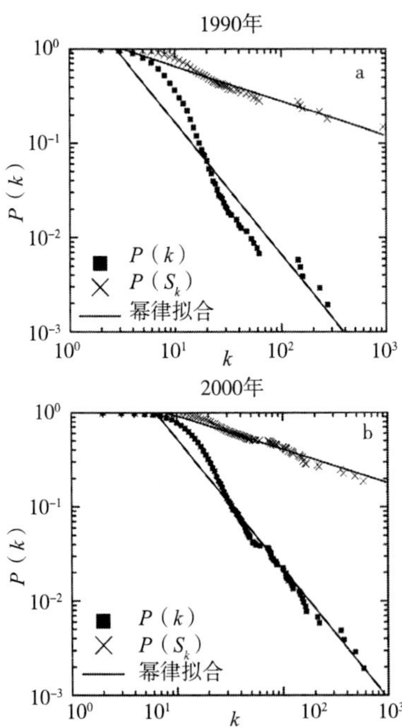

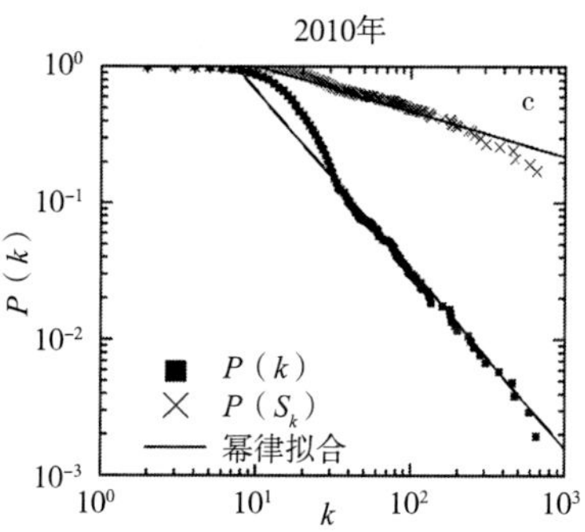

图 5-13 乡镇级节点度为 k 的点权累计分布

为了研究点权分布的演化规律，本节进一步研究了点权（S）及其变化量 ΔS 之间的关系，并通过所对应的散点图展现，如图 5-14 所示。在 1990—2000 年、2000—2010 年以及 1990—2010 年三个研究年份中，点权的变化量均随着节点度的增加而增加，可见在湖北省城镇空间网络中点权的增加同样存在择优现象。这是因为点权较高城镇的社会经济发展水平较高且空间可达性较好，对其他节点的辐射带动作用较大；同时，高节点的点权增量并没有出现节点度增量中的回落现象，但是这并不能说明空间网络可以无限制地增大，其同样受到空间距离、连接成本、政策、规模效益、城市容量大小等的限制，只是与联系的数量相比，联系的权重增大的空间比较大，例如人口的增加以及地区之间空间可达性的改善等。

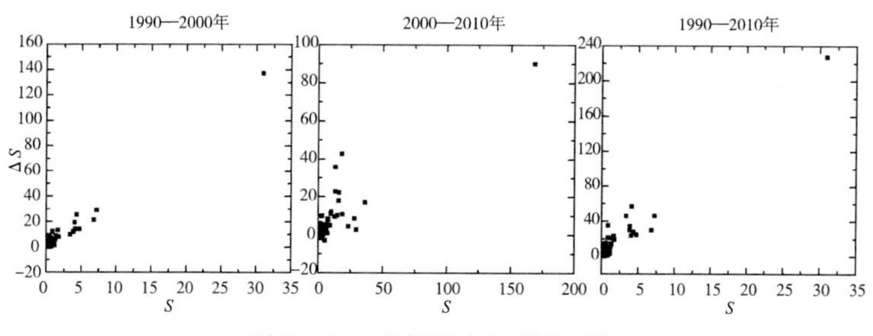

图 5-14 乡镇级点权增长特征

5.3.1.3 网络介数分析

（1）核心城镇是全省的网络枢纽，县级的介数逐渐增大。根据1990年、2000年、2010年湖北省城镇空间网络得到各个城镇节点在不同年份的介数及其各个时间段的变化量，本节按照其各自的平均值的1.5倍、1倍、0.5倍为间隔点，分别将介数及其变化量分为一、二、三、四等级，并对各个等级的城镇个数进行统计介数大小如表5-24所示：1990年、2000年、2010年的城镇空间网络介数平均值分别为603.87、508.15、503.66。在表5-25中，与之匹配的随机网络介数平均值分别为1 111.20、819.86、741.72，规则网络平均值为5 618.16、3 613.15、3 156.73，可见湖北省城镇空间网络各个节点的介数较小。在不同城镇类型中，地市级单元的介数（33 705.29、31 113.51、28 637.79）明显大于其他城镇，县级单元介数为245.10、303.84、833.93，乡镇级介数最小，为72.43、7.53、5.83，介数在网络中具有中转和枢纽的作用，表征节点对于其他节点的控制能力，从以上数据可知地市级单元在全网络中的枢纽作用明显，而乡镇级单元对其他节点的影响和控制力较小。在三个年份中武汉市区的介数（464 452.94、356 330.03、286 192.66）在全省最高，其次为宜昌市区（23 687.80、32 593.84、45 245.94）、十堰市区（22 911.30、23 326.43、29 282.69）、襄阳市区（17 102.48、52 996.77、57 051.23），以上四个主城区的介数远远高于其他城镇，主要是因为武汉是湖北省乃至我国中部重要的交通枢纽，襄阳、宜昌则分别是湖北省西北和西南地区连接中东部地区的重要节点，十堰市位于湖北省西北角且周围多为低山、丘陵地带，周围城镇社会经济发展水平滞后且距离主干道较远，对可达性较好的十堰市依赖性比较大，可见以上四个主城区是湖北省不同方向上的城镇进行空间联系的重要踏脚石。

表 5－24　不同区域介数统计

区　域	年　份	最大值	平均值	最小值	标准差	变异系数
全　省	1990	464 452.94	603.87	0	14 476.31	23.97
	2000	356 330.03	508.15	0	11 265.57	22.17
	2010	286 192.66	503.66	0	9 260.67	18.39
地市级	1990	464 452.94	33 705.29	107.25	111 511.90	3.31
	2000	356 330.03	31 113.51	416.47	85 187.08	2.74
	2010	286 192.66	28 637.79	521.02	68 560.89	2.39
县　级	1990	2 311.56	245.10	1.00	466.39	1.90
	2000	2 559.53	303.84	2.81	491.08	1.62
	2010	25 132.22	833.93	6.47	3 056.31	3.66
乡镇级	1990	7 206.00	72.43	0	349.86	4.83
	2000	592.55	7.53	0	33.55	4.45
	2010	202.88	5.83	0	12.70	2.18

表 5－25　随机网络和规则网络介数统计

统计指标	随机网络			规则网络		
	1990 年	2000 年	2010 年	1990 年	2000 年	2010 年
最大值	4 055.79	2 514.8	1 976.83	53 290.5	42 963.53	28 716.93
平均值	1 111.20	819.86	741.72	5 618.16	3 613.15	3 156.73
最小值	14.82	124.79	154.47	0	0	0
标准差	639.23	350.06	282.54	7 212.69	4 406.39	3 283.83
变异系数	0.58	0.43	0.38	1.28	1.22	1.04

介数等级的空间分布：1990 年西部地区城镇的介数相对较高，是一、二、三等级城镇的主要聚集区，主要是因为 1990 年湖北省的道路网络不完善，特别是西部地区区山区道路网络稀疏，偏远城镇之间的联系需要通过靠近国道、省道等交通区位较好的城镇。

2000 年和 2010 年的介数分布差异不大，一级城镇主要为地级市城区及武汉市辖区，2000 年的二、三级城镇主要零星分布在武汉市周围，2010 年则在武汉市周围呈现出明显的环形结构。

介数变化大小（表 5-26）：1990—2010 年网络节点的介数平均减少了 100.21，其中 1990—2000 年和 2000—2010 年分别减少 95.72、4.50，说明网络节点的介数整体呈现下降趋势，地市级单元的减少量分别为−5 067.50、−2 591.78、−2 475.71，县级单元的介数在三个研究时段则出现了上升的趋势，增量大小分别为 588.83，58.74、530.08，乡镇级单元的介数有所减小且变化幅度相对不大，为−66.60、−64.90、−1.70。介数在不同类型城镇上的变化特征反映出地市级单元的枢纽作用逐渐减弱，而县级单元作为中小城市的核心地带，其枢纽和踏脚石的作用越来越显著，乡镇级单元则由于交通区位和社会经济发展水平等因素的制约，难以承担其他城镇之间联系的踏脚石作用。出现这一现象的另一个原因是随着湖北省的道路网络逐渐完善和区域协调发展的推进，连接县级单元的道路等级逐渐提高，地市级单元和县级单元的空间可达性逐步缩小，部分乡镇可以通过附近的县级单元实现就近中转，从而使县级单元分担了大城市的一部分网络枢纽的职能。

表 5-26　不同区域介数变化统计

区　域	年　份	最大值	平均值	最小值	标准差	变异系数
全　省	1990—2000	35 894.29	−95.72	−108 122.90	3 582.11	−37.42
	2000—2010	22 682.71	−4.50	−70 137.40	2 349.78	−522.68
	1990—2010	39 948.75	−100.21	−178 260.30	5 799.02	−57.87
地市级	1990—2000	35 894.29	−2 591.78	−108 122.20	28 543.45	−11.01
	2000—2010	12 652.10	−2 475.71	−70 137.40	17 803.4	−7.19
	1990—2010	39 948.75	−5 067.50	−178 260.30	45 831.47	−9.04

（续）

区　域	年　份	最大值	平均值	最小值	标准差	变异系数
县　级	1990—2000	2 186.21	58.74	−2 141.60	626.90	10.67
	2000—2010	22 682.70	530.08	−856.34	2 758.73	5.20
	1990—2010	24 868.9	588.83	−1 865.10	3 075.68	5.22
乡镇级	1990—2000	592.55	−64.90	−7 199.38	348.79	−5.37
	2000—2010	74.62	−1.70	−584.00	28.51	−16.74
	1990—2010	181.97	−66.60	−7 200.81	349.28	−5.24

介数变量等级及其空间分布：1990—2000年间网络的介数变量大致呈现中东部增加西部减少的格局，其中15个（除武汉主城区外）地级市和50个（72.46%）县城区的介数显著增大。2000—2010年全省56个（81.16%）县城区的介数均有所增长，中东部的地级市，例如黄冈城区（907.385、−399.548）、鄂州城区（945.223、−346.859）、潜江城区（1 321.8、−42.264）、黄石城区（1 783.116、−414.438）、随州城区（2 209.514、−521.037）、荆州城区（7 886.726、−502.534）等主城区介数则由于附近县级介数的分流作用而有所减少，而中东部的孝感城区（288.257、1 543.315）、十堰城区（415.125、5 956.263）、恩施城区（1 162.608、4 785.324）、仙桃城区（1 455.083、599.998）、荆门城区（2 658.251、3 393.574）、宜昌城区（8 906.043、12 652.1）、襄阳城区（35 894.294、4 054.454）则由于空间可达性的提高，其介数仍处于增长阶段。同时，全省的多数县级单元介数均增大，从两个时期的变化特征可知，从第一研究时段到第二研究时段，湖北省的城镇网络枢纽职能逐步从地市级过渡到县级单元。在两个时段武汉主城区的介数最大且减少得最多，这说明越来越多的城镇之间的联系不需要通过武汉进行中转，减少了网络连接对武汉的依赖程度。不言而喻，在城镇

体系规划中，应该充分考虑介数比较高的城镇节点对于城镇体系结构的重要性，特别是介数逐渐增大的城镇。增强其客流量的吞吐性能和中转能力，对于城镇社会经济网络的有效运行具有重要意义。

（2）介数呈现显著的幂律分布特征。1990 年、2000 年、2010 年湖北省城镇介数的变异系数分别为 23.97、22.17、18.39，与其相匹配的随机网络的介数变异系数为 0.58、0.43、0.38，规则网络为 1.28、1.22、1.04，可见湖北省城镇网络的介数分布与随机网络和规则网络相比分布极不均匀。从城镇类型分析，介数在同一类型的城镇之间的差异相对较小，其中地市级单元为 3.31、2.74、2.39，县级单元为 1.90、1.62、3.66，乡镇级单元为 4.83、4.45、2.18，可见介数分布的不均衡性主要来自不同类型的城镇节点之间的差异。从不同介数等级分析：如表 5－27 所示，湖北省城镇实体网络的介数等级分布中，城镇数量比例最大的是四级（69.28%、83.67%、87.05%），其次为一级（25.89%、14.49%、10.53%），三级（3.86%、1.26%、1.55%），二级（0.97%、0.58%、0.87%）。其中极值较为集中的第一、四等级城镇数占全省城镇总数的 95.17%、98.16%、97.58%，相对于随机网络和规则网络比例较高，可见城镇节点介数多小于均值。不同城镇类型中市城区多位于第一、二等级，县城区和乡镇级多为第三、四等级（表 5－28）。

表 5－27　乡镇级不同网络类型介数分级统计

不同等级	实体网络			随机网络			规则网络		
	1990 年	2000 年	2010 年	1990 年	2000 年	2010 年	1990 年	2000 年	2010 年
一	268	150	109	180	132	107	196	210	230
二	10	6	9	262	340	355	131	124	127
三	40	13	16	398	453	499	239	284	262
四	717	866	901	195	110	74	469	417	416

表 5-28 乡镇级不同城镇类型介数分级统计

不同等级	1990 年			2000 年			2010 年		
	地市级	县级	乡镇级	地市级	县级	乡镇级	地市级	县级	乡镇级
一	6	6	256	13	8	129	13	10	86
二	0	2	8	2	2	2	3	6	0
三	3	4	33	1	11	1	0	16	0
四	7	57	653	0	48	818	0	37	864

为了进一步分析湖北省城镇实体网络的介数分布特征并与随机网络和规则网络相比较，本节生成了三种类型网络在 1990 年、2000 年和 2010 年的介数分布散点图（图 5-15）。从介数的跨度看，三种类型的网络中湖北省城镇空间实体网络的介数相对较大（0～464 452.94、0～356 330.03、0～286 192.66），其次为规则网络（0～53 290.50、0～42 963.53、0～28 716.93），随机网络的介数跨度最小（14.82～4 055.79、124.79～2 514.80、154.47～1 976.83）。在峰值位置方面，湖北省城镇空间网络的介数分布均在最小值 0 处出现了峰值 22.80%（236）、12.46%（129）、8.31%（86），然后急剧下降，并在右边出现了长尾现象；随机网络的介数分布则呈现一条水平直线，各个介数的所属城镇数量均为 1；规则网络也在 0 处达到峰值 0.58%（6）、0.58%（6）、0.39%（4），有少数介数对应的城镇个数为 2、3 等，其他则近似于均衡分布。为了消除网络规模和分布波动的影响，本节利用介数与其累计百分比进行函数拟合（图 5-16），三个年份中拟合结果分别为：$P(B)=0.654\,2B^{-0.408}$（$R^2=0.931\,1$）、$P(B)=0.636\,3B^{-0.488}$（$R^2=0.958\,6$）、$P(B)=0.64B^{-0.465}$（$R^2=0.954\,6$），由此可见湖北省城镇空间网络的介数符合幂律分布，同时其幂指数相对于节点度较小，相对于点权较大，说明其相对于节点度分布更加离散，但是与点权相比分布稍均衡。网络中少数节点拥有较大介数，对于其他城镇的空间联

系具有踏脚石职能，而大部分节点的介数较小，对其他节点的影响和控制能力较小。

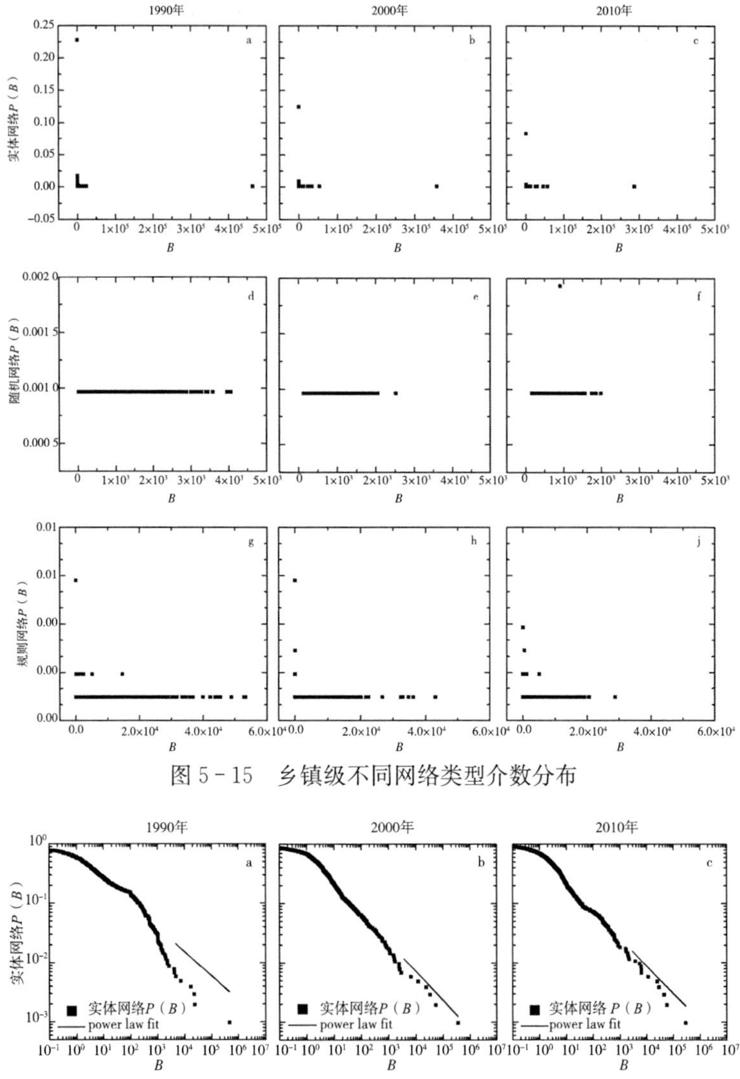

图 5-15　乡镇级不同网络类型介数分布

图 5-16　乡镇级介数累计概率分布及其函数拟合

本节进一步研究了网络介数的演化特征，在1990—2000年、2000—2010年以及1990—2010年三个研究时段中将基期年的介数与变化率进行散点图展示（图5-17）。三种网络类型中介数均有增有减，其中随机网络和规则网络的介数变化特征较为一致，随着B的增加，ΔB逐渐减少；湖北省城镇空间网络的B与ΔB关系较为复杂，由于武汉、宜昌、襄阳、十堰四个主城区的介数远大于其他节点，除武汉的介数减少显著外，其他三个的介数则均有显著增加。本节进一步展示了除以上四个节点之外的其他城镇介数变化，可见部分节点存在随着B的增加ΔB逐渐减少与逐渐增加两种现象。对照上文可知，随着B的增加ΔB逐渐正向增加，则说明大多数县级主城区和中西部的市城区交通区位得到改善，网络枢纽的作用上升，负向减少的城镇主要是由于附近县级单元的分流使得网络对中东部主城区的依赖作用减少。由此可见介数幂律演化特征的存在主要是来源于中小城市网络枢纽作用的崛起现象。

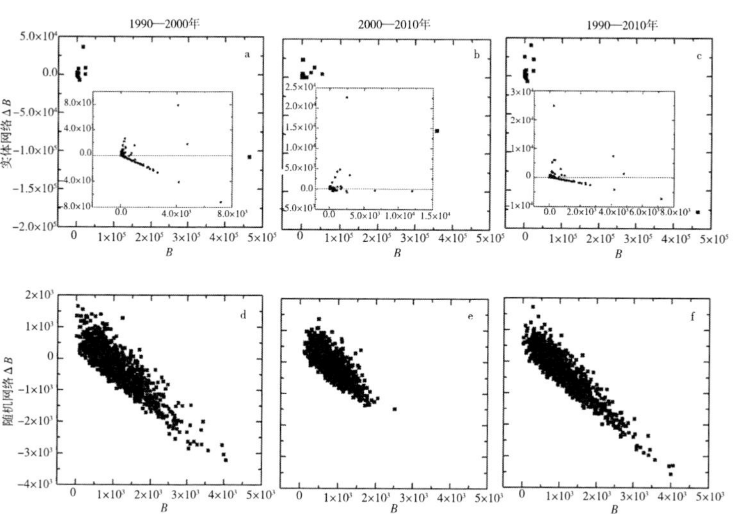

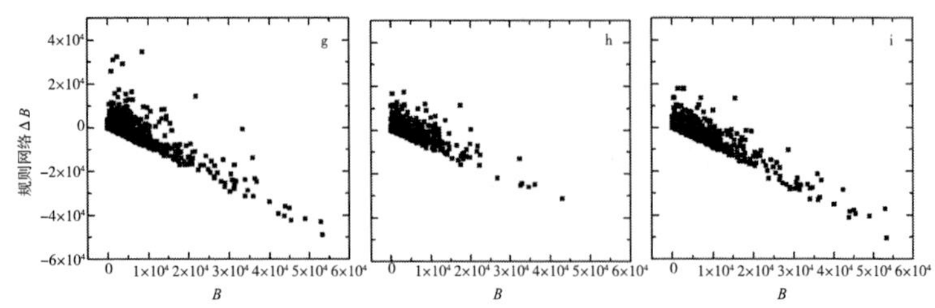

图 5-17　乡镇级不同网络类型介数增长特征

5.3.1.4　度-度相关性

网络的度-度相关性主要度量节点之间相互选择的倾向特征，如果度大的节点倾向于连接节点度大的节点，则为同配的（assortative）网络，反之为异配（disassortative）网络。本节计算得到各个节点的最近邻节点的平均度 k_{nn} 和度数为 K 的节点的平均最近邻节点度 k_{nn}（K），同时计算了相匹配的随机网络和规则网络的平均连接度以进行比较分析。k_{nn}（K）与节点度 K 的关系如图 5-18 所示，从计算结果可以看出湖北省城镇空间实体网络属于典型的异配性网络，k_{nn}（K）随着节点度的增加而迅速减少，由此可见湖北省城镇空间实体网络中，节点度较小节点的邻居节点的度数一般较大，而节点度较大节点的邻居节点的度数均较小。这是因为度数大的节点中社会经济发展水平较高，是新技术、新信息的主要汇集区，其他节点一般倾向于与其建立联系以获得其辐射和带动作用。例如，1990 年、2000 年、2010 年武汉主城区的节点度最大（936、1 031、1 033），几乎覆盖了全省的所有城镇，而其邻近节点度的平均值在全省最小，低至 10.85、10.16、10.14；三个研究年份中节点度为 3 的城镇平均邻近节点度最高，分别为 205.96、308.43、323.75。湖北省城镇空间网络的匹配随机网络中，随着节点度的增加，邻近节点的平均节点度分别在 8.60～16.60、8.27～15.69、8.30～29.71 浮动，变化幅度不大且没有一定的规律性。规则网络中节点的邻近节点平均度随着节点度的变化具有一定的波动性，在节点度平均值 1/2 附近的邻近节点平均度较高，最高值的坐标具体为（6，30.10）、（11，27.68）、（14，36.83），其他节点度的邻近节点度平均值则主要徘徊在 5～15。

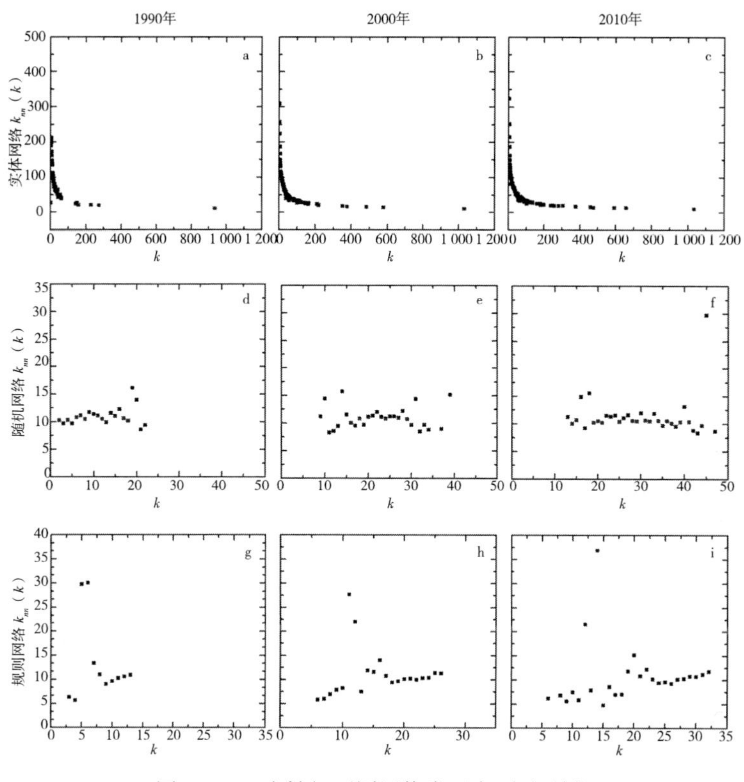

图 5-18 乡镇级不同网络类型度-度相关性

5.3.1.5 度-权相关性

度-权相关性是指网络节点的度数与其强度的关系，本节对节点度（k）及其对应城镇的点权总和（S）进行相关性分析，并分别对 1990 年、2000 年和 2010 年的节点度和点权进行函数拟合，结果分别为：$S=45.382k^{1.4013}$（$R^2=0.7034$）、$S=$

$50.528k^{1.5642}$（$R^2=0.7693$）、$S=57.223k^{1.5699}$（$R^2=0.79$），其在双对数坐标系中近似表现为斜率为正的直线（图 5-20）。可见节点度与点权具有非线性关系，这意味着随着城镇连接边的增大，城镇的点权以 1.5 左右的幂律增加，点权的增加速度明显快于节点度的增加速度。这一结果可以用经济学中的规模效应解释，城镇的连接边越多，说明不仅其社会经济发展水平较高，而且具有良好的空间可达性，因此可以通过该节点联系到更多的城镇，或者更多的发展机会，因此会吸引越来越多的城镇与其相互联系，特别是其他核心节点城镇。同时，幂指数随着时间的变化呈现逐渐增加趋势，说明城镇的节点度越高，其拥有的要素流就越大，且随着时间的变化要素流的增加越发显著。

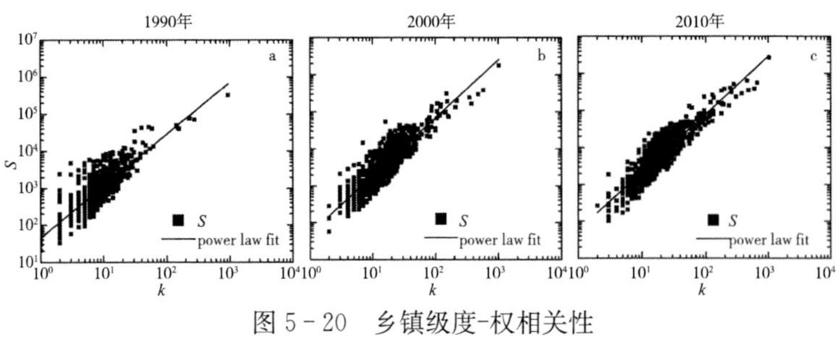

图 5-20　乡镇级度-权相关性

5.3.1.6　节点度-介数相关性

度与介数都是网络中心性度量的指标，度反映的是节点在网络中的局部联系能力，介数反映的是节点在整个网络中的影响力。为了探讨这两种度量指标之间的关系，本节对城镇节点的节点度（k）及其所对应的介数（B）进行相关性分析，如图 5-21 所示。总体来说，介数随节点度的增加而增加，当节点度较低时，介数变化较为平稳；当节点度较高时，介数的增加现象更为显著。说明在湖北省城镇空间网络中部分城镇不仅是整个网络连接核心，而且在网络结构中具有“桥梁”作用，其对网络的整体性和稳定性具有重要影响。这一特征与相匹配的随机网络和规则网络具有差异性，在随机网络中，节点的介数在节点度均值（11、13、27）附近达到了最大值；在规则网络中节点的介数随着节点度的增加而增加，但是存在多数节点的节点度相同，但是介数却差异较大的现象。为了能够更加清晰地看到节点度与介数之间的关系，本节进一步对介数和节点度进行了函数拟合，为了消除节点度为 0 的节点对函数拟合的干扰，下文只对 1990 年的 799 个、2000 年的 906 个、2010 年的 949 个节点进行研究，其函数拟合结果分别为：$B=0.052k^{2.139}$（$R^2=0.249\ 2$）、$B=0.001\ 4k^{2.751\ 5}$（$R^2=0.739\ 5$）、$B=0.000\ 9k^{2.746\ 3}$（$R^2=0.772\ 2$），两者在双对数坐标中近似斜率为正的直线（图 5-22）。可见在湖北省城镇空间网络中，介数并不是随着节点度的增加呈现线性增长，其增加程度比节点度的增加程度更为显著，具有一定的幂律特征，但是由于部分特殊点的存在，导致拟合函数的 R^2 值较小，但有少数点偏离直线，落在其左上方，说明这些点的节点度较低而介数较大。1990 年的城镇空间网络中介数较小而节点度较大的节点较多，主要位于西北部和西南部的山地丘陵地区，具有代表性的节点有：天宝乡（6、7 206）、化龙堰镇（15、4 171.308）、马桥镇（10、2 636.896）、红坪镇（2 334.572、9）、房县区（2 311.555、19）等。其他年份则较少，具体为 2000 年的鸳鸯乡（7、126.074）、六里坪镇（21、145.747）、大川镇（5、161.121）、向坝乡（4、446.767）、柳林乡（10、592.55），2010 年的大川镇（6、100.827）等。

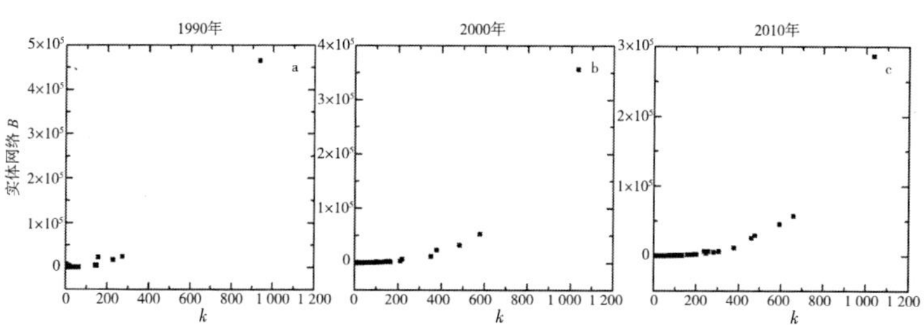

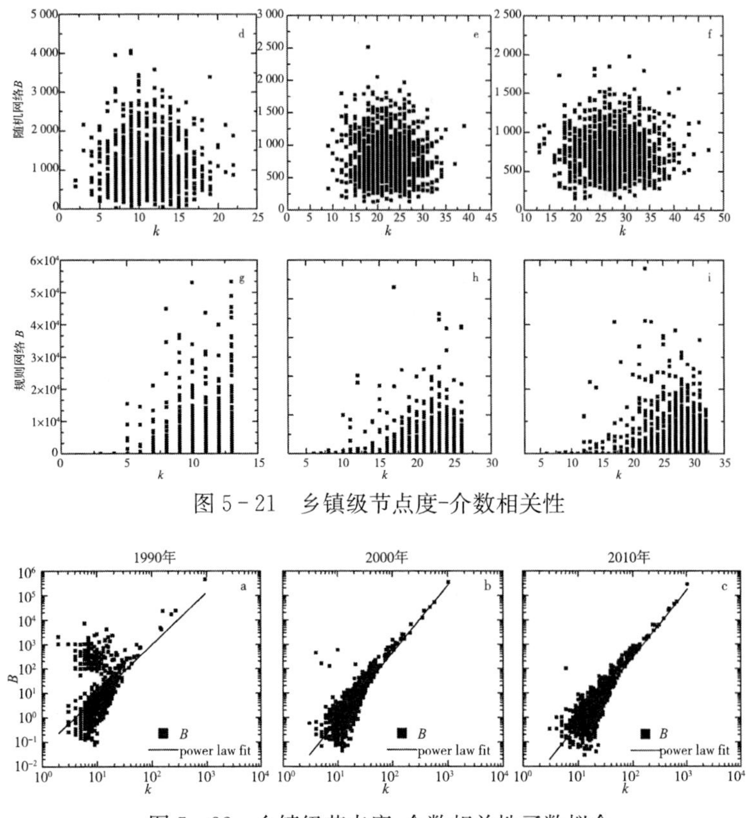

图 5-21　乡镇级节点度-介数相关性

图 5-22　乡镇级节点度-介数相关性函数拟合

5.3.1.7　介数-点权相关性

本节进一步分析了介数与点权的相关性，研究节点的“桥梁”作用与其所拥有流量的大小，对湖北省各个城镇节点的点权和对应的介数进行散点图展示（图 5-23），由于武汉主城区的点权和介数均较大，所以为了更清楚地展示点权和介数的变化，图中进一步展示了除武汉主城区之外的其他节点。从图 5-23 可以看出，湖北省的城镇空间网络中点权大致随着点介数的增加而增加，且点权的增加速度较为显著。但是随着介数的增加，点权在增加到一定程度以后有所回落，可见当介数到达一定程度之后，其“桥梁”作用的持续提高并不会给节点带来较大的流量，特别是介数较大的宜昌、襄阳、十堰等主城区，这与节点度-介数具有差异性。这是因为一般来说需要中转的城镇联系强度较小，其会导致中转点节点度的增加，但是点权的增加量则不显著。

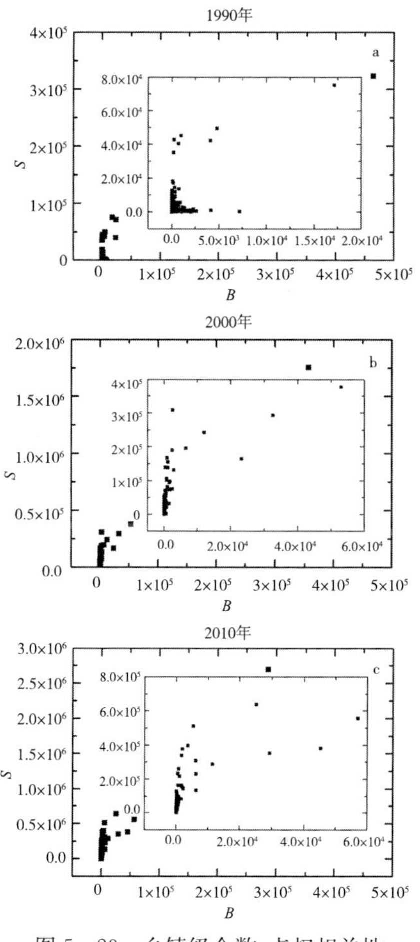

图 5-23 乡镇级介数-点权相关性

5.3.2 网络的小世界特征

5.3.2.1 平均路径距离

（1）湖北省城镇空间网络具有短距离连接特征。平均路径距离是网络深度的一种度量指标，在城镇空间网络中平均路径较小，即城镇之间的联系需要通过的连接边越少，说明人口、信息、物资、技术等要素流在网络中传输速度较快。①不同网络类型。如表 5－29 所示，1990 年、2000 年、2010 年湖北省城镇空间网络各个节点的平均路径距离分别为 2.168、1.983、1.974，即在网络中任一节点到其他节点需要经过约 2 条边或者中转 1 次。本节进一步与相同规模和相同平均节点度的其他网络类型相比较（表 5－30），在随机网络中三个年份的平均路径距离分别为 3.15、2.58、2.43，规则网络中为 11.86、7.98、7.10。网络直径是网络中每组节点最短路径距离的最大值，三个研究年份湖北省城镇空间网络的直径分别为 7、3、3，随机网络的直径为 5、4、3，规则网络的直径相对较大，为 34、21、18。湖北省城镇空间网络的平均路径距离和直径相对于 1 035 个城镇节点的网络规模来说均较小，且与其匹配随机网络指标较接近，同时均小于规则网络。可见城镇空间网络具有短距离特征，要素流的网络传输效率较高。同时反映出在空间约束条件下形成的城镇网络连接在全局视角下需要经过的节点较多，不利于城镇之间的货物运输、人口流动、技术扩散、信息传递等。空间网络平均路径距离较小的主要原因可以从两方面进行解释：第一，直接原因：平均路径距离的基础是节点间的最短路径距离。本节首先对不同网络的所有最短路径距离（1 070 190 条）进行了统计，如图 5－24 所示。在湖北省城镇空间实体网络中城镇节点间最短路径距离为 2 的联系对占绝大多数（82.74%、97.40%、97.20%）；而相对应的随机网络中距离为 2 联系对占有比例（10.90%、37.20%、

51.20%）相对较低，且距离为3的比例（60.10%、60.60%、46.20%）逐渐增加；规则网络的最短路径距离分布跨度较大（1～34、1～21、1～18），且各个比例之间差异相对较小。第二，间接原因：湖北省城镇空间实体网络存在一些长距离连接边，例如武汉—十堰、襄阳—黄石、鄂州—宜昌等，这些连接边主要存在于核心城镇之间或者核心城镇与边缘城镇之间，其受到空间的约束较小。这些连接边不仅缩短了其所连接城镇的网络距离，而且由于连锁反应而缩短其连接城镇的邻居节点之间、邻居的邻居节点之间的距离，由此带动整个网络传输速度的提高。这样就保证了城镇之间信息、人员、技术有效的扩散，促进城镇之间的互补与合作，有利于促进区域的网络化发展。②不同城镇类型（表5-29）。地市级单元各个节点的平均路径最短（1.930、1.738、1.689）。其次为县级单元（2.077、1.947、1.916），乡镇级单元的平均路径距离最长（2.179、1.990、1.983），由此可见在湖北省城镇空间网络中市城区对整个网络的传输效率具有重要作用，而乡镇级单元在网络中进行信息扩散和人员流动的能力较差。这主要是因为乡镇节点由于社会经济发展水平和空间可达性等条件限制，受到空间约束作用较强，大多就近连接或者与其区域内的核心节点连接，乡镇级单元之间的长距离连接较少。

表5-29　乡镇级不同城镇类型平均路径距离统计

统计指标	全省			地市级			县级			乡镇级		
	1990年	2000年	2010年	1990年	2000年	2010年	1990年	2000年	2010年	1990年	2000年	2010年
最大值	5.078	2.988	2.538	2.065	1.917	1.909	2.861	1.987	1.977	5.078	2.988	2.538
平均值	2.168	1.983	1.974	1.930	1.738	1.689	2.077	1.947	1.916	2.179	1.990	1.983
最小值	1.102	1.003	1.001	1.102	1.003	1.001	2.000	1.850	1.556	2.028	1.928	1.925
标准差	0.292	0.062	0.055	0.233	0.236	0.238	0.098	0.031	0.062	0.300	0.045	0.020
变异系数	0.135	0.031	0.028	0.121	0.136	0.141	0.047	0.016	0.033	0.138	0.022	0.010

表 5-30 不同网络类型平均路径距离统计与比较

年份	随机网络					规则网络					网络比较	
	最大值	平均值	最小值	标准差	变异系数	最大值	平均值	最小值	标准差	变异系数	实体/随机	实体/规则
1990	3.88	3.15	2.79	0.14	0.05	18.07	11.86	8.62	2.20	0.19	0.69	0.18
2000	2.86	2.58	2.36	0.07	0.03	11.87	7.98	5.99	1.37	0.17	0.77	0.25
2010	2.69	2.43	2.20	0.08	0.03	10.28	7.10	5.40	1.18	0.17	0.81	0.28

（2）平均路径距离的数量分布较为均衡，空间分布具有差异性。本节对平均路径距离及其在各个研究时段（1990—2000 年、1990—2010 年）的变化值按照其相对应均值的 1.5 倍、1 倍、0.5 倍进行分级（一、二、三、四级）。①1990 年、2000 年、2010 年平均路径距离的变异系数分别为 0.135、0.031、0.028（表 5-29），可见平均路径距离的分布较为集中，如在 L 分布的散点图（图 5-25）中，分布百分比 P（L）均在 L 平均值附近达到了最高值。与不同类型的匹配网络相比较（表 5-30），随机网络中平均路径距离的变异系数分别为 0.05、0.03、0.03，规则网络中平均路径距离的变异系数分别为 0.19、0.17、0.17，可见各个城镇之间的平均路径距离差异小于规则网络，与同规模的随机网络较为接近；同时随着时间的变化，各城镇之间的差距具有减小趋势。在不同城镇类型中，地市级单元的变异系数（0.121、0.136、0.141）相对较大且具有逐步扩大的趋势，县级和乡镇级单元的离散程度相差不大，且两者在波动中逐渐减小。②平均路径距离空间分布特征：三个研究年份中一级城镇都为武汉主城区，其几乎和所有城镇都有直接的联系，平均路径距离接近于 1（1.101 5、1.002 9、1.001 0）。二级城镇主要分布在各个市城区及其周围，特别是在东部的武汉—鄂州—黄石—黄冈以及中部的荆门—荆州—宜昌等地区出现了集中连片分布，而西北

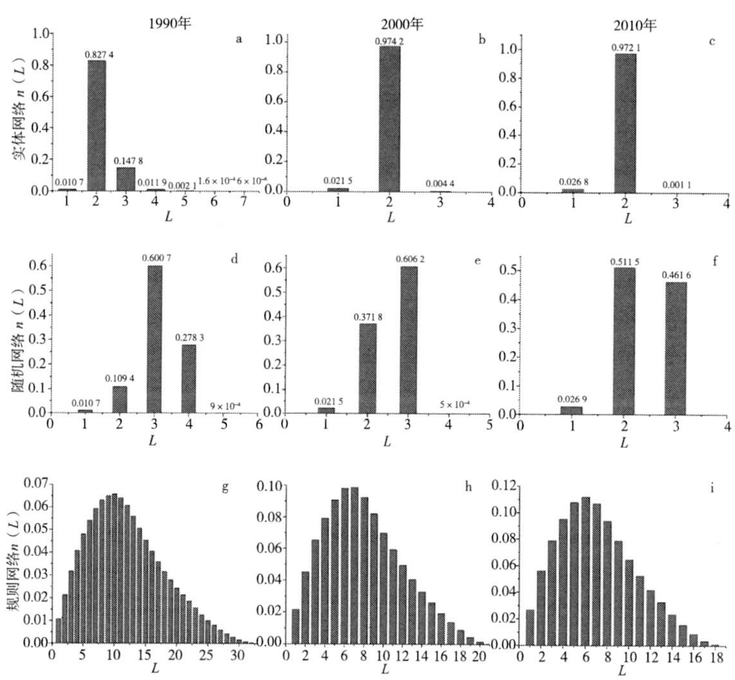

图 5-24　乡镇级不同网络类型平均路径距离分布

和西南地区则相对稀疏，其中宜昌城区（1.772 7、1.532 9、1.427 5）、襄阳城区（1.821 1、1.441 0、1.362 7）、十堰城区（1.878 1、1.634 4、1.539 7）、荆州城区（1.903 3、1.660 5、1.636 4）、黄石城区（1.942 0、1.788 2、1.752 4）的路径距离仅次于武汉主城区，且三年内排名较为稳定。三级城镇则主要分布在东北、东南的边缘地带以及西北和西南的大部分地区。四级城镇数量较少，主要集中在神农架附近：下谷坪土家族乡（3.606 4、2.000 0、1.996 1）、木鱼镇（3.854 9、1.992 3、1.985 5）、九湖乡（3.854 9、1.999 0、1.997 1）、九道乡（4.034 8、1.999 0、1.998 1）、向坝乡（4.079 3、1.998 1、1.993 2）、十八里长峡自然保护区（5.078 3、2.988 4、1.998 1），2010 年由于所有乡镇

的平均路径距离都小于均值的 1.5 倍，所以没有第四等级。

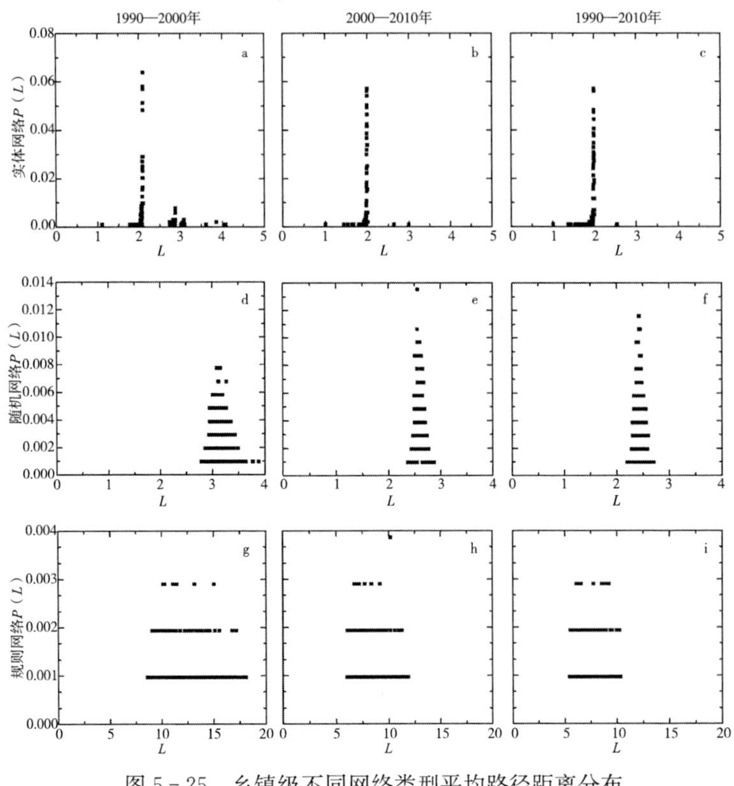

图 5－25　乡镇级不同网络类型平均路径距离分布

（3）平均路径距离存在少数“短者愈短”的现象。①变化的大小和离散程度（表 5－31）：1990—2010 年平均路径距离减少了 0.194，其中 1990—2000 年和 2000—2010 年分别减少 0.185、0.009，相比于随机网络（0.71、0.56、0.15）减少不显著；同时在不同城镇类型中地市级单元的减少最显著（－0.242、－0.192、－0.045），县级单元（－0.161、－0.130、－0.031）和乡镇级单元（－0.195、－0.189、－0.006）的变化率相差不大。湖北省城镇空间网络的平均路径距离变化量则分布相对离散，其变异系数（1.470、1.492、4.536）相对于随机网络（0.29、0.69、0.23）和规则网络（0.22、0.26、0.22）均较高，特别是2000—2010年各个节点的距离变化量离散程度较为明显。通过分析不同城镇类型的数据发现，从地市级（0.359、0.324、0.864）、县级（0.649、0.726、1.328）到乡镇级单元（1.512、1.517、5.989）变异系数逐步增大。可见虽然平均路径距离在各个时间段的变化率较小，但各个城镇之间的差异程度较大，这种差异在地市级和县级主城区之间不明显，主要体现在乡镇级单元之间。

变化的空间分布特征：整体上1990—2010年平均路径距离减少较为显著的地区主要集中在地级市和县级的主城区及其附近城镇，但是在空间分布上1990—2000年和2000—2010年两者具有差异性。1990—2000年路径距离减少最为显著的地方主要集中在湖北省西北和西南地区，特别是神农架附近和恩施的东南部，例如九湖乡（−1.855 9、−0.001 9、−1.857 8）、木鱼镇（−1.862 7、−0.006 8、−1.869 4）、九道乡（−2.035 8、−0.001 0、−2.036 8）、向坝乡（−2.081 2、−0.004 8、−2.086 1）、十八里长峡自然保护区（−2.089 9、−0.990 3、−3.080 3）；2000—2010年路径距离减少较多的城镇则主要是地级市的主城区，以及武汉主城区附近的城镇，其中减少较为显著的是宜昌市区（−0.239 8、−0.105 4、−0.345 3）、孝感市区（−0.147 0、−0.108 3、−0.255 3）、恩施市区（−0.160 5、−0.131 5、−0.292 1）、蔡甸区（−0.127 7、−0.132 5、−0.260 2）、东西湖区（−0.168 3、−0.154 7、−0.323 0）、江夏区（−0.192 5、−0.294 0、−0.486 5）。

（4）L 与变化量 ΔL 之间的关系：从图 5-26 可以看出，湖北省城镇空间网络、随机网络和规则网络中，L 越大则减少数量越多，大致为斜率为负的直线，可见路径距离较长的节点联系在

表 5-31 乡镇级不同城镇类型平均路径距离变化统计

统计指标	全省			地市级			县级			乡镇级		
	1990—2000 年	2000—2010 年	1990—2010 年	1990—2000 年	2000—2010 年	1990—2010 年	1990—2000 年	2000—2010 年	1990—2010 年	1990—2000 年	2000—2010 年	1990—2010 年
最大值	−0.049	0.016	−0.046	−0.099	−0.002	−0.101	−0.066	0.005	−0.074	−0.049	0.016	−0.046
平均值	−0.185	−0.009	−0.194	−0.192	−0.045	−0.242	−0.130	−0.031	−0.161	−0.189	−0.006	−0.195
最小值	−2.089	−0.990	−3.080	−0.380	−0.132	−0.458	−0.880	−0.294	−0.887	−2.090	−0.990	−3.080
标准差	0.276	0.039	0.285	0.062	0.043	0.087	0.095	0.041	0.104	0.287	0.038	0.296
变异系数	1.492	4.536	1.470	0.324	0.864	0.359	0.726	1.328	0.649	1.517	5.989	1.512

网络演化过程中得到了较大改善。值得注意的是湖北省城镇空间网络中有少数异常点位于直线的左侧，其路径距离较小但是减少程度较为显著，特别是在2000—2010年，这一现象与上文分析中地市级单元的减少程度显著较为吻合。综上所述，地市级单元节点的要素流传输效率较高，且随着时间变化其减少程度相对较大，呈现“短者愈短”的演化特征，使其成为城镇网络中要素流的重要集散和传输中心。

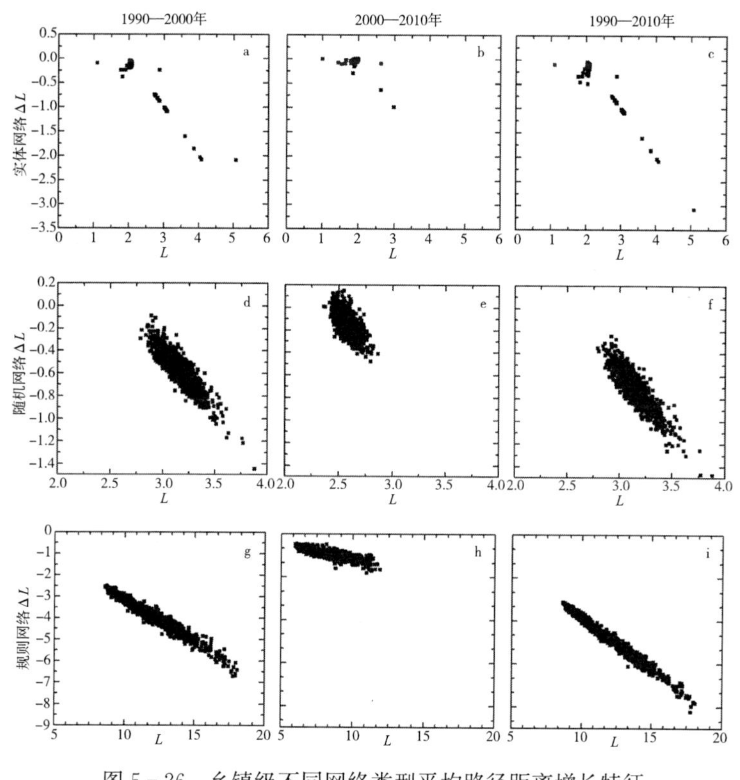

图5-26　乡镇级不同网络类型平均路径距离增长特征

5.3.2.2　簇系数

（1）网络具有局部聚集特征。簇系数表征网络中某个节点的邻居节点联系的紧密程度，簇系数越高，说明其邻居节点之间联系越紧密，局部的聚集特征越显著。①不同类型的网络（表 5 - 32）：1990 年、2000 年、2010 年湖北省城镇空间网络的平均簇系数分别为 0.743、0.778、0.782。其他网络类型中（表 5 - 33），匹配随机网络的簇系数为 0.01、0.02、0.03，规则网络为 0.55、0.60、0.61，可见湖北省城镇空间网络的簇系数接近且略高于规则网络，同时远大于随机网络，这说明了网络具有规则网络的高簇系数的特征，城镇节点倾向于大量节点之间的内部连接，“局部收敛”性质显著。②不同城镇类型（表 5 - 32），地市级单元的平均簇系数最小，为 0.195、0.140、0.147，其次为县级单元，为 0.450、0.388、0.350，且两者远小于全省的平均水平，乡镇级单元的平均簇系数分别为 0.774、0.817、0.824。可见湖北城镇空间网络中地市级和县级的邻居节点联系较为稀疏，联系紧密的局部连接主要存在于大量乡镇节点的邻居节点中。同时，在簇系数的变化趋势上，整体上簇系数逐渐增大，但是不同类型城镇的变化趋势具有差异性：地市级和县级单元的簇系数大致呈现逐步减小的特征，乡镇级单元节点则逐步增大。说明了网络的局部聚集程度增加的趋势主要来自乡镇级单元，而地市级和县级单元则随着与越来越多的节点之间产生联系，连接格局具有分散化趋势，这一特征将在下文的簇系数与节点度的关系中详细论述。

根据短路径和高聚类特征的小世界性质判断标准，将实体网络与相匹配的随机网络比较，实体网络与随机网络的平均路径距离比值越接近 1，且簇系数比值越大于 1，则该网络的小世界特征越明显，根据指标计算可知，湖北省城镇空间网络与随机网络的平均路径比值为 0.689 1、0.767 6、0.811 7，簇系数比值为 1.350 3、1.297 0、1.284 8。

综上所述，湖北省城镇空间网络具有明显的小世界网络特

表 5-32　乡镇级不同城镇类型簇系数统计

网络指标	统计指标	全省			地市级			县级			乡镇级		
		1990 年	2000 年	2010 年	1990 年	2000 年	2010 年	1990 年	2000 年	2010 年	1990 年	2000 年	2010 年
平均路径距离	最大值	5.078	2.988	2.538	2.065	1.917	1.909	2.861	1.987	1.977	5.078	2.988	2.538
	平均值	2.168	1.983	1.974	1.930	1.738	1.689	2.077	1.947	1.916	2.179	1.990	1.983
	最小值	1.102	1.003	1.001	1.102	1.003	1.001	2.000	1.850	1.556	2.028	1.928	1.925
	标准差	0.292	0.062	0.055	0.233	0.236	0.238	0.098	0.031	0.062	0.300	0.045	0.020
	变异系数	0.135	0.031	0.028	0.121	0.136	0.141	0.047	0.016	0.033	0.138	0.022	0.010
拓扑簇系数	最大值	1.000	1.000	1.000	0.339	0.277	0.292	0.885	0.837	0.775	1.000	1.000	1.000
	平均值	0.743	0.778	0.782	0.195	0.140	0.147	0.450	0.388	0.350	0.774	0.817	0.824
	最小值	0.000	0.020	0.025	0.010	0.020	0.025	0.174	0.155	0.069	0.000	0.226	0.354
	标准差	0.220	0.191	0.189	0.113	0.076	0.083	0.165	0.149	0.128	0.195	0.137	0.124
	变异系数	0.296	0.246	0.241	0.581	0.545	0.564	0.366	0.384	0.366	0.252	0.168	0.150

表 5-33　不同网络类型簇系数统计与比较

年份	随机网络					规则网络					网络比较	
	最大值	平均值	最小值	标准差	变异系数	最大值	平均值	最小值	标准差	变异系数	实体/随机	实体/规则
1990	0.17	0.01	0	0.02	1.57	1	0.55	0.25	0.1	0.18	70.95	1.35
2000	0.07	0.02	0	0.01	0.47	1	0.60	0.39	0.09	0.15	36.50	1.30
2010	0.06	0.03	0	0.01	0.33	1	0.61	0.39	0.08	0.14	29.09	1.28

性，即该网络具有较好的联通性和强集聚性，具体表现为任意两个乡镇之间发生人口流动联系最多只需要中转其他1～2个乡镇，网络整体流动顺畅。除此之外，较高的簇系数表现为网络局部联系紧密，人员、信息、物资等要素流多发生在小范围内，特别是相邻城镇间，城镇间发生社会经济关联关系不需要过多中介节点。

（2）簇系数的离散程度较低，发达城镇的簇系数较小。①数值分布：根据表5-32，1990年、2000年、2010年网络簇系数的变异系数分别为0.296、0.246、0.241，根据表5-33，相匹配的随机网络变异系数为1.57、0.47、0.33，规则网络变异系数为0.18、0.15、0.14，可见湖北省城镇空间网络中各个城镇之间的簇系数差异较小，且小于同规模随机网络的离散程度。在数值分布中（图5-27），湖北省城镇网络的簇系数主要集中在均值的1～1.5倍，分布百分比的峰值明显靠右，而随机网络和规则网络的簇系数分布相对较为均衡，具有正态分布特征。②本节将网络节点的簇系数按照其均值的1.5倍、1倍、0.5倍为间隔点分为一、二、三、四等级（表5-34、表5-35）。各个等级在全省东、中、西部均有分布，整体空间格局较为分散。其中，一级城镇在孝感、襄阳、恩施等地区分布较为集中。其中有部分城镇簇系数达到1，说明其邻居节点中两两之间均有联系。1990年、2000年、2010年簇系数为1的城镇数量为223、129、86。二级城镇在神农架附近地区、宜昌市西南部以及黄冈的东北部边缘出现了连片分布。三级城镇由两种城镇组成，一种是主要为社会经济发展水平较高的地市级和县级单元，例如十堰城区（0.054、0.055、0.057）、襄阳城区（0.051、0.04、0.045）、宜昌城区（0.044、0.05、0.05）、武汉城区（0.01、0.02、0.025）等。另一种是节点度为1的乡镇级单元，其簇系数为0。这些乡镇主要分布在西北部的十堰和西南部的恩施等湖北省版图边缘，例如槐树林乡、大庙乡、桃源乡、铁炉白族乡等。

表 5-34　乡镇级不同网络类型簇系数分级统计

网络类型 CC	实体网络 CC			随机网络 CC			规则网络 CC		
	1990 年	2000 年	2010 年	1990 年	2000 年	2010 年	1990 年	2000 年	2010 年
一	0	0	0	265	154	72	25	19	12
二	558	609	618	133	343	434	418	385	390
三	411	369	354	58	410	476	591	631	633
四	66	57	63	579	128	53	1	0	0

表 5-35　乡镇级不同城镇类型簇系数分级统计

不同等级 CC	1990 年			2000 年			2010 年		
	地市级	县级	乡镇级	地市级	县级	乡镇级	地市级	县级	乡镇级
一	0	0	15	0	0	0	0	0	0
二	0	6	552	0	1	608	0	0	618
三	0	36	375	0	31	338	0	24	330
四	16	27	8	16	37	4	16	45	2

（3）簇系数的变化量离散特征较大。①变化的大小和离散程度。1990—2010 年簇系数增加了 0.039，其中 1990—2000 年和 2000—2010 年分别增加 0.035、0.005，增加程度大于随机网络（0.016、0.011、0.006）但是略小于规则网络（0.058、0.050、0.010）；同时在不同城镇类型中，地市级（−0.047、−0.055、0.007）和县级（−0.099、−0.061、−0.038）的簇系数略有减少，乡镇级单元则有所增加（0.050、0.043、0.008）。湖北省城镇空间网络簇系数变化量相对离散（表 5-36），其变异系数（4.741、5.190、19.560）均大于随机网络（1.143、1.775、2.333）和规则网络（1.251、1.351、3.860），同时 2000—2010 年节点簇系数的变化差异程度较为明显。通过分析不同城镇类型的数据发

表 5-36　乡镇级不同城镇类型聚集性指标变化统计

网络指标变化	统计指标	全省			地市级			县级			乡镇级		
		1990—2000 年	2000—2010 年	1990—2010 年	1990—2000 年	2000—2010 年	1990—2010 年	1990—2000 年	2000—2010 年	1990—2010 年	1990—2000 年	2000—2010 年	1990—2010 年
平均路径距离	最大值	−0.049	0.016	−0.046	−0.099	−0.002	−0.101	−0.066	0.005	−0.074	−0.049	0.016	−0.046
	平均值	−0.185	−0.009	−0.194	−0.192	−0.045 0	−0.242	−0.130	−0.031	−0.161	−0.189	−0.006	−0.195
	最小值	−2.089	−0.990	−3.080	−0.380	−0.132	−0.458	−0.880	−0.294	−0.887	−2.090	−0.990	−3.080
	标准差	0.276	0.039	0.285	0.062	0.043	0.087	0.095	0.041	0.104	0.287	0.038	0.296
	变异系数	1.492	4.536	1.470	0.324	0.864	0.359	0.726	1.328	0.649	1.517	5.989	1.512
拓扑簇系数	最大值	1.000	0.281	1.000	0.033	0.060	0.052	0.196	0.096	0.140	1.000	0.281	1.000
	平均值	0.035	0.005	0.039	−0.055	0.007	−0.047	−0.061	−0.038	−0.099	0.043	0.008	0.050
	最小值	−0.533	−0.419	−0.497	−0.187	−0.109	−0.212	−0.368	−0.419	−0.488	−0.533	−0.360	−0.497
	标准差	0.179	0.087	0.185	0.068	0.039	0.077	0.106	0.086	0.128	0.182	0.087	0.185
	变异系数	5.190	19.560	4.741	1.244	5.316	1.627	1.727	2.242	1.290	4.239	11.606	3.665

现，地市级（1.627、1.244、5.316）和县级（1.290、1.727、2.242）的变异系数相对较小，乡镇级单元之间的簇系数变化量差异程度最大（3.665、4.239、11.606）。可见湖北省城镇网络中各个节点的簇系数变化量较为离散，主要是因为各个乡镇单元之间的差距较大。②变化的空间分布。整体上簇系数的变化率分布较为零散。1990—2000年簇系数增加最大的是1990年簇系数为0的边缘城镇节点，增加量为1；1990年簇系数为1的多数节点变化量 $\Delta CC=0$，这是因为随着网络的演化，这些节点的度数并没有发生变化或者增加量较小，节点的局部连接结构没有发生变化，即使有少量连接边的增加，由于其社会经济发展水平有限，这些新增的连接边也是局部择优的结果，自身局部聚集特征较强。部分簇系数较低的核心发达城镇的簇系数均有所增加，例如黄石城区（0.033、0.012、0.045）、武汉城区（0.010、0.005、0.015）、宜昌城区（0.006、0、0.006）、天门城区（0.003、0.016、0.019）、十堰城区（0.001、0.002、0.003）。③簇系数 CC 与变化量 ΔCC 之间的关系（图5-28）。在湖北省城镇空间网络中，CC 与 ΔCC 之间的关系较为复杂，当 $CC<0.5$ 时，节点分布较为稀疏且 CC 的增加量较为显著；当 $CC>0.5$ 时，节点分布较为密集且随着 CC 的增加其增加量逐渐减小并转为负值。随机网络中随着 CC 的增大，其 ΔCC 逐渐变为负增长；规则网络的 CC 与 ΔCC 之间的关系规律性特征不显著。

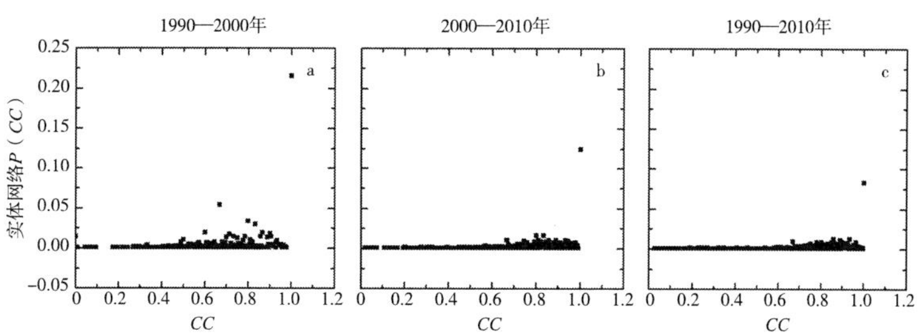

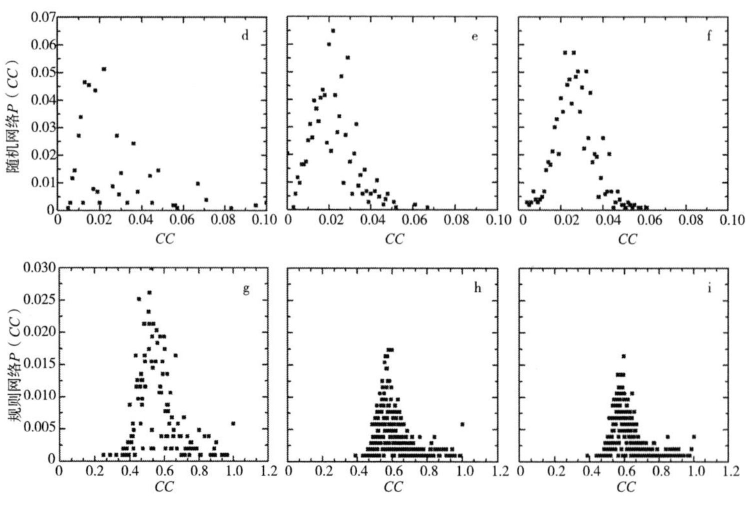

图 5-27　乡镇级不同网络类型簇系数分布

5.3.2.3　基于簇系数的网络层次性分析

簇度相关性是指节点度为 k 的节点的平均簇系数与 k 的关系。从图 5-29 可见，湖北省城镇空间实体网络中随着 k 的增

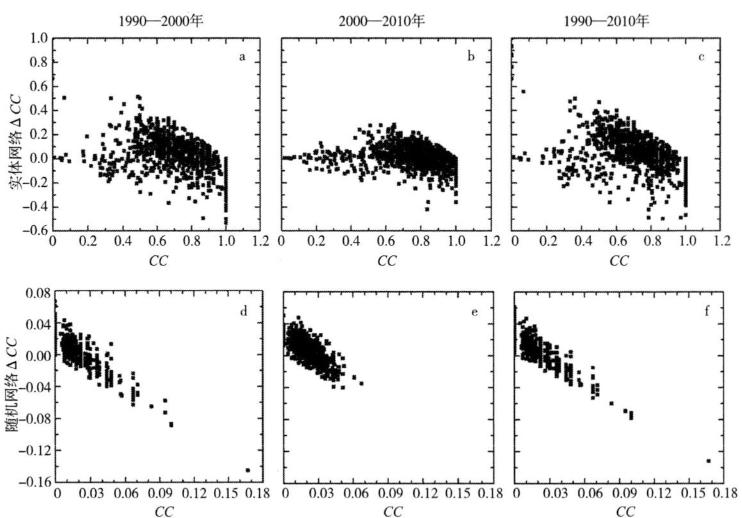

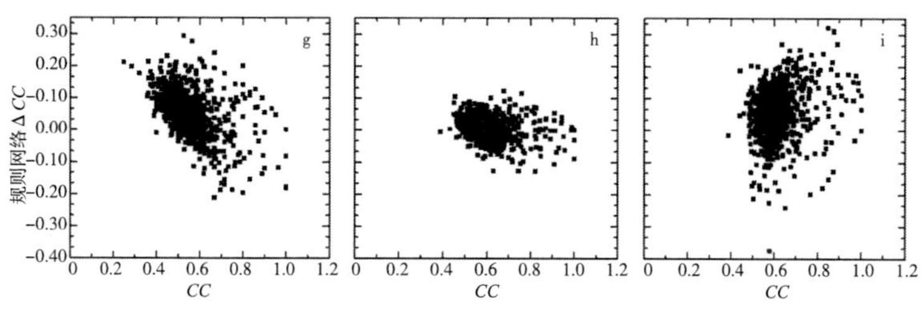

图 5-28　乡镇级不同网络类型簇系数增长特征

加，其节点对应的平均簇系数迅速下降，即网络具有负的簇度相关性，说明节点度小的城镇比节点度大的城市更倾向于在局部集聚成团。这一结论与上文中的地市级和县级簇系数较小，而城镇节点相对较大具有一致性。在匹配随机网络中簇系数随节点度的增加变化平稳，在平均节点度附近近似为一条直线；规则网络中同样呈现簇系数随着节点度逐渐减少的格局，但是减少幅度较小，当节点度大于平均值时簇系数变化渐趋平滑。

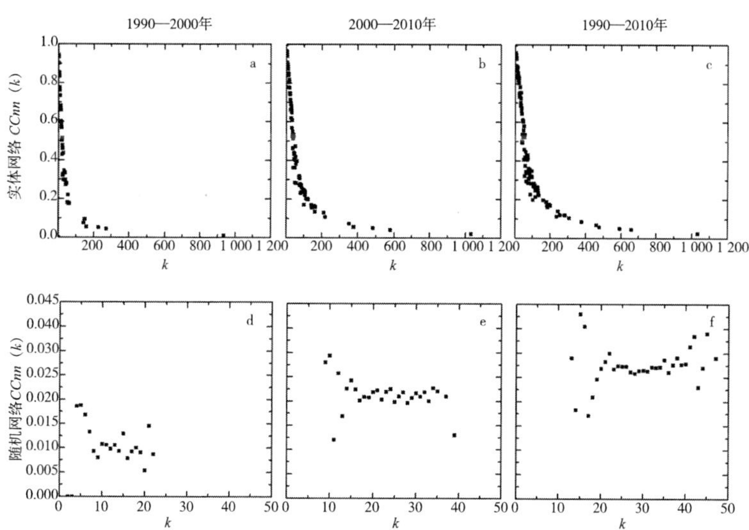

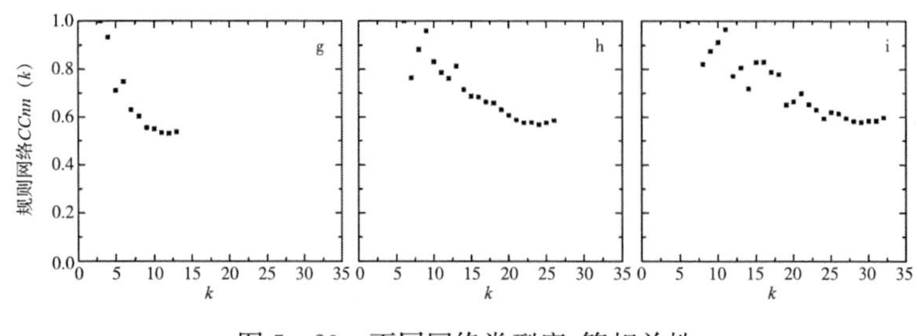

图 5-29　不同网络类型度-簇相关性

本节进一步对簇系数与度进行函数拟合，三个年份的拟合结果分别为：$CC_{nn}(k)=3.9244k^{-0.758}$（$R^2=0.9125$）、$CC_{nn}(k)=4.3741k^{-0.647}$（$R^2=0.8801$）、$CC_{nn}(k)=4.4087k^{-0.611}$（$R^2=0.8575$），可见两者可以近似表示为幂律关系，在双对数坐标中表现为斜率为负的直线（图 5-30）。这意味着湖北省城镇空间实体网络具有层次性。需要说明的是现有关于网络层次性的解释中多数认为当簇系数与节点度具有倒数关系时，即幂律指数为－1 时，网络具有层次性。本节中县级和乡镇级的度-簇幂律指数在0.6～0.9，虽然没有达到理想值，但是仍具有一定的指向意义，将在社团划分结果中具体阐述。现有研究认为部分实体网络由于地理因素的影响而缺乏层次性，例如美国西部电力网、路由层因特网等节点连接边的建立成本与距离成反比。由此可见，湖北省城镇空间网络由于受到地理空间约束的影响较小而表现出一定的层次性。以上现象主要归结于两点：第一，地市级和县级等高、中节点度城镇相对于节点度较低的乡镇，一般社会经济发展水平较高，辐射范围较大，因为核心主城区与一般乡镇之间有较大“势能”（经济因素、人口因素等）存在，在可达性条件较好的情况下一定程度上突破地域限制，与距离较远的节点直接建立联系；第二，节点连接由于受到空间距离及地形等条件的约束倾向于局部择优，在较小区域内联系紧密，而在较大区域内较为松散，这就导致了高节点度节点的邻居节点之间联系较为松散。因此，基于核心发展城镇与一般乡镇的辐射范围差异以及节点连接性质，网络簇系数随着节点度的增大而急剧下降，网络呈现一定层次性。

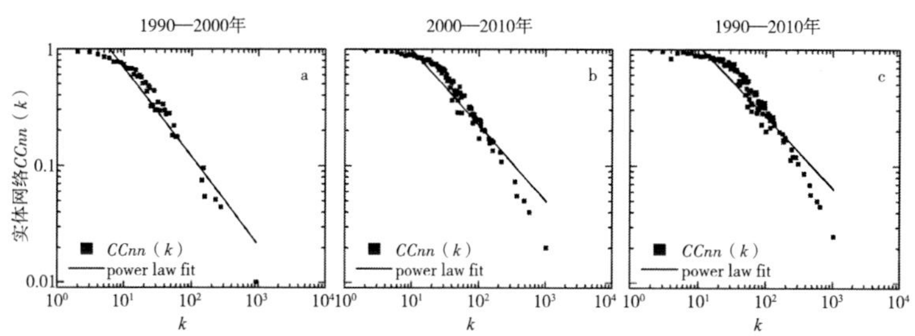

图 5－30　乡镇级度-簇相关性的双对数表达与函数拟合

5.3.3　网络的社团特征

5.3.3.1　拓扑网络社团识别

（1）社团特征显著。1990 年、2000 年和 2010 年湖北省城镇空间网络的社团识别结果如表 5－37 所示。所示，三个时段的网络分别有 16、8、7 个社团，其中 2000 年和 2010 年的社团分布格局较为相似，大致围绕以下核心城镇分布：恩施城区、武汉—鄂州—黄石—黄冈城区、宜昌—荆州—荆门城区、咸宁城区、随州城区、十堰—襄阳城区等。1990 年的社团数量较多且社团规模之间差异较大，与 2000 年和 2010 年的格局具有显著差异。本节对该实体网络以及其相匹配随机网络、规则网络社团划分结果的 Q 值、社团联系强度、社团规模等进行统计分析（表 5－38）。湖北省城镇拓扑网络的 Q 值均大于 0.5（0.649 1、0.619 7、0.585 5），说明社团划分结果较为合理，网络内部存在显著的局部集聚现象，这一结果与上文簇系数的分析结果具有一致性。随机网络的

Q 值分别为 0.283 0、0.196 8、0.169 4，规则网络 Q 值为 0.837 2、0.786 4、0.773 7，可见湖北省城镇拓扑网络相对于规则网络局部聚集特征较低，但是高于随机网络。这是因为湖北省城镇拓扑网络中少数连接核心节点存在跨越长距离的“捷径”，所以相对于只受空间约束的匹配规则网络，实体网络连接较为分散；同时，由于网络中大量乡镇级单元社会发展水平较低且空间可达性较差，只能在空间距离的约束下实现局部择优，所以湖北省城镇拓扑网络中的局部聚集现象比随机网络显著，但是没有规则网络的“空间收敛”效应强烈。从 1990 年、2000 年到 2010 年，随着 Q 值不断减小，社团数目不断减少（16，8，7）。这是因为 1990 年湖北省各城镇社会发展水平较低，与其他乡镇进行空间联系的“能量”较小，同时由于交通基础设施落后等条件的限制，节点联系受空间约束的影响，其吸引和辐射范围主要集中附近城镇，网络区域交流与融合的程度较低，所以导致社团的规模较小且社团之间的界限较为明显；随着社会经济的发展和空间可达性的提高，城镇连接的空间范围不断扩大，不同地域之间的交流与合作逐渐深入与密切，社团规模不断扩大且社团之间的界限逐渐弱化。

表 5-37　乡镇级不同网络类型社团划分结果统计

网络类型	实体拓扑网络			实体加权网络		
	1990 年	2000 年	2010 年	1990 年	2000 年	2010 年
Q	0.649 1	0.619 7	0.585 5	0.696 8	0.672	0.667 1
内联系	0.721	0.711 6	0.681 5	0.869 1	0.816 4	0.821 3
外联系	0.279	0.288 4	0.318 5	0.130 9	0.183 6	0.178 7
社团数	16	8	7	20	15	13
最大值	168	211	211	213	179	165
最小值	8	69	79	7	16	17

（续）

网络类型	实体拓扑网络			实体加权网络		
	1990 年	2000 年	2010 年	1990 年	2000 年	2010 年
平均值	64.69	129.38	147.86	51.75	69	79.62
标准差	45.592 9	44.513 9	43.691 9	45.549 8	44.054 5	47.381 5
变异系数	0.704 8	0.344 1	0.295 5	0.880 2	0.638 5	0.595 1

表 5－38　不同网络类型社团划分结果统计

网络类型	随机网络			规则网络		
	1990 年	2000 年	2010 年	1990 年	2000 年	2010 年
Q	0.283 0	0.196 8	0.169 4	0.837 2	0.786 4	0.773 7
内联系	0.357 2	0.339 4	0.272 2	0.910 1	0.878 2	0.902 4
外联系	0.642 8	0.660 6	0.727 8	0.089 9	0.121 8	0.097 6
社团数	15	8	12	15	12	8
最大值	110	208	148	113	121	182
最小值	43	49	23	37	40	95
平均值	69	129.38	94.09	69	86.25	129.38
标准差	21.382 2	49.578 1	33.230 5	20.490 6	27.356 1	22.549 6
变异系数	0.309 9	0.383 2	0.353 2	0.297	0.317 2	0.174 3

（2）团内外联系分析。本节进一步分析社团内外之间的联系特征，同时，为了研究社团内外的联系强度和分布格局，本节分别将内、外连接边数量作为社团内部、外部联系强度，在节点连接的基础上对节点聚集而成的社团进行分析，以揭示网络的局部联系特征，各个研究时段的结果如表 5－39 至表 5－41 所示。主要有以下三点结论：①以武汉、宜昌、襄阳为中心的社团内部联系强度最大。三个年份社团所含城镇和连接边的排名中，以武汉、宜昌、襄阳等发达城镇为核心的社团均排在前三，虽然三者的名次

有所波动。以武汉城区为核心的社团位于湖北省中东部地区，其在 1990 年、2000 年和 2010 年分别包含 104、211、211 个城镇以及 1 104（13.42%）、4 374（26.74%）、4 956（25.30%）条连接边；以宜昌城区为核心的社团位于湖北省中南部地区，其在 1990 年、2000 年和 2010 年分别包含 142、160、180 个城镇以及 1 692（20.56%）、2 780（17.00%）、3 976（20.30%）条连接边；以襄阳城区为核心的社团位于湖北省西北部，三个时间段分别包含 168、170、189 个城镇和 1 430（17.38%）、2 902（17.74%）、3 018（15.41%）条连接边。以上三个社团包含了全省一半左右的城镇（40.00%、52.27%、56.23%）和社团连接边（51.36%、61.48%、61.01%），是湖北省的主要城镇密集地区。②三大社团之间的社团内部联系较大。除了以上三大社团外，其他内部联系较紧密的社团主要分布在以武汉为核心的社团周围以及此社团与襄阳社团、宜昌社团之间，例如 1990 年的 M4、M13、M9、M7、M10，2000 年的 M4、M5、M7 和 2010 年的 M4、M5、M6 等，多以北部的随州、中部的天门-潜江-仙桃，以及南部的咸宁等核心城区为中心，这些地区多分布在湖北省中东部社会经济发展状况良好的区域，且位于全省公路交通和全国铁路交通的主干道上，可达性条件相对优越。其他社团多位于湖北省的版图边缘，其规模和内部联系强度均较小。③值得注意的是，在社团密度中，规模较小的社团密度较小而规模较小的社团密度反而较大，例如，1990 年以宜昌、襄阳、武汉为中心的社团 M5、M11、M4 密度分别为 0.08、0.05、0.07，而规模较小的 M16、M15、M12 的密度分别高达 0.31、0.29、0.25。这是因为大规模社团主要是以一个或者多个发达的地市级和县级单元为核心，这些节点的联系分布范围广泛，而小规模社团则多偏于一隅，由于社会经济发展水平和交通条件等的限制，其簇系数较高，彼此之间联系较为紧密。

表 5-39 乡镇级 1990 年拓扑网络社团基本特征

名称	规模	社团密度	内部联系			外部联系			主要城镇
			强度	百分比	排名	强度	百分比	排名	
M1	55	0.10	292	0.04	10	63	0.02	11	恩施、建始、利川、宣化
M2	57	0.10	320	0.04	8	118	0.04	8	兴山、巴东、秭归、长阳
M3	19	0.25	86	0.01	14	28	0.01	14	五峰、鹤峰
M4	111	0.07	906	0.11	4	265	0.08	5	鄂州、黄石、黄冈、蕲春
M5	142	0.08	1 692	0.21	1	471	0.15	2	宜昌、松滋、荆州、潜江
M6	41	0.18	300	0.04	9	96	0.03	9	监利、洪湖
M7	78	0.06	368	0.04	7	152	0.05	7	随县、随州、广水、大悟
M8	104	0.10	1 104	0.13	3	993	0.31	1	武汉、孝感、咸宁
M9	62	0.13	476	0.06	6	278	0.09	4	荆门、钟祥、沙洋、天门
M10	39	0.19	282	0.03	11	93	0.03	10	京山、应城、云梦
M11	168	0.05	1 430	0.17	2	335	0.11	3	十堰、丹江口、襄阳
M12	23	0.25	128	0.02	12	41	0.01	12	黄梅县
M13	86	0.09	648	0.08	5	197	0.06	6	红安、麻城、罗田、英山
M14	26	0.16	106	0.01	13	34	0.01	13	竹溪、竹山
M15	8	0.29	16	0.00	16	1	0.00	16	天宝乡、桃源乡
M16	16	0.31	74	0.01	15	19	0.01	15	通城县

表 5-40 乡镇级 2000 年拓扑网络社团基本特征

名称	规模	社团密度	内部联系			外部联系			主要城镇
			强度	百分比	排名	强度	百分比	排名	
M1	110	0.12	1 404	0.09	6	284	0.04	7	恩施、巴东、建始
M2	211	0.10	4 374	0.27	1	1 251	0.19	3	武汉、黄石、黄冈
M3	160	0.11	2 780	0.17	3	1 269	0.19	2	宜昌、荆州、远安
M4	115	0.12	1 548	0.09	5	1 044	0.16	4	仙桃、天门、潜江

（续）

名称	规模	社团密度	内部联系			外部联系			主要城镇
			强度	百分比	排名	强度	百分比	排名	
M5	82	0.18	1 198	0.07	7	323	0.05	6	咸宁、嘉鱼、赤壁
M6	170	0.10	2 902	0.18	2	1 497	0.23	1	十堰、襄阳、荆门
M7	118	0.11	1 572	0.10	4	716	0.11	5	随州、随县、孝感
M8	69	0.12	578	0.01	8	244	0.04	8	竹溪、房县、神农架

表 5-41　乡镇级 2010 年拓扑网络社团基本特征

名称	规模	社团密度	内部联系			外部联系			主要城镇
			强度	百分比	排名	强度	百分比	排名	
M1	116	0.14	1 892	0.10	6	503	0.06	6	恩施、巴东、建始、利川
M2	211	0.11	4 956	0.25	1	1 878	0.21	1	武汉、鄂州、黄石、黄冈
M3	182	0.12	3 976	0.20	2	1 867	0.20	2	宜昌、荆州、荆门
M4	124	0.14	2 194	0.11	5	1 493	0.16	4	汉川、仙桃、天门、潜江
M5	79	0.19	1 178	0.06	7	473	0.05	7	咸宁、嘉鱼、赤壁
M6	134	0.13	2 372	0.12	4	1 508	0.16	3	随州、随县、广水、孝昌
M7	189	0.08	3 018	0.15	3	1 430	0.16	5	十堰、襄阳、神农架

本节利用社团以及社团之间的连接边构建社团网络，以研究社团之间联系的变化特征（表 5-39 至表 5-41）。从 1990 年、2000 年到 2010 年社团网络的密度分别为 0.341 7、0.821 4、0.952 4，说明社团之间的联系呈现逐步增强趋势，且在 1990—2000 年之间具有显著增长，到 2010 年几乎两两社团之间均具有联系。各个社团内外联系强度的排名差异较小，以武汉、宜昌、襄阳为中心的三大社团的外部联系强度仍在全省具有重要地位，

三者的外部联系总和分别为57%、61%、57%，说明三大社团内的城镇不仅在其社团内部与较多城镇有交流合作关系，且与其外部城镇之间的空间相互作用机会较多。社团网络之间的联系格局大致以武汉社团为中心向外辐射，1990年在中东部地区形成以武汉社团为核心、以其邻近社团为辐射点的“星形”结构，在2000年和2010年由于武汉与鄂州—黄石—黄冈等东部城镇组成了一个社团，因此形成了以武汉社团为顶点从东向西的放射状结构。

5.3.3.2 加权网络社团识别

（1）加权网络的结果。在城镇空间联系中，连接边的多少对于城镇节点的影响力及其格局分布的表征具有一定的局限性，本节在考虑连接边权重的基础上进一步对湖北省城镇空间网络进行社团划分，加权网络的社团划分结果如表5-42所示。1990年、2000年和2010年加权 Q 值分别为0.696 8、0.672 0、0.667 1，相对于实体拓扑网络较大，说明加权网络比拓扑网络的局部聚集连接现象更加显著。加权社团的内部联系强度分别占全网络总强度的86.91%、81.64%、82.13%，可见加权网络社团内部的各个城镇之间联系更为紧密，与 Q 值结果具有一致性。加权网络的社团数量（20、15、13）相对于同时期较大，而社团平均规模（51.75、69、79.62）则相对较小。以上现象说明城镇空间网络中存在一定的长距离连接，致使网络连接较为分散，城镇节点可以在较大范围内与其他节点进行人员、物质、信息等交流，但是受到空间、时间、经济等连接成本的限制，长距离连接边的权重普遍较小，权重较大的连接边主要集中在短距离的城镇之间，因此加权网络相对于拓扑网络，其社团规模较小，且内部联系强度较大。值得注意的是，比较地市级、县级和乡镇级的社团结果发现，不同尺度之间的社团结果具有一定程度的一致性，而且地域较小的社团结果一般是对地域较大社团结果的进一步拆分，以

2010 年的加权网络为例，地市级和县级之间，县级中的 M7 与地市级中的 M4 范围大致相同；县级中的 M1、M3 与地市级中的 M1、M3 组合之后边界较为符合，县级中的 M2、M4、M6 则组成了地市级中的 M2。比较县级和乡镇级，乡镇级中的 M3、M5 对应县级 M2，乡镇级 M13、M16 对应县级 M4，乡镇级 M7、M8、M9、M10、M12 对应县级 M3，乡镇级 M1、M2 对应县级 M1，乡镇级 M11、M14、M15 对应县级的 M7。以上分析说明网络存在一定的层次性，这与度-簇相关性的幂律分布结果具有一致性。

（2）内外连接边特征。本节将社团内（间）各个城镇节点的连接边权重之和定义为社团内（外）部联系强度，并以社团为节点、社团联系为连接边构成社团网络，以研究全网络局部聚集区之间的关系格局。大体上看社团内部权重较高的边主要在武汉、宜昌、襄阳、黄石等发达主城区上，而社团外的城镇联系则呈以武汉、宜昌、襄阳为顶点的横 V 形。各个社团的内外连接强度则主要呈现以下特征。如表 5－42 至表 5－44 所示：①1990 年、2000 年、2010 年在社团内部联系强度排名中以武汉、宜昌、襄阳为核心的三大社团分别列为第一、二、三位，三者合计包含了全省 35.65％、34.40％、44.25％的城镇，却拥有全部社团内部联系强度的 60.97％、63.05％、71.98％，加权网络中权重较高的连接边主要集中于少数社团的节点，说明权重相对于连接边分布更为集中，这一结论与点权分布的幂律指数小于节点度幂律指数的结论具有一致性。由此可见网络中的较高权重主要集中在以武汉、宜昌、襄阳为核心的社团内。②整体上 1990 年、2000 年、2010 年社团密度分别为 0.310 5、0.628 6、0.705 1，可见不同社团之间的联系逐渐增加，其中在 1990—2000 年增加程度较为显著。但是与实体拓扑网络相比，加权社团网络的密度较小，不同社团的城镇之间联系较弱，这一定程度上是因为网络中存在距离长而权重较小或者距离短而权重较大的连接边。③从表5-42至表5-44可知，各个年份中以武汉为中心的社团的外部联系强度分别占全省总量的39.66%、38.00%、39.82%，在全省处于领先地位，且远远高于其他社团。部分城镇之间的内外联系排名差异较大，主要分为两类：第一类表现在内部强度排名靠前而外部联系排名靠后，具有代表性的有以宜昌、襄阳、十堰、恩施等地为核心的西部地区的社团；另一类表现为内部联系强度排名不及外部联系强度排名，以鄂州—黄石—黄冈、天门—潜江—仙桃等为核心的社团表现较为明显，这些社团主要分布在中东部地区。造成这一现象的原因主要是西部地区人口、城镇、道路网络等分布密集较低，且位于湖北省的西部边缘，界限较不规则，所以在一定范围内这些社团的节点连接到的发达城镇有限，其高权重连接主要集中在社团内部；而湖北省中东部地区社会经济发达且城镇的空间可达性水平较高，节点的连接边及其权重相对于西部地区较为分散，即中东部地区的外部联系强度较为显著，与其他社团之间的联系较为密切。

表5-42　乡镇级1990年加权网络社团基本特征

社团名称	规模	内部联系			外部联系			主要城镇
		强度（万）	比例	排名	强度（万）	比例	排名	
M1	55	2.10	0.01	11	0.14	0.01	15	恩施、建始、利川
M2	91	20.67	0.11	2	2.24	0.08	3	宜昌、荆州、远安
M3	33	1.46	0.01	15	0.22	0.01	13	兴山、巴东、神农架
M4	18	0.59	0.00	16	0.06	0.00	18	五峰、鹤峰
M5	72	13.27	0.07	5	3.75	0.13	2	黄石、大冶、阳新
M6	27	1.50	0.01	14	0.22	0.01	14	黄梅、武穴

（续）

社团名称	规模	内部联系			外部联系			主要城镇
		强度（万）	比例	排名	强度（万）	比例	排名	
M7	213	74.98	0.40	1	9.68	0.34	1	武汉、孝感、黄冈、鄂州
M8	41	14.08	0.07	4	2.16	0.08	4	荆州、公安
M9	63	6.98	0.04	8	1.37	0.05	7	江陵、潜江、石首、监利
M10	44	4.84	0.03	9	1.22	0.04	8	嘉鱼、赤壁、洪湖
M11	64	8.02	0.04	7	1.73	0.06	6	钟祥、荆门、沙洋、天门
M12	27	2.67	0.01	10	0.56	0.02	12	京山、应城
M13	65	19.63	0.10	3	1.88	0.07	5	襄阳、枣阳、南漳、宜城
M14	34	2.06	0.01	12	0.75	0.03	11	随州、随县、广水
M15	39	2.01	0.01	13	1.08	0.04	10	罗田、英山、团风
M16	13	0.48	0.00	17	0.11	0.00	17	通城
M17	7	0.25	0.00	19	0.13	0.00	16	通山
M18	106	13.10	0.07	6	1.10	0.04	9	竹山、房县、保康、十堰
M19	15	0.33	0.00	18	0.04	0.00	19	竹溪
M20	8	0.05	0.00	20	0.00	0.00	20	天宝乡、桃源乡

表 5-43　乡镇级 2000 年加权网络社团基本特征

社团名称	规模	内部联系			外部联系			主要城镇
		强度（万）	比例	排名	强度（万）	比例	排名	
M1	87	21.34	0.02	9	1.87	0.01	14	恩施、建始、利川
M2	32	9.31	0.01	13	1.34	0.01	15	兴山、巴东
M3	54	69.73	0.08	5	31.33	0.15	2	黄冈、鄂州、黄石
M4	35	8.04	0.01	14	2.76	0.01	12	通城、通山、崇阳
M5	87	32.93	0.04	8	10.34	0.05	7	罗田、英山、浠水

（续）

社团名称	规模	内部联系			外部联系			主要城镇
		强度（万）	比例	排名	强度（万）	比例	排名	
M6	179	352.79	0.38	1	73.03	0.35	1	武汉、孝感、孝昌
M7	96	131.44	0.14	2	18.41	0.09	3	宜昌、荆州、秭归
M8	33	11.07	0.01	12	2.44	0.01	13	公安、石首、监利
M9	70	35.01	0.04	7	15.27	0.07	5	潜江、仙桃
M10	54	50.41	0.05	6	13.25	0.06	6	远安、钟祥、荆门
M11	81	101.16	0.11	3	17.25	0.08	4	襄阳、枣阳、随州
M12	45	15.07	0.02	10	4.82	0.02	10	天门、京山
M13	16	13.22	0.01	11	5.43	0.03	9	嘉鱼、赤壁
M14	144	69.78	0.08	4	7.84	0.04	8	竹溪、竹山、郧阳区
M15	22	7.14	0.01	15	3.43	0.02	11	广水、大悟

表 5-44　乡镇级 2010 年加权网络社团基本特征

社团名称	规模	内部联系			外部联系			主要城镇
		强度（万）	比例	排名	强度（万）	比例	排名	
M1	87	21.34	0.02	9	1.87	0.01	14	恩施、巴东、建始、利川
M2	32	9.31	0.01	13	1.34	0.01	15	黄冈、鄂州、黄石
M3	54	69.73	0.08	5	31.33	0.15	2	罗田、英山、浠水
M4	35	8.04	0.01	14	2.76	0.01	12	武汉、孝感、孝昌、咸宁
M5	87	32.93	0.04	8	10.34	0.05	7	宜昌、荆州、荆门、当阳
M6	179	352.79	0.38	1	73.03	0.35	1	公安、石首、监利
M7	96	131.44	0.14	2	18.41	0.09	3	天门、潜江、仙桃、洪湖

（续）

社团名称	规模	内部联系			外部联系			主要城镇
		强度（万）	比例	排名	强度（万）	比例	排名	
M8	33	11.07	0.01	12	2.44	0.01	13	襄阳、十堰、丹江口
M9	70	35.01	0.04	7	15.27	0.07	5	应城、京山
M10	54	50.41	0.05	6	13.25	0.06	6	随县、广水、大悟
M11	81	101.16	0.11	3	17.25	0.08	4	红安
M12	45	15.07	0.02	10	4.82	0.02	10	通城、通山、崇阳
M13	16	13.22	0.01	11	5.43	0.03	9	竹溪、竹山、房县、保康

5.3.4 网络的节点角色识别

5.3.4.1 拓扑网络节点角色及其变化

各个节点由于其不同的连接格局在网络中具有不同的地位和功能。本节基于社团划分结果根据节点在其社团内和社团外连接边数量的大小将节点分为7类。湖北省城镇拓扑网络及其随机网络和规则网络的节点角色统计结果如表5－45和图5－31所示。

（1）不同类型网络。湖北省城镇拓扑网络在三个年份中分别具有23、35、37个热点和1 012、1 000、998个非热点，相匹配随机网络的非热点数量分别为1 017、1 012、1 022，规则网络则全部为非热点，可见虽然湖北省城镇拓扑网络中大多数节点（97.78％、96.62％、96.43％）在其社团内部和外部均具有相对较少的连接边，但是相对于同规模的随机网络和规则网络则有较多的热点存在。在各个角色的数量分布中，湖北省城镇拓扑网络节点主要集中在R2中（834、809、845），其次为R1（145、144、83）、R3（33、47、70）、R6（16、20、26）、R5（6、12、5），R7（1、3、6）的数量最少，且R4不存在节点，而随机网络中则存在 R4（422、433、910）和 R7（8、5、8），且不存在 R5 类型，由此可见，湖北省城镇拓扑网络中外部连接边较多且分散在多个社团的节点较少，这一特征多存在于随机网络中，而随机网络中与社团内部联系紧密的节点较少。

表 5－45　乡镇级实体拓扑网络与加权网络类型节点角色统计与比较

类别		实体拓扑网络			实体加权网络		
		1990 年	2000 年	2010 年	1990 年	2000 年	2010 年
非热点	R1	145	144	83	306	133	100
	R2	834	809	845	703	853	888
	R3	33	47	70	6	22	19
	R4	0	0	0	0	0	0
	共计	1 012	1 000	998	1 015	1 008	1 007
热点	R5	6	12	5	12	12	13
	R6	16	20	26	8	15	15
	R7	1	3	6	0	0	0
	共计	23	35	37	20	27	28

类别		随机网络			规则网络		
		1990 年	2000 年	2010 年	1990 年	2000 年	2010 年
非热点	R1	1	0	0	664	518	587
	R2	68	10	0	361	490	437
	R3	526	569	112	10	27	11
	R4	422	433	910	0	0	0
	共计	1 017	1 012	1 022	1 035	1 035	1 035
热点	R5	0	0	0	0	0	0
	R6	10	18	5	0	0	0
	R7	8	5	8	0	0	0
	共计	18	23	13	0	0	0

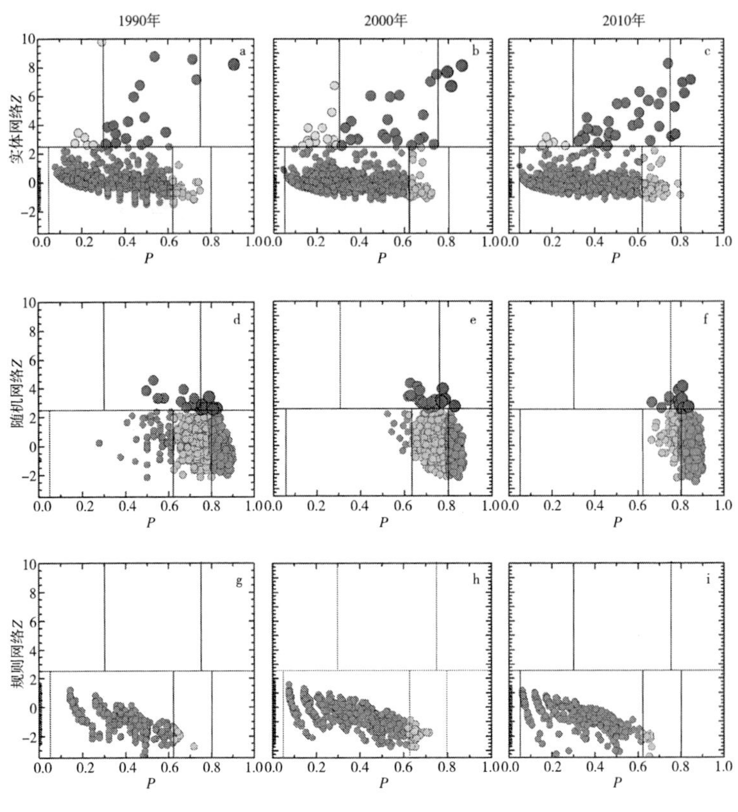

图 5-31　乡镇级不同网络类型节点角色识别

（2）不同角色空间分布。R1 和 R2 在全省各个社团内均有分布，且由于其总数最大而在各个社团中分布比例最大，其中在 1990 年主要分布在西部的社团 M11、M14、M15、M1、M2 以及中东部的社团 M8，2000 年和 2010 年则主要分布在社团 M2 境内。R3 则主要分布在两个社团界限的附近，其中在湖北省中部的社团之间尤为集中，如 1990 年的 M9 与其邻近社团 M7、M10、M5 的边界附近；2000 年和 2010 年的社团 M4 与其周围社团之间。R5 主要是分布在湖北省边缘的城市主城区，这些城镇节点的外部连接边较少，但是其对社团内部联系具一定的核心和主导作用，例如，1990 年 M1 中的来凤城区、M12 中的黄梅城区、M8 中的咸宁城区、M11 中的十堰城区、M7 中的广水城区；2000 年 M1 中的恩施城区、M2 中的大冶城区、M5 中的通城县区、M6 中的丹江口城区和老河口城区 M7 中的广水城区；2010 年 M1 中的建始城区和咸丰城区、M2 中的武穴市区、M7 中的房县城区和郧阳城区等。R6 中的节点对内和对外的连接数量均较多，其对社团内部和社团之间联系具有双重意义。这些节点一般一个社团内有 1～3 个，多是各个社团中较为发达的地级市和县级的主城区，2010 年各个社团内的 R6 城镇节点相对较多。其中具有代表性的 R6 节点有：1990 年 M1 中的恩施城区、M4 中的黄石城区、M5 中的宜昌城区、M9 中的荆门城区、M11 中的襄阳城区；2000 年 M6 中的荆门城区、M4 中的潜江城区、M5 中的咸宁城区、M6 中的十堰城区、M7 中的随州城区；2010 年 M5 中的崇阳县区、M7 中的云梦城区、M4 中的天门城区、M6 中的枣阳城区、M2 中的新洲区等。R7 相对于 R6，所属节点的外部连接边进一步增多，因此相对于节点对其内部的核心作用，其影响力主要体现在对全网络各个社团之间的连接与疏导作用上。1990 年只有 M8 中的武汉主城区属于 R7，2000 年增加了 M3 中的宜昌和 M6 中的襄阳主城区，2010 则增加了武汉市的三个市辖区：M6 中的东西湖区、M4 中的蔡甸区、M2 中的江夏区。可见以上城市不仅与其社团内部的城镇有较多联系，且其外部联系遍布全省，对全网络各个社团之间的人员、信息、技术等交流与合作具有重要聚集和扩散作用。

（3）节点角色演化特征。1990—2010 年间节点的外部联系特征逐步增强，整体上网络中非热点的数量在逐渐减少，热点数量逐渐增多，主要体现在 R1 城镇的减少和 R6、R7 城镇的增加，同时在非热点内部外部联系较强的 R3 城镇数量也出现了显著的增加趋势。在空间分布上，外部连接边较多的R6、R7逐渐向中东部武汉主城区附近集中。1990年除4个规模较小的社团外，R6城镇在其他社团均有分布，2000年和2010年中东部地区社团内的R6和R7节点数量明显多于西部以襄阳、恩施为核心的城镇数量。

（4）加权网络节点角色及其变化。本节基于湖北省城镇加权网络对各个节点的角色进行重新识别，并与其拓扑网络结果进行比较分析。①角色数量分布（表5-45、图5-32）：1990年、2000年、2010年在湖北省城镇加权网络中分别存在20、27、28（1.93%、2.61%、2.71%）个热点和1 015、1 008、1 007（98.07%、97.39%、97.29%）个非热点，相对于各个时期的拓扑网络热点数量，加权网络的热点较少。城镇数量在加权网络中各个角色的分布上：整体上R2（703、853、888）最多，其次为R1（306、133、100）、R3（6、22、19）、R5（12、12、13）、R6（8、15、15），不存在连接外向性特征显著的R4和R8。与拓扑网络相比较，加权网络的节点在横坐标轴上普遍较偏向于坐标轴左边，具体表现为R1和R5的城镇较多，而R2、R3、R6的城镇数量较少。以上现象可以揭示出，湖北省城镇加权网络相对于拓扑网络外向性特征显著的节点类型较少，更多节点连接权重主要集中在社团内部。②角色空间分布：R1和R2由于所含城镇数量较多而最为广泛，其中R1相对R2分布较为集中，主要分布在以武汉、宜昌、十堰等发达城区为核心的社团内，例如1990年的M7、M2、M18，2000年的M6、M7、M14，2010年的M4、M5、M8等社团。R3主要分布在中部社团与其邻近社团的边界线附近，例如1990年M3中的龙坪乡、M8中的后港镇、M11中的毛李镇、东桥镇、M5中的骆驼坳镇、M9中的岳口镇；2000年主要集中在M9与其邻近社团之间M7（甘家厂乡）、M8（毛市镇）、M10（毛李镇）、M13（高铁岭镇）、

M12（三里岗镇）的边界附近；2010 年在湖北省中部社团 M7、M10、M9 中分别有 6、5、3 个 R3 节点，在 M3（浠水城区）、M6（六合垸农场）、M8（唐县镇）、M2（回龙山镇、兰溪镇）中也少有分布。R5 作为其所在社团的核心节点，在各个年份中有 1～3 个散布在各个社团内（1990 年规模较小的少数社团除外），主要包含较为发达的地级市和县城区，例如，1990 年 M1 中的恩施城区、M5 中的大冶城区、M2 中的宜昌城区、M18 中的十堰城区、M13 中的襄阳城区；2000 年 M1 中的利川县区、M8 中的石首城区、M12 中的京山县区、M14 中的丹江口城区、M6 中的黄陂区；2010 年 M5 中的荆州城区、荆门城区、M13 中的竹山县区、M4 中的东西湖区、江夏区等。R6 节点对其所在社团内部和外部城镇均联系强度较大，中西部社团多为 1～2 个，西部社团则由于外部联系强度较小而多为 1 个或者不存在 R6 节点。武汉城区、黄石城区、潜江城区在三个年份中均属于 R6，此外还有 1990 年、2000 年的荆州、荆门城区以及 2000 年、2010 年的鄂州城区、广水城区、仙桃城区等。节点角色演化特征：1990—2010 年热点城镇数量逐渐增多，且除了 R1 的城镇数量具有减少趋势外其他节点类型的数量均在增加，说明节点的外部联系强度正在逐步增强，网络联系权重具有分散化的趋势，这一趋势与拓扑网络具有相似之处。

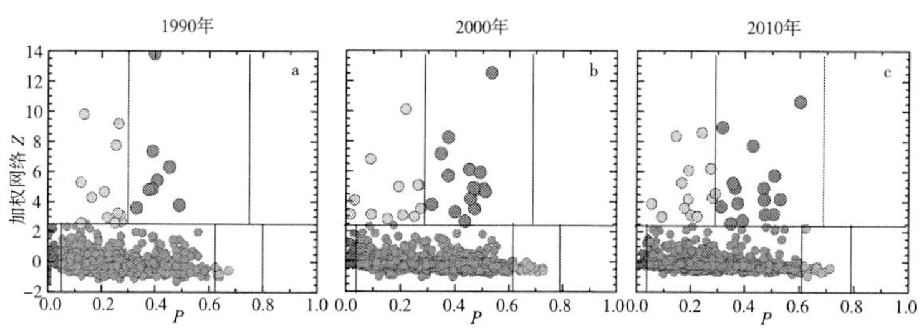

图 5-32　乡镇级加权网络节点角色识别

5.4 基于网络视角的城镇体系规划

5.4.1 现有城镇体系规划成果及评述

湖北省的城镇体系规划工作开始于 2001 年，具有代表性的成果有《湖北省城镇体系规划（2001—2020）》（简称《体系规划》）和《湖北省城镇化与城镇发展战略规划（2010—2030）》（简称《战略规划》）。下面对以上成果的编制及其主要内容作简要说明和评述。

《体系规划》编制工作于 2001 年初全面展开，在湖北省建设厅的直接领导和主持下，湖北省城市规划设计研究院承担了具体的编制工作，并于 2003 年 8 月由建设部批复实施，规划期限为 2003—2020 年。规划重点是制定科学的城镇化与城镇发展战略，对城镇进行准确定位、合理布局，并为省域城镇的发展构建完善的综合保障体系，以增强城镇的协作性和互动性，提升城镇的吸引力和辐射力，增强城镇的整体效益。《体系规划》将全省城镇分为六级，即省域中心城市、区域性中心城市、地区性中心城市、县（市）域中心城市、重点镇和一般镇；同时确立了三个城镇密集地区（武汉大都市连绵区、襄樊大都市区、宜昌大都市区）和三条城镇发展轴（沪蓉高速公路暨长江湖北段城镇复合发展轴、武银高速公路暨汉渝铁路湖北段城镇复合发展轴、襄荆宜高速公路暨焦柳铁路湖北段城镇复合发展轴），以“三区”为主体、以“三轴”为纽带，向周边拓展，向外围辐射，形成层次清晰的空间结构。

2010 年 3 月，湖北省人民政府委托中国城市规划设计研究院、同济大学、南京大学、清华大学四家单位编制《战略规划》，并于 2012 年开始实施。《战略规划》综合分析了影响省域发展的六大方面问题，提出了五大发展战略，内容涉及区域发展、产业发展、城镇化路径、生态环境、交通体系、基础设施等多个方面，并提出综合解决方案，对全省城镇化发展的空间战略进行部署，对湖北省城镇发展具有指导意义和协调作用。《战略规划》提出了“一圈两区、两轴两带”的省域空间结构方案，一圈两区，即将“武汉城市圈、宜昌—荆州组合都市区、襄阳都市区”作为全省三大空间增长极。两轴两带，即以“京广轴、长江城镇密集发展带”为省域一级发展轴带，以“汉十城镇发展带、襄荆城镇发展轴”为省域二级发展轴带。在不同等级城镇的发展过程中提出强化武汉中心地位，突出特大城市和大城市的强集聚强核心作用，重点发展中等城市及县级城市，择优培育特色小城镇。

上述规划根据当时城镇体系发展的客观实际，确定城镇的发展方向并制定了合理的发展战略，对指导和协调湖北省城镇发展具有重要意义。但是上述规划仍然存在几点需要改进的地方：①总体而言，上述规划偏重于分析不同城镇之间的数量和等级结构，例如，通过人口数量来分析城镇体系的规模结构等，而对不同城镇之间的互补与合作关系以及基于关系的网络结构研究较少。随着交通、信息等基础设施建设的发展和专业化分工的日益深化，城镇之间的互助与合作关系将成为城镇发展战略的重要考虑因子。②空间格局分析中，进行区域划分并采用定量化的分析方法，只是从经济、社会、区位、自然因素等方面进行综合评定，区域划分结果较为笼统，划分单元多停留在地市级，少数落实到了县级，缺乏对于一般乡镇的不同分区。③在各个城镇的功能定位中多根据城镇的规模、区位等条件进行定位，而对城镇在社会经济网络中的地位和作用的研究较少，例如，宜昌市不仅是中西部地区的核心城市，同时，还是全省城镇体系发展中中西部地区与东部发展地区交流与合作的门户。

5.4.2 基于网络视角的城镇体系规划措施

5.4.2.1 城镇体系的整体措施

宏观上，湖北省城镇网络具有无标度和小世界的双重复杂特征。网络连接边及其权重分布较为离散，大量城镇节点的连接边和权重较小，而少数节点的则较大。这一特征致使网络对节点随意攻击行为的稳定性较好，而对蓄意攻击则较为脆弱，即由于网络中大部分节点的连接边和权重较小，当城镇节点由于山洪、龙卷风、地震等自然灾害出现交通拥堵、瘫痪等随机故障时，并不会对网络的正常运行产生太大影响，但是由于网络的不均衡特征，当网络的关键节点，例如节点度和介数均较高的武汉、襄阳、宜昌等主城区及其主要连接边，特别是属于小世界特征中的长距离连接“捷径”出现交通枢纽不能正常运行时，人流、物流则会向其他连接边和城镇集中，最终导致网络的整体运行状况受到严重影响，很多节点因此可能成为孤立点。同时，这种网络构架之下，传染病、谣言等也可能通过以上关键的城镇节点和连接边迅速向全省扩散。所以在日后的规划过程中，需要提高以上关键节点及其主要连接边抵抗风险的能力，特别是在客流、物流高峰期，需要提高对关键城镇和主干道的监督监管措施。从长远来看，通过和谐发展战略和优化多类型的道路网等措施，将热点城镇和关键边的承载力分流到其他快速发展的城镇当中去，将会对湖北省城镇网络的稳定性产生有效作用。

5.4.2.2 城镇体系区域发展措施

湖北省城镇网络各个社团的内部和外部联系特征差异较大，需要根据不同社团的格局特征因地制宜制定相应的具体措施。本节以 2010 年湖北省城镇加权网络的社团划分结果为例进行具体阐述。进一步将 13 个社团分为整合型社团、合作型社团、发展型社团和提高型社团四类。

(1) 整合型社团主要分布在湖北省中东部地区，包含以武汉城区为中心的 M4 社团以及其邻近的 M2、M3、M6、M7、M9、M10、M11、M12，共 9 个社团。这一类型社团中多数地形平坦，为湖北省人口和城镇的密集区，交通基础设施较好，且以武汉市为中心的 M4 社团在人力、资本、信息等要素流的聚集与扩散中具有显著优势。因此这一类型的社团可以实施产业梯度转移措施，武汉市可以利用其自身的区位、教育等优势发展通信、文化等技术密集型产业，企业可将大型工厂等转移到武汉市的远郊区以及周围社团的核心城镇，例如 M2 中的鄂州、黄冈、黄石和 M7 中的天门、仙桃、潜江等地，这一政策不仅可以使武汉市实现产业的优化升级，而且可以使周边地级市获得发达地区的经济带动作用。

(2) 位于湖北省中部的 M5 社团属于合作型社团，其组成城镇主要分布在宜昌、荆州、荆门三个核心主城区附近。这部分城镇在经济发展的深度合作方面具有显著优势：第一，这一地区的能源、制造业和化学矿物业较强，彼此之间的产业依赖性较强；第二，城镇之间的空间距离和时间距离较短，大多都在 1 小时车程范围内；第三，这一地区为我国荆楚文化和三国文化的主要聚集区。因此 M5 社团城镇，特别是宜昌、荆州、荆门等城区需要进一步加强交流与合作，以提高自身在全省的竞争优势。以上三个城市需要制定明确的产业分工以发挥自身主导产业的优势和避免产业雷同和重复建设现象，例如，宜昌境内有三峡大坝和葛洲坝水利枢纽工程，其在水利水电能源方面具有绝对优势；荆州作为国家重要的农产品综合生产基地，需要逐步形成具有特色的食品加工和轻工家纺产业集群；荆门的非金属矿产特别是建材和化工原料矿产丰富，可在此技术上发展相关的加工工业。剩下的三个社团主要分布在湖北省西部地区，而且城镇的外部联系较弱，其主要应该提高交通基础设施的水平，通过吸引人员、物资和资金的集聚实现社会经济发展水平的提高。

（3）发展型社团包括西北部的 M8 社团和西南部的 M1 社团，分别以襄阳、十堰城区以及恩施三个地级市城区为核心，以上节点需要基于其自身产业优势对当地经济的发展发挥积极带动作用。如 M8 中的十堰、襄阳等地的汽车制造及其相关产业基础较好，其东部邻近社团，以随州为核心的 M10 社团空间可达性相对较好且距离武汉等东部城镇聚集区较近，M8 社团可与其进行联合发展，组建“襄十随汽车工业走廊”，扩大其核心产业在全省以及全国的影响力。M1 社团所在地区具有丰富的生态资源和旅游资源，可以发展以恩施为主导的绿色有机农业和生态旅游产业。

（4）位于十堰南部、神农架林区附近的 M13 社团属于提高型社团，所属地区城镇的城镇化水平较为滞后。未来发展中政府应该有选择性地扶持具有潜力的城镇节点成为区域新的增长极，例如房县城区，这一节点相对于社团内的其他节点在规模和交通方面具有优势，该节点是社团内人口数量最大且唯一一个同时有国道和高速（在建）公路通过的城区。

5.4.2.3 城镇节点发展措施

在基于节点的微观研究层面，不同角色的节点对网络体系具有不同方面以及不同程度的影响，因此需要对不同角色的节点采取相应措施。R1 和 R2 的所属城镇节点由于自身发展动力有限，其与其他节点进行空间联系的能力不足，长远来说政府需要推出有效的政府扶持政策以发展当地的主导产业，同时加大基础设施建设的投入以改善投资环境。R3 节点在维系不同社团之间的连接具有一定潜力，在以后的长远规划中可以作为所在地区对外联系的中转节点。R5 对社团内部其他城镇具有显著的带动作用，但是其对外连接的能力较弱。对于各个社团来说，在各个 R5 节点之间建立高效而紧密的联系是社团实现联合发展的有效途径，因此，为了实现湖北省的整体发展，主要城市和城镇之间可通过高速公路和通信措施建立商务专用通道等。R6 节点由于其在对内和对外的联系强度方面均有优势，从而对于网络的整体和局部连接都具有根本性的影响。本节进一步将 R6 城镇节点分为三类并提出相关措施。第一类 R6 城镇为 M4 中的武汉城区，其在整个城镇网络系统中具有绝对优势，应该加强其全省中心城区的社会经济辐射与带动作用。第二类是社团连接热点，具体是东部社团 M2 中的黄石城区和鄂州城区、M3 中的蕲春城区和武穴城区，这些热点链接了其各自所在社团城镇与 M4 的联系；南部社团 M12 中的崇阳城区对于 M4 与其社团内部的城镇连接起到了桥梁的作用。第三类是社团类型之间的联系，北部社团 M9 中的应城城区、M10 中的随州城区和广水城区连接东部的整合型社团 M4 与西北部的发展型社团 M8；中南部社团 M7 中的潜江和仙桃城区以及 M6 中的监利城区则对于促进整合型社团 M4 与中部合作型社团 M5 之间的交流与合作具有重要作用；西部社团 M8 的襄阳城区与 M13 中的房县城区则对其各自所在社团有连接作用。值得注意的是，由于西南部地区缺少 R6 节点，所以部分中心城市应该积极转变其角色定位，例如宜昌、恩施等核心地级市城区应该发展成为合作型社团 M1 与发展型社团 M5 之间的联系热点，荆门市由于位于襄阳和宜昌的中间，则可转换成为发展型社团 M8 与合作型社团 M5 之间的连接“桥梁”。

5.5 本章小结

本章分别从整体、局部和个体的角度对多尺度空间网络的连接特征、社团特征和节点角色进行系统分析；在纵向时间尺度上通过不同年份的比较揭示各个尺度网络的演化特征；在横向层面，对比了各个空间网络的拓扑与加权形式，同时将实体网络与匹配随机网络和规则网络进行比较，开展同一指标在不同网络类型中的对比分析。主要结论如下。

（1）本章主要通过节点度、点权、介数、平均路径距离、簇系数等指标分析了网络的无标度、小世界等复杂性特征，同时对各个指标之间的相关性进行了深入分析。由于地市级网络的规模较小，网络指标为定量分析，网络的复杂特征和相关性为定性解释说明，县级和乡镇级层面均为定量分析。①无标度特征。县级和乡镇级网络的节点度累计分布具有幂律特征，且幂指数在（1，2）之间，说明网络中大部分节点的连接边较少而少数节点的连接边较多。点权也呈现一定的幂律分布，且离散程度相对点权较大。无标度特征的存在主要是由于城镇连接边的择优特征产生的。②小世界特征。地市级、县级和乡镇级单元均存在短路径和高簇系数的小世界性质，规模较小的城镇由于空间约束的限制而倾向于局部连接，形成了局部联系紧密组团现象，核心城镇则由于辐射能力和可达性较好而存在一定的长距离“捷径”，对各个局部聚集进行了有效连接，提高了网络的传输效率。③相关性。度-权的幂律相关性说明点权的增长速度快于节点度；度-度的负相关特征表明网络具有异配特征，度-簇的幂律关系中幂指数多在−0.6左右，说明网络具有一定的层次性。

（2）本章分别对地市级、县级和乡镇级的拓扑网络和加权网络进行了社团识别，对Q值、社团内外部联系强度等进行了分析。①Q值：从地市级、县级到乡镇级，Q值逐渐增加，说明节点的地域尺度越小，联系的局部聚集越显著；1990—2010年各个尺度网络的Q值逐渐减小，说明网络连接具有分散化趋势；相对于拓扑网络，权重网络的Q值均较小，说明在网络中连接边较为分散而连接边权重则相对聚集。②在社团划分结果中，在武汉、襄阳、宜昌这三个核心城市附近形成了明显的社团聚集，且社团的内、外部联系强度在全省占有重要比重，可见这三个区域是湖北省的主要城镇聚集区。③不同空间尺度间社团结果一般表现为，较小地域单元的社团是对较大地域单元社团结果不同程度的拆分，这正是度-簇相关性中网络层次性的体现，说明湖北省城镇体系具有一定的地域格局规律。

（3）本章基于多尺度的社团结果研究中，各个节点的内外部连接结构对节点个体进行角色识别，并将拓扑网络与随机网络和规则网络进行比较，将加权网络与拓扑网络进行比较。①时间尺度上，地市级、县级和乡镇级网络中均不包含在随机网络中占有较大比重的 R4，此类角色的节点多倾向于外部链接，说明实体网络区别于随机网络而具有显著的聚集特征。同时，三个尺度的网络中均出现了 R1 比例减少、R2 比例增加的趋势，说明节点的外部联系加强，这与 Q 值减小、网络趋于分散联系具有一致性。②不同尺度之间，相对于地市级和县级网络，乡镇级网络中联系热点的数量不断增加，乡镇级网络中越来越多的核心城区对整个网络的联系具有重要作用。③加权网络与拓扑网络相比，加权网络中不存在对内、对外联系均较强的 R7，与 Q 值结果一样显示出加权的相对局部聚集特征。④空间分布特征方面，外向联系较强的 R5、R6、R7 城镇主要聚集在中东部武汉附近的城镇密集区。

（4）基于多尺度网络的视角对湖北省的城镇体系规划提出了具体的政策措施。①宏观层面，需要加强对关键节点及其连接边的检查监管，以提高网络整体运行的稳定性。②中观层面，中东部武汉社团及其邻近社团可实施产业专业措施；中部的宜昌—荆门—荆州社团需要进行产业分工和深度合作；襄阳社团和恩施社团可采取有效措施以核心城市带动周围地区的发展；神农架周围社团则需要培育新的区域经济增长极。③微观层面，R1 和 R2 节点则需要增强自身经济发展的动力；R3 节点在未来长远城镇体系规划中具有区域联系“踏脚石”的作用；在各个社团的 R5 节点之间建立有效连接是社团联合的有效方法；宜昌、荆州、恩施等节点需要转变为新的 R6 型节点以实现区域的整体协调发展。

6 结论与展望

6.1 主要成果

随着社会经济的发展，网络化发展模式已经成为城镇空间格局的新范式，从网络的角度研究不同地域尺度之间的社会经济联系和网络特征，对于城镇体系规划和区域发展具有重要意义。本书首先对空间网络的主要组成部分——点、线要素进行了综合评价，同时对比了两者之间的空间分异特征；其次，本书提出与空间可达性相结合的辐射模型，以对各个尺度的空间联系强度进行模拟预测，基于此构建地市级、县级和乡镇级的社会经济空间网络，并构建了相应的匹配随机网络和规则网络用于对比分析；再次，本书主要从整体、局部和个体三个层次分析了网络的中心性、聚集特征、社团特征、节点角色等。本书采用了 1990 年、2000 年、2010 年三个研究时段对上述研究内容进行纵向对比分析，揭示湖北省社会经济空间网络的演化规律；基于多尺度的地市级、县级、乡镇级三个不同等级对上述内容进行横向对比分析，揭示湖北省不同类型空间单元的差异特征。

6.1.1 社会经济空间网络的点、线要素分析

在借鉴以往研究的基础上，本书从多尺度的视角分别将湖北省 17 个地级市、85 个县级及县级市和 1 035 个主城区和乡镇分

别作为空间网络的节点，利用1990年、2000年、2010年的社会经济数据对上述节点的空间联系能力进行综合测度与分析。本书将1990年、2000年、2010年的道路网数据作为空间网络的线要素，基于线要素对多尺度节点进行了距离可达性和机会可达性分析，以实现点要素以线要素为基础的空间移动能力的多层面测度。最后借助标准差椭圆对点、线要素的空间演化格局及其差异特征进行了深入探讨。主要结论如下：

（1）通过构建指标体系分别评价了地市级和县级的空间联系能力，利用人口和流动人口表征乡镇级的空间联系能力，并从统计特征和空间分布两方面进行了分析。从分析结果来看：①地市级层面，武汉、宜昌等在联系能力及其增长量、增长率方面均排名靠前，恩施、天门、潜江、神农架等的空间联系能力较小且增长速度较慢。②县级单元中空间联系能力较强的地区主要分布在襄阳—宜昌一线以东的城镇密集区，其中武汉辖区内的东西湖区、江夏区、蔡甸区等地增长速度较快，而西部边缘的部分县级单元出现了负增长。③在乡镇级单元中，总人口的规模出现了先升后降的趋势，而流动人口则增长迅速，中东部地区的地级市和县级市主城区增长最为显著。

（2）基于1990年、2000年、2010年的道路网数据对各个尺度单元分别进行了距离可达性和机会可达性分析。研究结果表明：①本书分别从直线距离、路网距离、时间距离、方言距离及时间和方言的综合距离多个角度分析了地市级、县级和乡镇级的距离可达性。湖北省城镇的距离可达性呈现从中心向外围递减的格局，东部城镇的可达性状况好于西部；乡镇类型单元由于分布较为分散且所连接的道路网里程和等级不及核心城区，所有其距离可达性较地市级和县级较差。②本书在基于距离可达性的基础上计算了加权平均旅行时间、日可达性、潜能可达性三类机会可达性指数，研究发现机会可达性较好的地区主要集中在中东部的武汉市周围的城镇密集区。并利用数据包络分析法和主成分分析法分别对以上三个指标进行综合研究，研究表明两种综合方法的结果具有较好的一致性。

（3）采用标准差椭圆的方法对点、线要素的空间格局演化特征及两者的空间差异进行了深入分析。主要研究结论有：①相对于均质椭圆，地市级、县级和乡镇级的空间联系能力等点要素以及道路里程和道路等级等线要素的椭圆重心均相对偏东南且向东移动的趋势显著，大部分点、线要素呈现逐渐聚集的态势，主要体现在东北—西南的短轴方向。乡镇级的流动人口则出现了分散趋势。②各类要素中，相对于点要素，道路网（里程和等级）的分布范围较广且重心较靠近均质 *SDE*。在点要素内部，相对于县级、地市级的空间联系能力，一方面，乡镇级总人口的分布最为分散，流动人口的聚集特征最显著；另一方面，地市级的 *SDE* 中心更靠近均质椭圆，流动人口则最远。在线要素内部，道路等级相对于道路里程更偏向于东南方向，且空间收缩较为显著。

6.1.2 社会经济空间网络构建

网络构建是网络分析的基础，空间联系强度的度量是空间网络构建的重要内容。在空间联系强度模拟层面，本书首先提出了改进的辐射模型，并与传统模型进行比较和验证；在空间联系分析层面，主要从空间联系格局和节点的空间联系强度两方面分析；在空间网络的构建层面主要包含全联系矩阵的简化处理以及同规模随机网络和规则网络的构建等主要步骤。具体结论如下：

（1）基于点要素的空间联系能力和空间可达性对各个尺度上节点的空间联系边权进行模拟测度。①本书针对现有模型对空间异质性考虑较少的不足提出了基于空间可达性的改进辐射模型，用于测度不同节点之间空间联系的边权大小，同时将模拟结果与重力模型和传统的辐射模型结果进行比较与验证。②改进辐射模型能够突出联系的方向性，该模型下两地之间不同方向上联系边权的差异不仅取决于辐射范围分流作用的大小，而且取决于出发地的可达性即辐射范围的大小，当两地之间的规模和可达性水平具有较大差异时，这种方向性差异越明显。③通过与实测数据的相关性分析，发现改进辐射模型的模拟精度与重力模型、传统辐射相比有了较大改善，且在复杂地域格局中具有优势，能够较好地模拟真实地理环境中的不同地区间空间联系的客观规律。

（2）基于改进辐射模型的结果对多尺度空间联系格局进行分析。①在地市级尺度，高权重连接边形成以武汉、襄阳、宜昌为顶点的三角形（△）格局，其中武汉与周围的孝感、鄂州、黄石、黄冈、咸宁形成了星形结构。②在县级尺度，高权重连接边具有局部聚集整体联通的特征：强联系主要聚集于武汉、襄阳、宜昌市辖区与其附近的县级单元之间，围绕各个核心市辖区形成了显著的簇状放射状结构，同时在这三个局部聚集簇之间存在少数权重较大的长距离连接边，以此保证了各个局部聚集之间的有效联系。③在乡镇级尺度，高权重连接边总体格局呈现横着开口向西的V形结构，从东到西主要以黄石-武汉-宜昌-襄阳-十堰等核心发达城市为主要节点，以这些节点之间连接边为主要骨架；同时，中东部城镇密集区武汉“1＋8”城市圈内各个节点之间的联系强度显著高于全省的平均水平，城市圈区域一体化格局已经初步形成。

（3）基于多尺度节点间的空间联系矩阵构建社会经济空间网络。①全矩阵简化：选择各个尺度中1990年、2000年、2010年所有联系的平均值作为阈值对连接边的全矩阵进行分割，多个年份采用统一的阈值使生成的网络具有时间序列上的可比性。②网络的连通性：将分割后的网络与各个联系矩阵的最小生成树进行合并（边权的倒数最小）以保证网络中没有孤立的节点或者成分。③不同类型网络的构建：本书保留了各个连接边上的权重，为了研究网络的拓扑结构，生成了加权网络对应的拓扑矩阵；为了在下文分析中突出实体网络与其他网络的特征差异，本书同时构建与各个实体网络同规模、同密度的随机网络和规则网络，在规则网络的构建中加入了空间约束的条件，对应的空间规则网络。

6.1.3 社会经济空间网络分析

本书分别从整体、局部和个体的角度对多尺度空间网络的连接特征、社团特征和节点角色进行系统分析；在纵向时间尺度上通过不同年份的比较揭示各个尺度网络的演化特征；在横向层面，对比了各个空间网络的拓扑与加权形式，同时将实体网络与匹配随机网络和规则网络进行比较，开展同一指标在不同网络类型中的对比分析。主要结论如下：

（1）本书主要通过节点度、点权、介数、平均路径距离、簇系数等指标分析了网络的无标度、小世界等复杂性特征，同时对各个指标之间的相关性进行了深入分析。由于地市级网络的规模较小，网络指标为定量分析，网络的复杂特征和相关性为定性解释说明，县级和乡镇级层面均为定量分析。①无标度特征：县级和乡镇级网络的节点度累计分布具有幂律特征，且幂指数在（1，2），说明网络中大部分节点的连接边较少而少数节点的连接边较多。点权也呈现一定的幂律分布，且离散程度相对点权较大。无标度特征的存在主要是由于城镇连接边的择优特征产生的。②小世界特征：地市级、县级和乡镇级网络均存在短路径和高簇系数的小世界性质，规模较小的城镇由于空间约束的限制而倾向于局部连接，形成了局部联系紧密组团现象，核心城镇则由于辐射能力和可达性较好而存在一定的长距离“捷径”，对各个局部聚集进行了有效连接，提高了网络的传输效率。③相关性：度-权的幂律相关性说明点权的增长速度快于节点度；度-度的负相关特征表明网络具有异配特征，度-簇的幂律关系中幂指数多在−0.6左右，说明网络具有一定的层次性。

（2）本书分别对地市级、县级和乡镇级的拓扑网络和加权网络进行了社团识别，对 Q 值、社团内外部联系强度等进行了分析。①Q 值：从地市级、县级到乡镇级，Q 值逐渐增加，说明节点的地域尺度越小，联系的局部聚集越显著；从 1990 年到 2010 年各个尺度网络的 Q 值逐渐减小，说明网络连接具有分散化趋势；相对于拓扑网络，权重网络的 Q 值均较小，说明在网络中连接边较为分散而连接边权重则相对聚集。②在社团划分结果中，在武汉、襄阳、宜昌这三个核心城市附近形成了明显的社团聚集，且社团的内、外部联系强度在全省占有重要比重，可见这三个区域是湖北省的主要城镇聚集区。③不同空间尺度间社团结果一般表现为，较小地域单元的社团是对较大地域单元社团结果不同程度的拆分，这正是度-簇相关性中网络层次性的体现，说明湖北省城镇体系具有一定的地域格局规律。

（3）基于多尺度的社团结果研究，各个节点的内外部连接结构对节点个体进行角色识别，并将拓扑网络与随机网络和规则网络进行比较，将加权网络与拓扑网络进行比较。①时间尺度上，地市级、县级和乡镇级网络中均不包含在随机网络中占有较大比重的 R4，此类角色的节点多倾向于外部链接，说明实体网络区别于随机网络而具有显著的聚集特征。同时，三个尺度的网络中均出现了 R1 比例减少、R2 比例增加的趋势，说明节点的外部联系加强，这与 Q 值减小、网络趋于分散联系具有一致性。②不同尺度之间，相对于地市级和县级网络，乡镇级网络中联系热点的数量不断增加，乡镇级网络中越来越多的核心城区对整个网络的联系具有重要作用。③加权网络与拓扑网络相比，加权网络中不存在对内、对外联系均较强的 R7，

与 Q 值结果一样显示出加权的相对局部聚集特征。④空间分布特征方面，外向联系较强的 R5、R6、R7 城镇主要聚集在中东部武汉附近的城镇密集区。

(4) 基于多尺度网络的视角对湖北省的城镇体系规划提出了具体的政策措施。①宏观层面，需要加强对关键节点及其连接边的检查监管，以提高网络整体运行的稳定性。②中观层面，中东部武汉社团及其邻近社团可实施产业专业措施；中部的宜昌—荆门—荆州社团需要进行产业分工和深度合作；襄阳社团和恩施社团可采取有效措施以核心城市带动周围地区的发展；神农架周围社团则需要培育新的区域经济增长极。③微观层面，R1 节点和 R2 节点则需要增强自身经济发展的动力；R3 节点在未来长远城镇体系规划中具有区域联系“踏脚石”的作用；在各个社团的 R5 节点之间建立有效连接是社团联合的有效方法；宜昌、荆州、恩施等节点需要转变为新的 R6 型节点以实现区域的整体协调发展。

6.2 展望

(1) 随着社会经济的发展，城镇之间联系的内容和形式多种多样，人员、物资、信息、技术等要素流形成的基础也各不相同，人员、物资等对道路网络的依赖性比较大，而信息技术、商务往来等则主要通过通信设施，所以受到空间的影响较小，同时一种要素流的扩散与聚集往往伴随其他不同要素流的移动，例如，人员的流动的同时也可以促进信息、技术等的交流。本书中在乡镇层面仅通过城镇人口和流动人口，以城镇之间基于道路网的空间可达性对城镇联系进行模拟，具有一定的局限性。在以后的研究中需要收集更多关于城镇联系的相关因素，以丰富城镇联系的内容和种类。

（2）在构建城镇空间网络时，由于缺少一手的实测数据而基于改进的辐射模型进模拟测度，但是模型模拟方法把各个城镇视为个体研究，无法体现城镇内部出行者之间的出行目的、意愿和社会关系等的差异性。在以后的研究中需要加强对实测城镇空间网络的分析和研究。

（3）在城镇体系规划建议中仅从基于网络视角的研究结果出发，没有考虑城镇体系规划的法律法规、制度规程等要求以及城镇的生态环境承载能力等。在以后的研究中需要与现有规划成果相结合，同时基于社会经济网络和生态环境网络进行综合分析。

参考文献

REFERENCES

艾少伟，苗长虹 . 2010. 从“地方空间”“流动空间”到“行动者网络空间”：ANT 视角 [J]. 人文地理 (2)：43 - 49.

曹芳东，黄震方，吴江，等 . 2012. 城市旅游发展效率的时空格局演化特征及其驱动机制——以泛长江三角洲地区为例 [J]. 地理研究，31 (8)：1431 - 1444.

曹芳东，吴江，徐敏，等 . 2010. 长江三角洲城市一日游的旅游经济空间联系测度与分析 [J]. 人文地理 (4)：109 - 114.

柴彦威，申悦，肖作鹏，等 . 2012. 时空间行为研究动态及其实践应用前景 [J]. 地理科学进展，31 (6)：667 - 675.

陈浩，陆林，郑嬗婷 . 2011. 基于旅游流的城市群旅游地旅游空间网络结构分析——以珠江三角洲城市群为例 [J]. 地理学报，66 (2)：257 - 266.

陈联，蔡小峰 . 2005. 城市腹地理论及腹地划分方法研究 [J]. 经济地理，25 (5)：629 - 631.

陈群元，宋玉祥 . 2010. 城市群空间范围的综合界定方法研究——以长株潭城市群为例 [J]. 地理科学 (5)：660 - 666.

陈少沛，丘健妮，庄大昌 . 2014. 基于潜力模型的广东城市可达性度量及经济联系分析 [J]. 地理与地理信息科学，30 (6)：64 - 69.

陈艺彤．2014．方言对我国区域经济增长的贡献探讨——以江苏省为例［J］．现代商贸工业（13）：41-43.

董超，修春亮，魏冶．2014．基于通信流的吉林省流空间网络格局［J］．地理学报，69（4）：510-519.

范强，张何欣，李永化，等．2014．基于空间相互作用模型的县域城镇体系结构定量化研究——以科尔沁左翼中旗为例［J］．地理科学（5）：601-607.

范晓莉，黄凌翔．2015．京津冀城市群城市规模分布特征［J］．干旱区资源与环境（9）：13-20.

方锦清，汪小帆，郑志刚，等．2007．一门崭新的交叉科学：网络科学（上）［J］．物理学进展（3）：239-343.

付琼鸽，刘大均，胡静，等．2015．湖北省旅游流网络结构的特征与优化［J］．经济地理（3）：191-196.

顾朝林，庞海峰．2008．基于重力模型的中国城市体系空间联系与层域划分［J］．地理研究，27（1）：1-12.

顾鸣东，陈白磊．2010．城市公共设施的空间可达性与公平性研究述评［J］．现代城市，5（1）：30-34.

关伟，周忻桐．2014．辽中南城市群空间相互作用的时空演变［J］．经济地理，34（9）：48-55.

郭建科，韩增林，耿雅冬．2012．我国不同区域城市空间联系的差异分析［J］．地域研究与开发，31（1）：40-44.

郭雷，许晓铭．2006．复杂网络［M］．上海：上海科技教育出版社.

郭荣朝，苗长虹．2010．基于特色产业簇群的城市群空间结构优化研究［J］．人文地理（5）：47-52.

郭世泽，路哲明．2012．复杂网络基础理论［M］．北京：科学出版社.

郭腾云，徐勇，王志强．2009．基于DEA的中国特大城市资源效率及其变化［J］．地理学报，64（4）：408-416.

侯贺平，刘艳芳，李纪伟，等.2013.基于改进辐射模型的乡镇人口流动网络研究[J].中国人口·资源与环境，23(8)：107-115.

侯贺平，刘艳芳，李纪伟，等.2014.不同模型在镇域空间相互作用中的应用与比较分析——以湖北省大冶市为例[J].人文地理(5)：63-68.

胡继华，程智锋，詹承志，等.2012.基于时空路径的城市公交时间可靠性研究[J].地理科学(6)：673-679.

黄大全，洪丽璇，梁进社.2009.福建省工业用地效率分析与集约利用评价[J].地理学报，64(4)：479-486.

黄璜.2010.全球化视角下的世界城市网络理论[J].人文地理(4)：18-24.

戢晓峰，梁斐雯，陈方.2012.云南旅游交通网络空间布局与优化对策[J].经济地理，32(11)：52-57.

蒋海兵，徐建刚，商硕.2010.过江通道对乡镇可达性影响分析[J].长江流域资源与环境，19(5)：506-513.

冷炳荣，杨永春，李英杰，等.2011.中国城市经济网络结构空间特征及其复杂性分析[J].地理学报，66(2)：199-211.

冷炳荣，杨永春，谭一洺.2014.城市网络研究：由等级到网络[J].国际城市规划(1)：1-7.

冷炳荣.从网络研究到城市网络[D].兰州：兰州大学.

李昌强.2010.基于城市流的济南都市圈经济空间联系研究[D].石家庄：河北师范大学.

李国平，王立明，杨开忠.2001.深圳与珠江三角洲区域经济联系的测度及分析[J].经济地理，21(1)：33-37.

李平华，陆玉麒.2005.城市可达性研究的理论与方法评述[J].城市问题(1)：69-74.

李文博，张永胜.2011.浙江轴辐式现代物流网络构建的实证研究[J].经济地理，31(8)：1335-1340.

刘法建，张捷，陈冬冬．2010. 中国入境旅游流网络结构特征及动因研究 [J]. 地理学报，65（8）：1013－1024.

刘军．2009. 整体网分析讲义：UCINT 软件实用指南 [M]. 上海：格致出版社.

刘贤腾．2007，空间可达性研究综述 [J]. 城市交通，5（6）：36－43.

刘兴策．1998. 近百年来湖北省汉语方言研究综述 [J]. 方言（3）：174－177.

鲁莎莎，关兴良，王振波，等．2013. 基于可达性与数据场的长三角经济区空间场能 [J]. 地理研究，32（2）：295－306.

路旭，马学广，李贵才．2012. 基于国际高级生产者服务业布局的珠三角城市网络空间格局研究 [J]. 经济地理，32（4）：50－54.

吕利军，王嘉学，袁花．2010. 基于位序-规模法则的区域旅游系统规模等级结构的实证研究——以云南省为例 [J]. 旅游研究，2（1）：7－12.

马晓龙，保继刚．2009. 基于 DEA 的中国国家级风景名胜区使用效率评价 [J]. 地理研究（3）：838－848.

马学广，李贵才．2011. 全球流动空间中的当代世界城市网络理论研究 [J]. 经济地理，31（10）：1630－1637.

马学广，李贵才．2012. 西方城市网络研究进展和应用实践 [J]. 国际城市规划（4）：65－70.

马耀峰，林志慧，刘宪锋，等．2014. 中国主要城市入境旅游网络结构演变分析 [J]. 地理科学，34（1）：25－31.

梅志雄，徐颂军，欧阳军，等．2012. 近 20 年珠三角城市群城市空间相互作用时空演变 [J]. 地理科学，32（6）：694－701.

彭建军，陈浩．2004. 基于 DEA 的星级酒店效率研究——以北京、上海、广东相对效率分析为例 [J]. 旅游学刊，19（2）：59－62.

彭菁，罗静，熊娟，等．2012. 国内外基本公共服务可达性研究进展 [J]. 地域研究与开发，31（2）：20－25.

秦昆，关泽群，李德仁，等．2002．基于栅格数据的最佳路径分析方法研究［J］．国土资源遥感（2）：38－41．

沙勇，郭洁．2014．京津冀地区就业增长的空间集散趋势分析［J］．人口与发展（5）：2－9．

尚正永，张小林，卢晓旭等．2014．基于可达性的城市功能用地空间格局演变研究——以江苏省淮安市为例［J］．地理科学，34（2）：154－162．

沈丽珍，顾朝林．2009．区域流动空间整合与全球城市网络构建［J］．地理科学，29（6）：787－793．

沈体雁，张晓欢，赵作权，等．2013．我国就业密度分布的空间特征［J］．地理与地理信息科学，29（1）：64－68．

宋文，陈英．2015．土地利用空间自相关分析中观测变量和衡量指标的选择研究［J］．干旱区资源与环境（10）：37－42．

宋晓英，李仁杰，傅学庆，等．2015．基于GIS的蔚县乡村聚落空间格局演化与驱动机制分析［J］．人文地理，30（3）：79－84．

宋正娜，陈雯，张桂香，等．2010．公共服务设施空间可达性及其度量方法［J］．地理科学进展（10）：1217－1224．

宋正娜，陈雯．2009．基于潜能模型的医疗设施空间可达性评价方法［J］．地理科学进展（6）：848－854．

孙威，董冠鹏．2010．基于DEA模型的中国资源型城市效率及其变化［J］．地理研究（12）：2155－2165．

孙章，季令，蒲琪，等．2004．区域性轨道交通网的规划与评价［J］．城市轨道交通研究，7（4）：6－9．

孙中伟，路紫．2005．流空间基本性质的地理学透视［J］．地理与地理信息科学，21（1）：109－112．

孙中伟．2013．流动空间的形成机理、基本流态关系及网络属性［J］．地理与地理信息科学，29（5）：107－111．

陶卓民，薛献伟，管晶晶．2010．基于数据包络分析的中国旅游业发展效率

特征 [J]. 地理学报，65 (8)：1004-1012.
汪明峰，宁越敏 . 2004. 互联网与中国信息网络城市的崛起 [J]. 地理学报，59 (3)：446-454.
汪明峰，宁越敏 . 2006. 城市的网络优势——中国互联网骨干网络结构与节点可达性分析 [J]. 地理研究，25 (2)：193-203.
汪涛，Hennemann Stefan，Liefner Ingo，等 . 2011. 知识网络空间结构演化及对 NIS 建设的启示——以我国生物技术知识为例 [J]. 地理研究 (10)：1861-1872.
汪小帆，刘亚冰 . 2009. 复杂网络中的社团结构算法综述 [J]. 电子科技大学学报，38 (5)：537-543.
王德，黄万枢，刘锴 . 2004. 南京市一日交流圈的特征及影响要素分析 [J]. 现代城市研究，19 (9)：50-53.
王德，刘锴，耿慧志 . 2001. 沪宁杭地区城市一日交流圈的划分与研究 [J]. 城市规划汇刊 (5)：38-44.
王德，刘锴 . 2003. 上海市一日交流圈的空间特征和动态变化研究 [J]. 城市规划汇刊 (3)：3-10.
王海江，苗长虹，茹乐峰，等 . 2012. 我国省域经济联系的空间格局及其变化 [J]. 经济地理，32 (7)：18-23.
王娟 . 2013，复杂网络及其研究现状概述 [J]. 现代计算机（专业版）(34)：16-18.
王丽，邓羽，刘盛和，等 . 2011. 基于改进场模型的城市影响范围动态演变——以中国中部地区为例 [J]. 地理学报，66 (2)：189-198.
王贤文 . 2009. 基于 GIS 的区域科技发展空间结构与合作网络分析 [D]. 大连：大连理工大学 .
王永明，马耀峰，王美霞 . 2012. 中国入境游客多城市旅游空间网络结构 [J]. 地理科学进展，31 (4)：518-526.
王永明，马耀峰，王美霞 . 2013. 中国重点城市入境旅游空间关联网络特征

及优化 [J]. 人文地理，28 (3)：142-147.

王远飞. 2006. GIS与Voronoi多边形在医疗服务设施地理可达性分析中的应用 [J]. 测绘与空间地理信息，29 (3)：77-80.

危小建，梁俊红，侯贺平，等. 2014. 基于网络Voronoi图的城镇影响域划分——以大冶市为例 [J]. 地理与地理信息科学，30 (5)：66-70.

吴得文，毛汉英，张小雷，等. 2011. 中国城市土地利用效率评价 [J]. 地理学报，66 (8)：1111-1121.

吴康，方创琳，赵渺希. 2015. 中国城市网络的空间组织及其复杂性结构特征 [J]. 地理研究 (4)：711-728.

吴康，方创琳，赵渺希，等. 2013. 京津城际高速铁路影响下的跨城流动空间特征 [J]. 地理学报，68 (2)：159-174.

吴威，曹有挥，曹卫东，等. 2006. 长江三角洲公路网络的可达性空间格局及其演化 [J]. 地理学报 (10)：1065-1074.

吴威，曹有挥，曹卫东，等. 2007. 开放条件下长江三角洲区域的综合交通可达性空间格局 [J]. 地理研究，26 (2)：391-402.

吴茵，李满春，毛亮. 2006. GIS支持的县域城镇体系空间结构定量分析——以浙江省临安市为例 [J]. 地理与地理信息科学，22 (2)：73-77.

武前波，宁越敏. 2012. 中国城市空间网络分析——基于电子信息企业生产网络视角 [J]. 地理研究，31 (2)：207-219.

修春亮，程林，宋伟. 2010. 重新发现哈尔滨地理位置的价值：基于洲际航空物流 [J]. 地理研究 (5)：811-819.

许学强，周一星，宁越敏. 2005. 城市地理学 [M]. 北京：高等教育出版社.

许志海. 2007. 空间网络图的表示、量测与分析 [D]. 郑州：解放军信息工程大学.

杨波. 2007. 复杂社会网络的结构测度与模型研究 [D]. 上海：上海交通

大学.

杨育军，宋小冬 . 2004. 基于 GIS 的可达性评价方法比较 [J]. 建筑科学与工程学报，21 (4)：27 - 32.

尹海伟，孔繁花，宗跃光 . 2008. 城市绿地可达性与公平性评价 [J]. 生态学报，28 (7)：3375 - 3383.

尹鹏，李诚固，陈才 . 2014，东北地区省际城市可达性及经济联系格局 [J]. 经济地理，34 (6)：68 - 74.

张锦宗，朱瑜馨，曹秀婷 . 2008. 1990 - 2004 中国城市体系演变研究 [J]. 城市发展研究 (4)：84 - 90.

张松林，张昆 . 2007. 空间自相关局部指标 Moran 指数和 G 系数研究 [J]. 大地测量与地球动力学，27 (3)：31 - 34.

张祥，杜德斌 . 2013. 省际工业分工合作及其空间联系研究——基于中部六省案例 [J]. 经济地理，33 (5)：89 - 97.

赵璐，赵作权 . 2014. 基于特征椭圆的中国经济空间分异研究 [J]. 地理科学，34 (8)：979 - 986.

赵莹，柴彦威，陈洁，等 . 2009. 时空行为数据的 GIS 分析方法 [J]. 地理与地理信息科学，25 (5)：1 - 5.

赵元正，陆玉麒，张莉 . 2006. 时间可达性计算的最小种子算法 [J]. 计算机工程与设计，27 (2)：4171 - 4174.

赵媛，郝丽莎，杨足膺 . 2010. 江苏省能源效率空间分异特征与成因分析 [J]. 地理学报，65 (8)：919 - 928.

赵作权 . 2009. 地理空间分布整体统计研究进展 [J]. 地理科学进展 (1)：1 - 8.

甄峰，王波，陈映雪 . 2012. 基于网络社会空间的中国城市网络特征——以新浪微博为例 [J]. 地理学报，67 (8)：1031 - 1043.

周蓓 . 2008. 四川省航空旅游网络空间特征及其结构优化研究 [J]. 地理与地理信息科学，24 (1)：100 - 104.

周晓艳，韩丽媛，叶信岳，等 . 2015. 基于位序规模法则的我国城市用地规模分布变化研究（2000—2012 年）[J]. 华中师范大学学报（自然科学版），49（1）：132 - 138.

周一星 . 2003. 城市地理学 [M]. 北京：商务印书馆.

朱丽师 . 2015. 从语音学角度看竹山方言的归属问题 [J]. 郧阳师范高等专科学校学报，35（2）：71 - 75.

左冰，保继刚 . 2008. 1992—2005 年中国旅游业全要素生产率及省际差异 [J]. 地理学报，63（4）：417 - 427.

钟业喜，陆玉麒 . 2012. 基于空间联系的城市腹地范围划分——以江苏省为例 [J]. 地理科学，32（5）：536 - 543.

苏剑，葛加国 . 2013. 基于引力模型的语言距离对贸易流量影响的实证分析——来自中美两国的数据 [J]. 经济与管理评论（4）：61 - 65.

Weber Christiane，周彦，陈素素 . 2006. 相互作用模型在城市规划中的运用 [J]. 国外城市规划（3）：77 - 82.

Aigner D，Lovell C A K，Schmidt P. 1977. Formulation and estimation of stochastic frontier production function models [J]. Journal of Econometrics，6（1）：21 - 37.

Amaral L A N，Scala A，Barthelemy M，et al. 2000. Classes of small - world networks [J]. Proceedings of the National Academy of Sciences of the United States of America，97（21）：11149 - 11152.

Anderson G，Ge Y. 2005. The size distribution of Chinese cities [J]. Regional Science and Urban Economics，35（6）：756 - 776.

Anderson J E. 2011. The gravity model [J]. Annual Review of Economics，3（1）：133 - 160.

Angel S，Parent J，Civco D L，et al. 2011. The dimensions of global urban expansion：Estimates and projections for all countries，2000 - 2050 [J]. Progress in Planning，75（2）：53 - 107.

Austwick M Z, O'Brien O, Strano E, et al. 2013. The structure of spatial networks and communities in bicycle sharing systems [J]. Plos One, 8 (9).

Azad M A, Masum A, Munisamy S, et al. 2016. Efficiency analysis of major microfinance institutions in Bangladesh: a Malmquist index approach [J]. Quality & Quantity: International Journal of Methoclology, (4): 1525 - 1537.

Baležentis T. 2014. Total factor productivity in the Lithuanian family farms after accession to the EU: application of the bias - corrected Malmquist indices [J]. Empirica, 41 (4): 731 - 746.

Barabási A, Albert R. 1999. Emergence of scaling in random networks [J]. Science, 286 (5439): 509 - 512.

Barthélemy M. 2011. Spatial networks [J]. Physics Reports, 499 (1 - 3): 1 - 101.

Beckman M J. 1968. Location theory [M]. New York: Random House.

Block H D, Marschak J. 1960. Random orderings and stochastic theories of responses [R]. Cowles Foundation for Research in Econmics, Yale university.

Boccaletti S, Latora V, Moreno Y, et al. 2006. Complex networks: Structure and dynamics [J]. Physics Reports, 424 (4 - 5): 175 - 308.

Bosker M, Brakman S, Garretsen H, et al. 2008. A century of shocks: The evolution of the German city size distribution 1925 - 1999 [J]. Regional Science and Urban Economics, 38 (4): 330 - 347.

Cao J, Liu X C, Wang Y H, et al. 2013. Accessibility impacts of China's high - speed rail network [J]. Journal of Transport Geography, 28: 12 - 21.

Carroll G R. 1982. National city - size distributions: what do we know after 67 years of research? [J]. Progress in Human Geography, 6 (1): 1 - 43.

Caschili S, De Montis A, Trogu D. 2015. Accessibility and rurality indicators for regional development [J]. Computers, Environment and Urban Systems, 49: 98 - 114.

Chang H F, Li F, Li Z G, et al. 2011. Urban landscape pattern design from the viewpoint of networks: A case study of Changzhou city in Southeast China [J]. Ecological Complexity, 8 (1): 51 - 59.

Charnes A, Cooper W W, Rhodes E. 1978. Measuring the efficiency of decision making units [J]. European Journal of Operational Research, 2 (6): 429 - 444.

Chen A M, Gao J. 2011. Urbanization in China and the coordinated development model - The case of Chengdu [J]. Social Science Journal, 48 (3): 500 - 513.

Chen X Q, Li B L, Allen M F. 2010. Characterizing urbanization, and agricultural and conservation land - use change in Riverside County, California, USA [J]. Ecological Complexity and Sustainability, 1195 (S1): 164 - 176.

Cheshire P. 1999. Trends in sizes and structures of urban areas [M] //Paul C, Edwin S M. Handbook of Regional and Urban Economics. North Houand: Elsevier Science Publishers B. V.: 1339 - 1373.

Christaller W. 1933. Central places in southern Germany [M]. Englewood Cliffs, NJ: Prentice Hall.

Córdoba J. 2008. On the distribution of city sizes [J]. Journal of Urban Economics, 63 (1): 177 - 197.

Daraganova G, Pattison P, Koskinen J, et al. 2012. Networks and geography: Modelling community network structures as the outcome of both spatial and network processes [J]. Social Networks, 34 (1): 6 - 17.

De Montis A, Barthelemy M, Chessa A, et al. 2007. The structure of interurban traffic：A weighted network analysis [J]. Environment and Planning B-Planning & Design，34 (5)：905-924.

De Montis A，Caschili S，Chessa A. 2011. Time evolution of complex networks：commuting systems in insular Italy [J]. Journal of Geographical Systems，13 (1)：49-65.

De Montis A，Caschili S，Chessa A. 2013. Commuter networks and community detection：A method for planning subregional areas [J]. European Physical Journal-Special Topics，215 (1)：75-91.

De Montis A，Chessa A，Campagna M，et al. 2010. Modeling commuting systems through a complex network analysis：A study of the Italian islands of Sardinia and Sicily [J]. Journal of Transport and Land Use，2 (3).

Dempwolf C S，Lyles L W. 2012. The uses of social network analysis in planning：A review of the literature [J]. Journal of Planning Literature，27 (1)：3-21.

Derudder B，Witlox F. 2005. An appraisal of the use of airline data in assessing the world city network：A research note on data [J]. Urban Studies，42 (13)：2371-2388.

Ducruet C，Notteboom T. 2012. The worldwide maritime network of container shipping：spatial structure and regional dynamics [J]. Global Networks，12 (3)：395-423.

Erath A，Löchl M，Axhausen K. 2009. Graph-Theoretical analysis of the Swiss road and railway networks over time [J]. Networks and Spatial Economics，9 (3)：379-400.

Esch T，Marconcini M，Marmanis D，et al. 2014. Dimensioning urbanization-An advanced procedure for characterizing human settlement properties and patterns using spatial network analysis [J]. Applied Geography，

55: 212 - 228.

Fabian B, Baumann A, Lackner J. 2015. Topological analysis of cloud service connectivity [J]. Computers & Industrial Engineering, 88: 151 - 165.

Fortunato S. 2010. Community detection in graphs [J]. Physics Reports, 486 (3 - 5): 75 - 174.

Frieden J C, Peterson E E, Angus Webb J, et al. 2014. Improving the predictive power of spatial statistical models of stream macroinvertebrates using weighted autocovariance functions [J]. Environmental Modelling & Software, 60: 320 - 330.

Fuentes H, Grifell - Tatjé E, Perelman S. 2001. A parametric distance function approach for malmquist productivity index estimation [J]. Journal of Productivity Analysis, 15 (2): 79 - 94.

Gabaix X, Ioannides Y M. 2004. The evolution of city size distributions [M] //Henderson J V, Jacques - François T. Handbook of Regional and Urban Economics. North Houand: Elsevier Science Publishers B. V. : 2341 - 2378.

Gao S, Liu Y, Wang Y, et al. 2013. Discovering spatial interaction communities from mobile phone data [J]. Transactions in GIS, 17 (3): 463 - 481.

Garrison W L. 1959. Spatial structure of the economy [J]. Ann. Assoc. Am. Geogr. , 49 (2): 232 - 239.

Goetzke F, Gerike R, Páez A, et al. 2015. Social interactions in transportation: analyzing groups and spatial networks [J]. Transportation, 42 (5): 723 - 731.

González - Díaz B, Gómez M, Molina A. 2015. Configuration of the hotel and non - hotel accommodations: An empirical approach using network analysis [J]. International Journal of Hospitality Management, 48: 39 - 51.

Guerois M, Bretagnolle A, Giraud T, et al. 2012. A new database for the cities of Europe? Exploration of the urban Morphological Zones (CLC2000) from three national database comparisons (Denmark, France, Sweden) [J]. Environment and Planning B: Planning and Design, 39 (3): 439 - 458.

Guimerà R, Mossa S, Turtschi A, et al. 2005. The worldwide air transportation network: Anomalous centrality, community structure, and cities' global roles [J]. Proceedings of the National Academy of Sciences, 102 (22): 7794 - 7799.

Hagen - Zanker A, Jin Y. 2012. A new method of adaptive zoning for spatial interaction models [J]. Geographical Analysis, 44 (4): 281 - 301.

Hansen W G. 1959. How accessibility shapes land use [J]. Journal of the American Institute of Planners, 25 (2): 73 - 76.

Hoekman J, Frenken K, Oort F. 2009. The geography of collaborative knowledge production in Europe [J]. The Annals of Regional Science, 43 (3): 721 - 738.

Hou H, Liu Y, Liu Y, et al. 2015. Using inter - town network analysis in city system planning: A case study of Hubei Province in China [J]. Habitat International, 49: 454 - 465.

Illenberger J, Nagel K, Flötteröd G. 2013. The role of spatial interaction in social networks [J]. Networks and Spatial Economics, 13 (3): 255 -282.

Ioannides Y, Skouras S. 2013. US city size distribution: Robustly Pareto, but only in the tail [J]. Journal of Urban Economics, 73 (1): 18 - 29.

Ji Q, Pang X, Zhao X. 2014. A bibliometric analysis of research on Antarctica during 1993 - 2012 [J]. Scientometrics，101 (3)：1925 - 1939.

Jia T，Jiang B. 2012. Building and analyzing the US airport network based on en-route location information [J]. Physica a - Statistical Mechanics and Its Applications，391 (15)：4031 - 4042.

Jiang B，Jia T. 2011. Zipf's law for all the natural cities in the United States：a geospatial perspective [J]. International Journal of Geographical Information Science，25 (8)：1269 - 1281.

Kabisch N，Haase D. 2011. Diversifying European agglomerations：evidence of urban population trends for the 21st century [J]. Population，Space and Place，17 (3)：236 - 253.

Kajikawa Y，Takeda Y，Sakata I，et al. 2010. Multiscale analysis of interfirm networks in regional clusters [J]. Technovation，30 (3)：168 - 180.

Kane K，Tuccillo J，York A M，et al. 2014. A spatio - temporal view of historical growth in Phoenix，Arizona，USA [J]. Landscape and Urban Planning，121 (0)：70 - 80.

Kölzsch A，Blasius B. 2011. Indications of marine bioinvasion from network theory [J]. The European Physical Journal B，84 (4)：601 - 612.

Kuter S，Usul N，Kuter N. 2011. Bandwidth determination for kernel density analysis of wildfire events at forest sub - district scale [J]. Ecological Modelling，222 (17)：3033 - 3040.

Lee H S. 2009. The networkability of cities in the international air passenger flows 1992—2004 [J]. Journal of Transport Geography，17 (3)：166 - 175.

Lefever D W. 1926. Measuring geographic concentration by means of the standard deviational ellipse [J]. American Journal of Sociology，32 (1)：88 - 94.

Liu L，Dong X，Liu X. 2013. Quantitative study of the network tendency of the urban system in China [J]. Journal of Urban Planning and Development，140 (2)：5013003.

Liu Y，Sui Z，Kang C，et al. 2014. Uncovering patterns of inter - urban trip and spatial interaction from social media check - in data [J]. PLoS One，9 (1)：e86026.

Lopez E，Gutierrez J，Gomez G. 2008. Measuring regional cohesion effects of large - scale transport infrastructure investments：An accessibility approach [J]. European Planning Studies，16 (2)：277 - 301.

Lu C，Wu Y，Shen Q，et al. 2013. Driving force of urban growth and regional planning：A case study of China's Guangdong Province [J]. Habitat International，40：35 - 41.

Luckstead J，Devadoss S. 2014. A comparison of city size distributions for China and India from 1950 to 2010 [J]. Economics Letters，124 (2)：290 - 295.

Luo X，Shen J. 2008. Why city - region planning does not work well in China：The case of Suzhou - Wuxi - Changzhou [J]. Cities，25 (4)：207 - 217.

Macdonald - Wallis K，Jago R，Page A S，et al. 2011. School - based friendship networks and children's physical activity：A spatial analytical approach [J]. Social Science & Medicine，73 (1)：6 - 12.

Martin J C，Reggiani A. 2007. Recent methodological developments to measure spatial interaction：Synthetic accessibility indices applied to high - speed train investments [J]. Transport Reviews，27 (5)：551 - 571.

Meeusen W，Broeck J V D. 1977. Efficiency estimation from Cobb - Douglas production functions with composed error [J]. International Economic Review，18 (2)：435 - 444.

Monzon A, Ortega E, Lopez E. 2013. Efficiency and spatial equity impacts of high－speed rail extensions in urban areas [J]. Cities, 30: 18－30.

Mu L, Wang X. 2006. Population landscape: a geometric approach to studying spatial patterns of the US urban hierarchy [J]. International Journal of Geographical Information Science, 20 (6): 649－667.

Nazara S, Hewings G J D. 2004. Spatial structure and taxonomy of decomposition in Shift－share analysis [J]. Growth and Change, 35 (4): 476－490.

Nelson T A, Laroque C P, Smith D J. 2011. Detecting spatial connections within a dendrochronological network on Vancouver Island, British Columbia [J]. Dendrochronologia, 29 (1): 49－54.

Newman P W G. 1999. Sustainability and cities: extending the metabolism model [J]. Landscape and Urban Planning, 44 (4): 219－226.

Noulas A, Scellato S, Lambiotte R, et al. 2012. A tale of many cities: Universal patterns in human urban mobility [J]. PLoS ONE, 7 (5): e37027.

Okabe A, Satoh T, Furuta T, et al. 2008. Generalized network Voronoi diagrams: Concepts, computational methods, and applications [J]. International Journal of Geographical Information Science, 22 (9): 965－994.

Okabe A, Satoh T, Sugihara K. 2009. A kernel density estimation method for networks, its computational method and a GIS－based tool [J]. International Journal of Geographical Information Science, 23 (1): 7－32.

Patuelli R, Reggiani A, Gorman S P, et al. 2007. Network analysis of commuting flows: A comparative static approach to German data [J]. Networks & Spatial Economics, 7 (4): 315－331.

Peng Y, Lin A, Wang K, et al. 2015. Global trends in DEM－related research from 1994 to 2013: a bibliometric analysis [J]. Scientometrics, 105 (1): 347 - 366.

Ratti C, Sobolevsky S, Calabrese F, et al. 2010. Redrawing the map of Great Britain from a network of human interactions [J]. PLoS ONE, 5 (12): e14248.

Refsnider J M, Janzen F J. 2010. Putting eggs in one basket: Ecological and evolutionary hypotheses for variation in oviposition - site choice [J]. Annual Review of Ecology, Evolution, and Systematics, 41 (1): 39 - 57.

Seppäläa J, Melanen M, Mäenpää I, et al. 2005. How can the eco - efficiency of a region be measured and monitored? [J]. Journal of Industrial Ecology, 9 (4): 117 - 130.

Shen X, Ma L J C. 2005. Privatization of rural industry and de facto urbanization from below in southern Jiangsu, China [J]. Geoforum, 36 (6): 761 - 777.

Simini F, Gonzalez M C, Maritan A, et al. 2012, A universal model for mobility and migration patterns [J]. Nature, 484 (7392): 96 - 100.

Song P A Z Y. 2013. Assessing spatial accessibility to maternity units in Shenzhen, China [J]. PLoS ONE, 8 (7): e70227.

Stam E, De Jong J P J, Marlet G. 2008, Creative industries in the netherlands: structure, development, innovativeness and effects on urban growth [J]. Geografiska Annaler: Series B, Human Geography, 90 (2): 119 - 132.

Stouffer S A. 1940. Intervening opportunities: A theory relating mobility and distance [J]. American Sociological Review, 5 (6): 845 - 867.

Taylor P J. 2001. Specification of the world city Network [J]. Geographical Analysis, 33 (2): 181 - 194.

Thrall R. 2000. Measures in DEA with an application to the malmquist index [J]. Journal of Productivity Analysis, 13 (2): 125-137.

Tranos E, Gillespie A. 2009. The spatial distribution of internet backbone networks in Europe: A metropolitan knowledge economy perspective [J]. European Urban and Regional Studies, 16 (4): 423-437.

Tranos E, Reggiani A, Nijkamp P. 2013. Accessibility of cities in the digital economy [J]. Cities, 30: 59-67.

Ullman E L. 1957. American Commondity Flow [M]. Esattle: University of Washington Press.

Wilson A. 1969. Notes on some concepts in social physics [J]. Papers in Regional Science, 22 (1): 159-193.

Wu K, Fang C, Huang H, et al. 2013. Comprehensive delimitation and ring identification on urban spatial radiation of regional central cities: Case study of Zhengzhou [J]. Journal of Urban Planning and Development, 139 (4): 258-273.

Wu L, Zhi Y, Sui Z, et al. 2014. Intra-Urban human mobility and activity transition: Evidence from social media check-in data [J]. PLoS ONE, 9 (5): e97010.

Xie Y, Ward R, Fang C, et al. 2007. The urban system in West China: A case study along the mid-section of the ancient Silk Road-He-Xi Corridor [J]. Cities, 24 (1): 60-73.

Xu Z, Harriss R. 2014. Discontinuities in the evolution of the city system in Texas from 1850 to 2010 [J]. Computers, Environment and Urban Systems, 43: 14-24.

Xue D, Huang G, Guan J, et al. 2014. Changing concepts of city and urban planning practices in Guangzhou (1949-2010): An approach to sustainable urban development [J]. Chinese Geographical Science, 24 (5):

607 - 619.

Yuill R S. 1971. The standard deviational ellipse; An updated tool for spatial description [J]. Geografiska Annaler. Series B, Human Geography, 53 (1): 28 - 39.

Zanin M, Lillo F. 2013. Modelling the air transport with complex networks: A short review [J]. The European Physical Journal Special Topics, 215 (1): 5 - 21.

Zhenbo W, Jiangang X, Chuanglin F, et al. 2011. The study on county accessibility in China: Characteristics and effects on population agglomeration [J]. Journal of geographical sciences, 21 (1): 18 - 34.

图书在版编目（CIP）数据

湖北省多尺度社会经济空间网络构建与分析 / 侯贺平等著. -- 北京 ：中国农业出版社，2024. 7. -- ISBN 978-7-109-32272-1

Ⅰ. F127.63

中国国家版本馆 CIP 数据核字第 2024K6S556 号

中国农业出版社出版

地址：北京市朝阳区麦子店街 18 号楼

邮编：100125

责任编辑：国　圆

版式设计：王　晨　　责任校对：吴丽婷

印刷：北京印刷集团有限责任公司

版次：2024 年 7 月第 1 版

印次：2024 年 7 月北京第 1 次印刷

发行：新华书店北京发行所

开本：880mm×1230mm　1/32

印张：9.25

字数：260 千字

定价：58.00 元
